Clover Robin

PAPER PICTURES

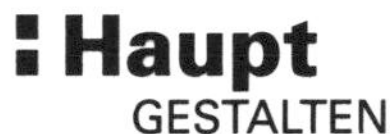

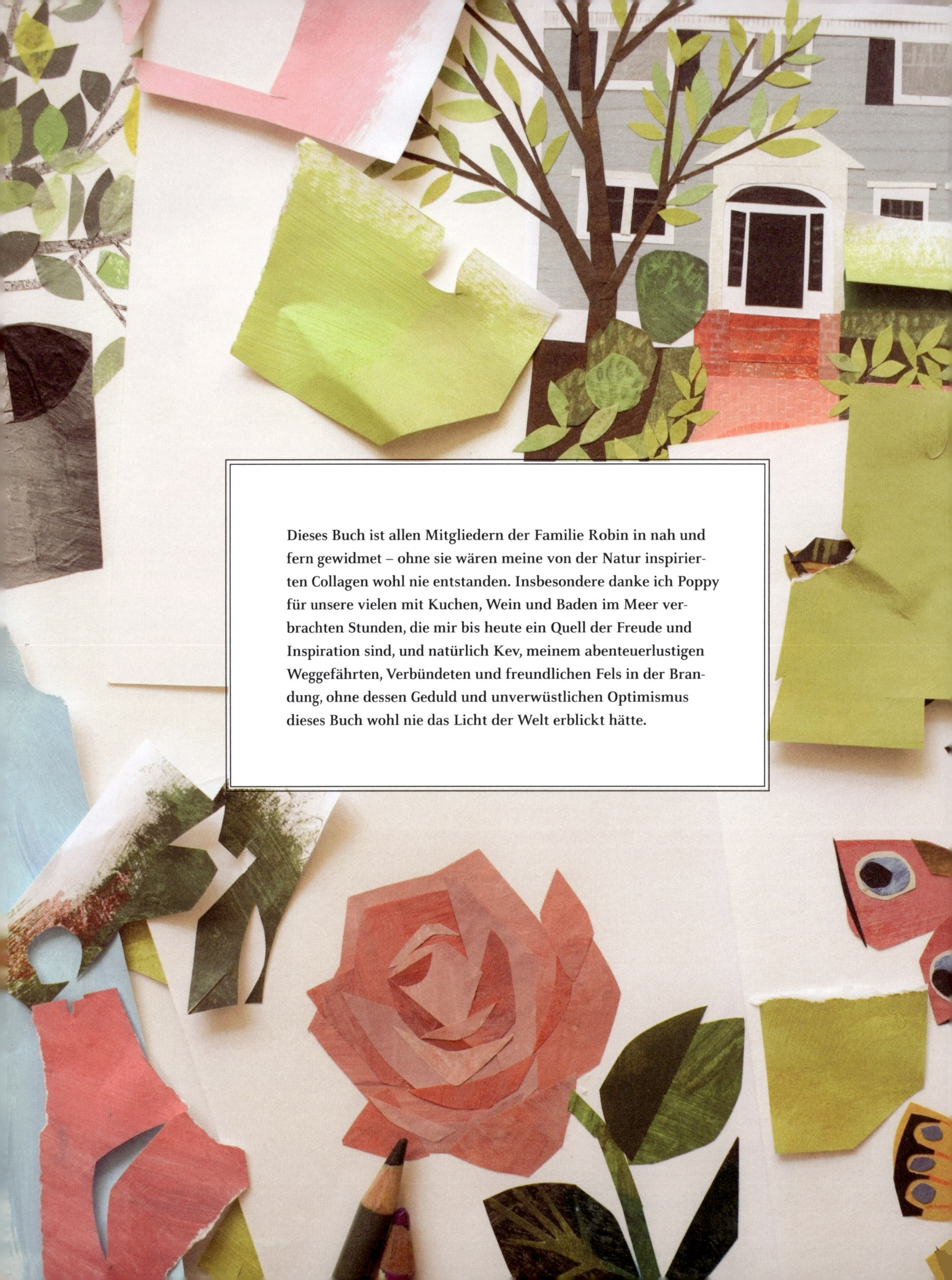

Dieses Buch ist allen Mitgliedern der Familie Robin in nah und fern gewidmet – ohne sie wären meine von der Natur inspirierten Collagen wohl nie entstanden. Insbesondere danke ich Poppy für unsere vielen mit Kuchen, Wein und Baden im Meer verbrachten Stunden, die mir bis heute ein Quell der Freude und Inspiration sind, und natürlich Kev, meinem abenteuerlustigen Weggefährten, Verbündeten und freundlichen Fels in der Brandung, ohne dessen Geduld und unverwüstlichen Optimismus dieses Buch wohl nie das Licht der Welt erblickt hätte.

Clover Robin

PAPER PICTURES

Illustrative Bilder aus bemaltem Papier

HAUPT VERLAG

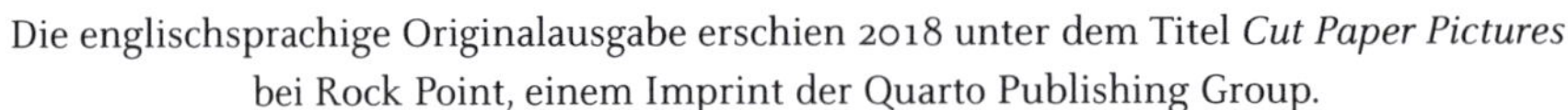

Die englischsprachige Originalausgabe erschien 2018 unter dem Titel *Cut Paper Pictures*
bei Rock Point, einem Imprint der Quarto Publishing Group.

Konzept, Gestaltung und Produktion:
Rock Point, an imprint of the Quarto Group
142 West 36th Street
4th Floor, New York
NY 10018 USA
www.QuartoKnows.com

Text, Fotografien und Illustrationen © 2018 Robin Clover
Fotografien von Agata Kocon / www.agatakocon.com

Aus dem Englischen übersetzt von Martina Simonis, D-Baden Baden und Anne Taubert, D-Berlin
Lektorat der deutschsprachigen Ausgabe: Dörte Fuchs, D- Freiburg
Umschlag und Satz der deutschsprachigen Ausgabe: Die Werkstatt Medien-Produktion GmbH, D-Göttingen

Printed in China
Um lange Transportwege zu vermeiden, hätten wir dieses Buch gerne in Europa gedruckt. Bei Lizenzausgaben wie diesem Buch entscheidet jedoch der Originalverlag über den Druckort. Der Haupt Verlag kompensiert mit einem freiwilligen Beitrag zum Klimaschutz die durch den Transport verursachten CO_2- Emissionen und verwendet nachhaltiges FSC-Papier.

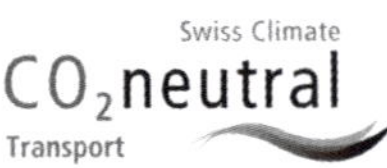

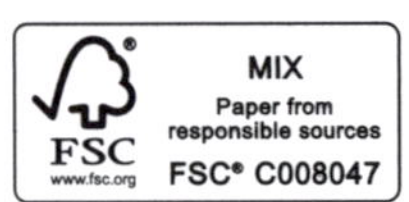

Diese Publikation ist in der Deutschen Nationalbibliografie verzeichnet.
Mehr Informationen dazu finden Sie unter http://dnb.dnb.de

ISBN 978-3-258-60203-5

Der Haupt Verlag wird vom Bundesamt für Kultur mit einem Strukturbeitrag
für die Jahre 2016–2020 unterstützt.

www.haupt.ch

INHALT

Einleitung 6

Über dieses Buch 7

Grundkurs Collage 9

- Hilfsmittel und Materialien 10
- Papiersorten 13
- Papier bemalen 14
- Aufbewahrungstipps 16
- Inspirationsquellen 19
- Schritt für Schritt zur Collage 20

Themen und Motive 22

- Blumen und Pflanzen 25
- Insekten und Vögel 55
- Häuser 71
- Menschen 91

Schriften und Muster 97

Landschaften und Bildkomposition 111

Collagen nach Fotovorlagen 128

Zum guten Schluss 150

Über die Autorin & Dank 151

Bezugsquellen 152

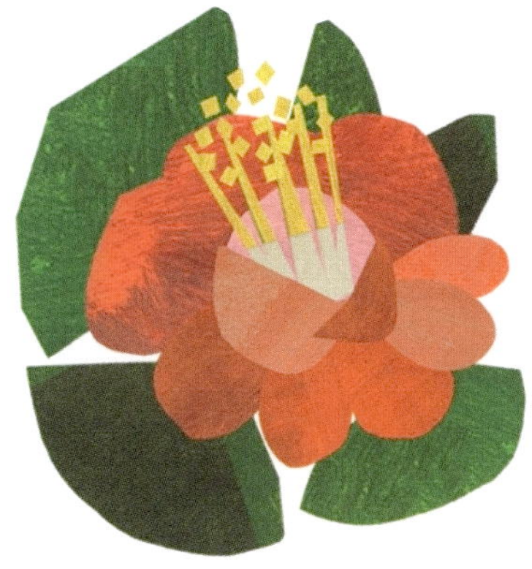

EINLEITUNG

Meine Passion fürs Schneiden und Kleben reicht weit zurück. Ich erinnere mich noch, wie stolz ich war, als meine Grundschullehrerin mich für meine Geschicklichkeit im Umgang mit der Schere lobte. Endgültig Feuer gefangen habe ich dann auf der Highschool und am College, wo begeisterungsfähige Kunstlehrer mich nach Kräften förderten.

Nachdem ich mehrere Jahre lang mit verschiedenen Techniken experimentiert hatte, machte ich meinen Bachelor in *Surface Pattern Design* am *Leeds College of Art and Design.* Mit etwas technischem Wissen und einem Abschlusszeugnis in der Tasche verließ ich die Hügellandschaft West Yorkshires und zog nach London, um am *Central Saint Martins College of Art and Design* ein Masterstudium in *Future Textile Design* zu absolvieren. Das bestärkte mich in meiner Vorliebe für eine handwerkliche Herangehensweise an künstlerische und gestalterische Themen und Aufgaben.

Es folgten die üblichen Praktika und Teilzeitjobs bei großen Designfirmen, die sich auf Druck- und Musterdesign spezialisiert hatten. Doch schon damals träumte ich davon, irgendwann meine eigene Kunst zu produzieren: Kunst, die sich vor allem aus persönlichen Erfahrungen speisen sollte, statt sich an den jeweils neuesten Trends zu orientieren. Eines Tages war es so weit: Ich packte mein Handwerkszeug, suchte mir einen Job in einem Museumsshop, um die laufenden Kosten zu decken, und begann meine ersten Collagen anzufertigen. Das war der Beginn einer großen Entdeckungsreise, auf der all das Wissen, das ich über Künstler, Designer und Stile angehäuft hatte, zum Einsatz kam. Vor allem die Volkskunst, die botanische Kunst und das Design der 1950er-Jahre erwiesen sich als unerschöpfliche Quellen der Inspiration und eigneten sich perfekt, um die schönen Momente des Alltags in Collagen einzufangen. Auch mein Heimweh nach den Stränden, Wäldern und Mooren Devons, wo ich aufgewachsen bin, floss in meine Arbeit ein: Naturmotive wurden zum herausragenden Merkmal meiner Kunstwerke.

Schon bald begann ich mit meinen Werken Geld zu verdienen, und mit jedem Auftrag, den ich ergatterte, wuchsen mein künstlerisches Selbstbewusstsein und meine Liebe zum Medium der Collage. Die Collage ist eine Technik, die schon lange von Künstlern genutzt und geschätzt wird, darunter so bekannte Namen wie Pablo Picasso, Peter Blake und Henri Matisse. Der Begriff geht auf das französische Verb „coller" (kleben) zurück. Papier ist jedoch nur eines von vielen Materialien, die sich für Collagen verwenden lassen. Schon immer haben Collagekünstler auch Textilien, Fund- und Sammelobjekte (sog. Ephemera) wie Eintritts- und Postkarten, Briefe, Anzeigen etc. sowie Fotografien genutzt.

Mit den Mitteln der Collage können wir „Schnappschüsse" von unserer Umwelt anfertigen, in die sich praktisch alles, was sich zu Hause oder auf der Straße findet, integrieren lässt. Eine Collage kann man organisch aufbauen: Die einzelnen Teile werden auf dem Trägerpapier hin- und hergeschoben, bis daraus Schicht um Schicht eine Komposition entsteht. Diese Technik erlaubt es, dreidimensionale, taktile Bilder mit einer Tiefenwirkung zu erschaffen, wie ich sie mit Zeichenstift und Farben oder am Computer nie erzeugen könnte. Ich liebe es, mit der Hand über meine Werke zu fahren und all den Unebenheiten nachzuspüren, die beim Collagieren entstehen und meinen Arbeiten Dynamik und Individualität verleihen.

Mit diesem Buch möchte ich Sie einladen, selbst kreativ zu werden. Nach einem kurzen Überblick über Hilfsmittel und Materialien stelle ich Ihnen meine Lieblingsmotive vor und zeige, wie sich Collagen nach Fotovorlagen gestalten lassen. Lassen Sie sich inspirieren, tauchen Sie in den kreativen Prozess ein, und freuen Sie sich an Ihren fertigen Werken, die so einzigartig und so vielschichtig sind wie Sie selbst.

ÜBER DIESES BUCH

In erster Linie möchte ich Ihnen mit diesem Buch das Grundlagenwissen vermitteln, das Sie benötigen, um Collagen aller Art anzufertigen. Da neue Kunsttechniken auf Anfängerinnen und Anfänger häufig einschüchternd wirken, habe ich für einige der in diesem Buch vorgestellten Projekte ausführliche Schritt-für-Schritt-Anleitungen beigefügt. Am besten gestalten Sie Ihre ersten Collagen zunächst in aller Ruhe anhand dieser Anleitungen, bevor Sie eigene Ideen umzusetzen beginnen. Lassen Sie sich nicht entmutigen, wenn Ihre Collagen nicht genauso aussehen wie meine – das sollen sie gar nicht! Versuchen Sie stattdessen, das Ergebnis unvoreingenommen zu betrachten. Was daran gefällt Ihnen besonders gut, was weniger? Dies ist ein wichtiger Lernprozess, der Ihnen später bei Ihren selbst geplanten Collageprojekten zugutekommen wird.

Nach einer Einführung in die Grundlagen des Collagierens, in der die wichtigsten Hilfsmittel, Materialien und Maltechniken vorgestellt und Tipps zur Aufbewahrung gegeben werden, kommen wir sofort zur Sache und beginnen erste Collagemotive wie Blumen, Insekten und Figuren zu gestalten. Anschließend zeige ich Ihnen, wie Sie diese Elemente nach bestimmten Prinzipien zu einfachen Kompositionen zusammenfügen können. Im letzten Kapitel erfahren Sie, wie sich anhand von Urlaubs- und Erinnerungsfotos attraktive Collagen kreieren lassen.

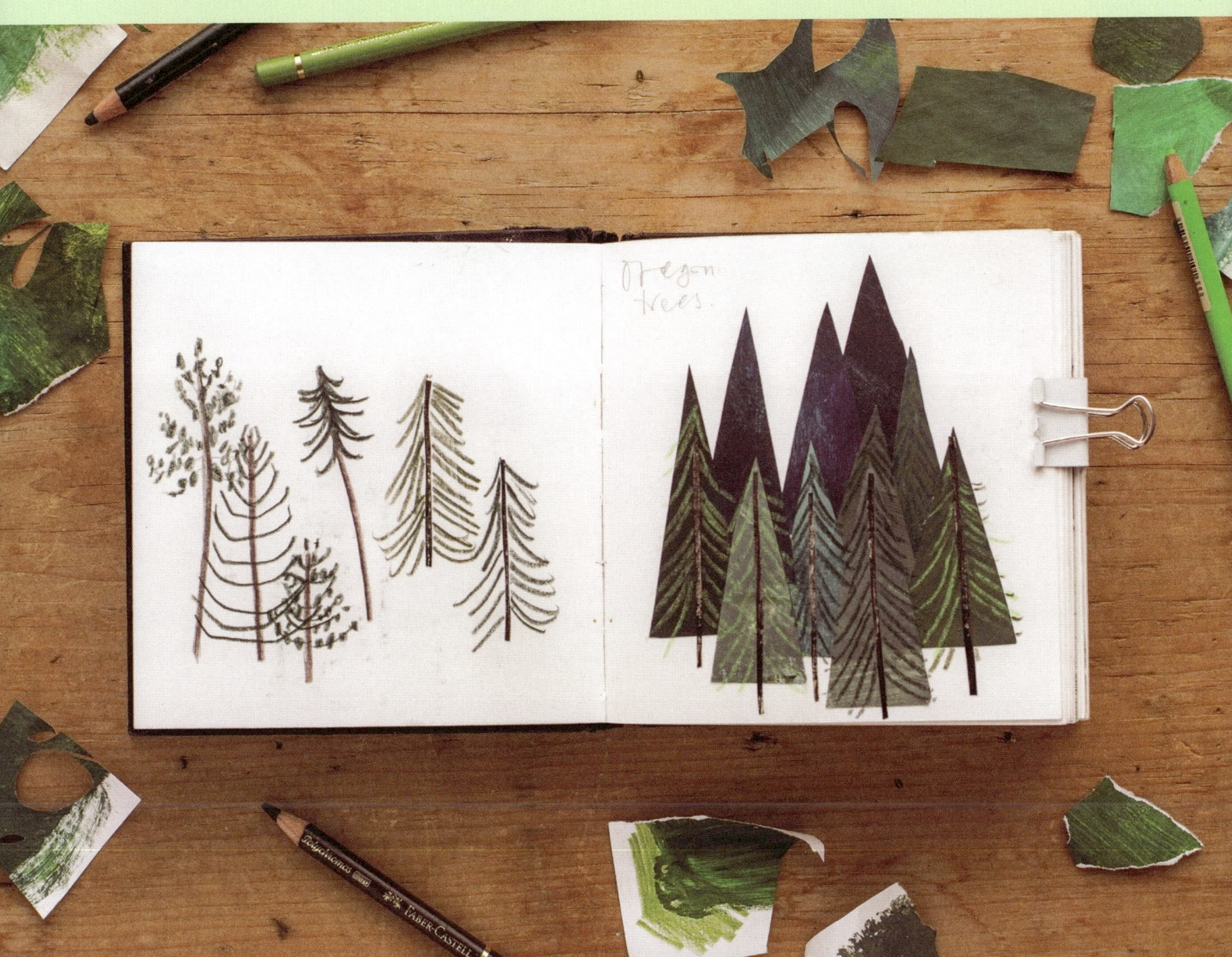

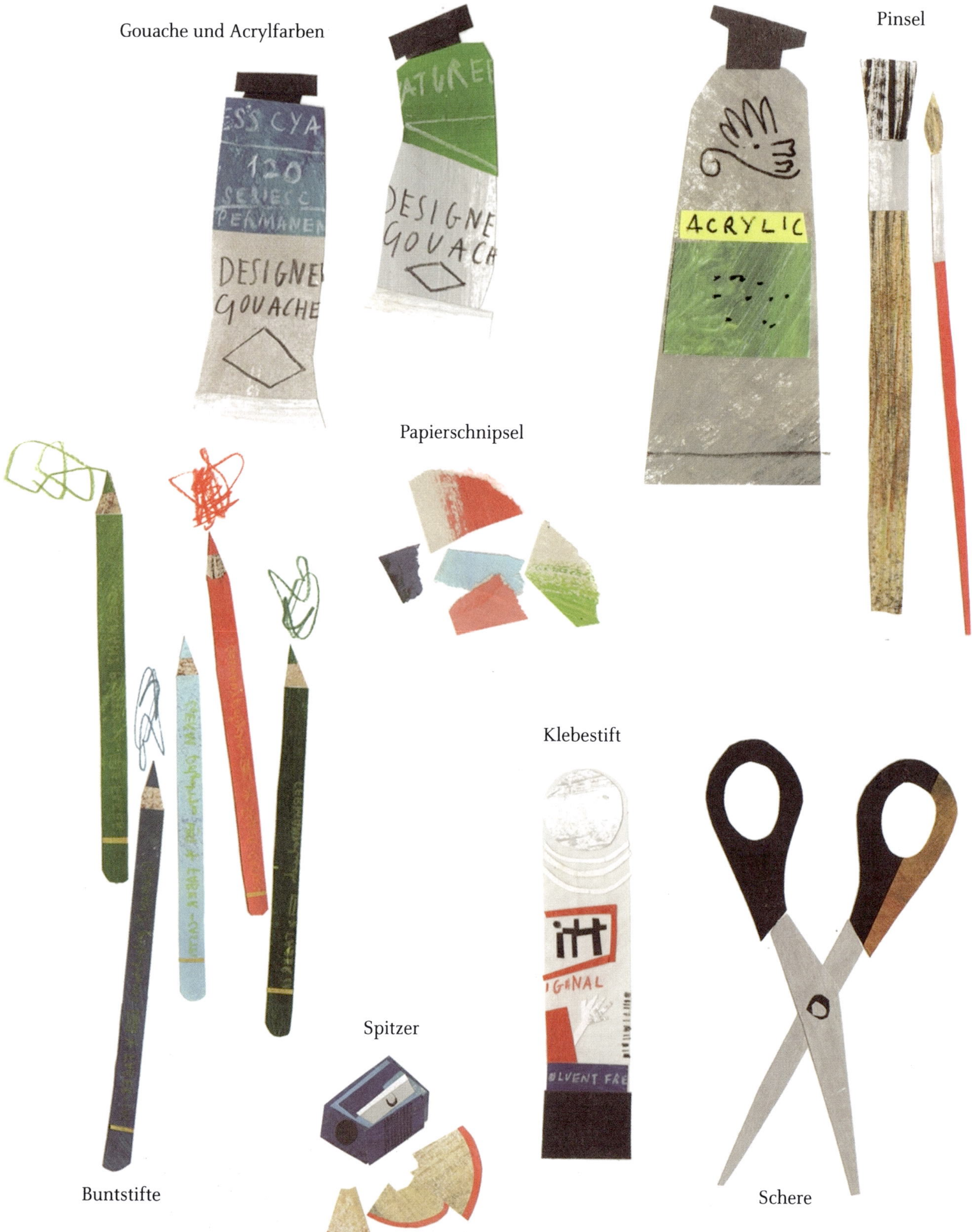
Gouache und Acrylfarben
ACRYLIC
Pinsel
Papierschnipsel
Buntstifte
Spitzer
Klebestift
Schere

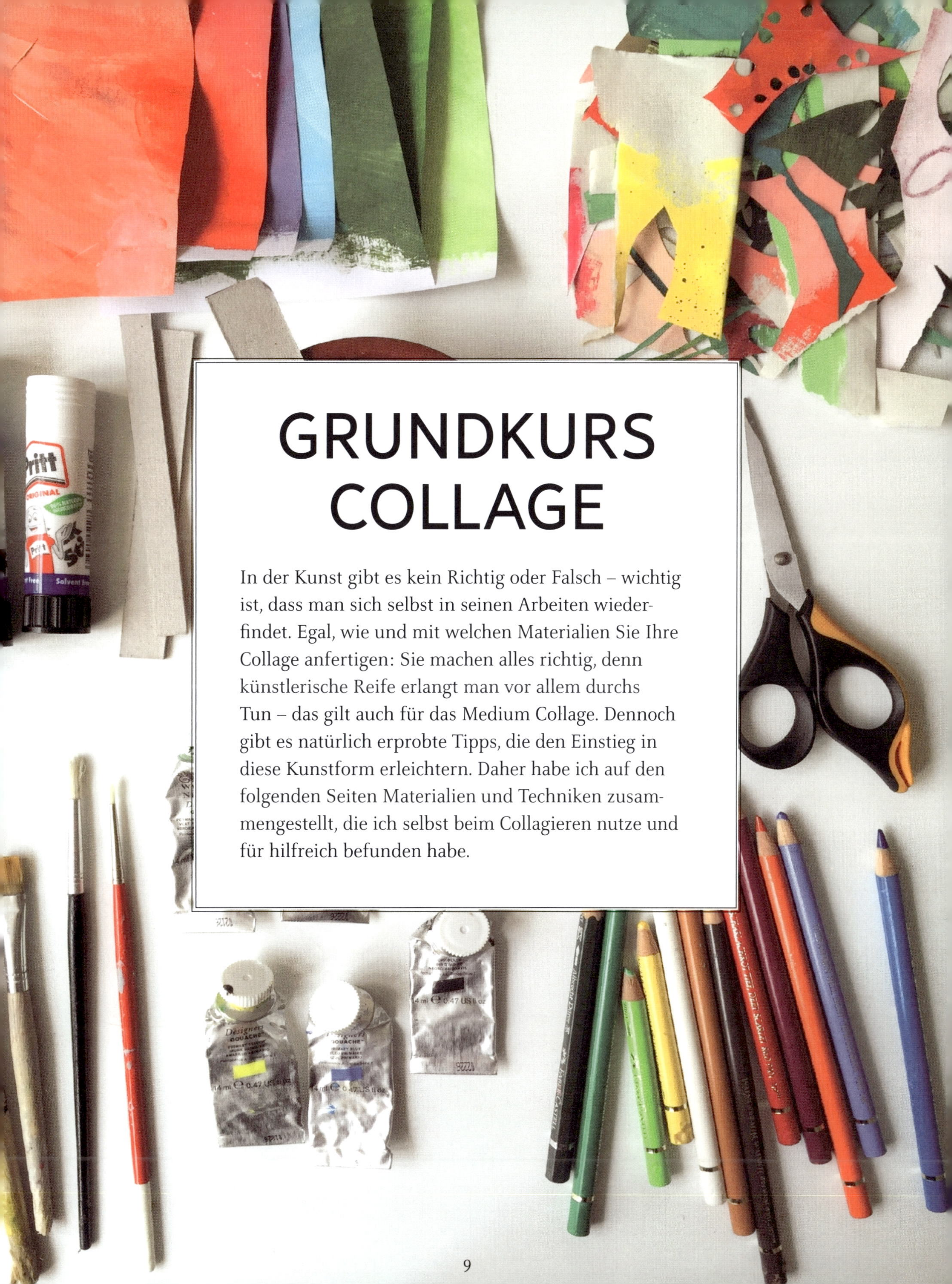

GRUNDKURS COLLAGE

In der Kunst gibt es kein Richtig oder Falsch – wichtig ist, dass man sich selbst in seinen Arbeiten wiederfindet. Egal, wie und mit welchen Materialien Sie Ihre Collage anfertigen: Sie machen alles richtig, denn künstlerische Reife erlangt man vor allem durchs Tun – das gilt auch für das Medium Collage. Dennoch gibt es natürlich erprobte Tipps, die den Einstieg in diese Kunstform erleichtern. Daher habe ich auf den folgenden Seiten Materialien und Techniken zusammengestellt, die ich selbst beim Collagieren nutze und für hilfreich befunden habe.

HILFSMITTEL UND MATERIALIEN

Die hier aufgelisteten Hilfsmittel und Materialien gehören zu meiner Grundausrüstung. Natürlich kann man in Geschäften für Künstlerbedarf auch wunderschön kolorierte, handgeschöpfte Papiere kaufen, und es mag verführerisch sein, sich damit einzudecken. Ich habe aber festgestellt, dass künstlerisches Gestalten kein Vermögen kosten muss – das Einfache und Bewährte tut es auch.

LEIME UND KLEBSTOFFE

Viele Leime und Klebstoffe sind für Collagen geeignet. Ich bevorzuge Klebestifte; sie sind überall erhältlich und sofort einsetzbar. Für größere Elemente verwende ich gerne Versiegler auf Wasserbasis (z. B. Mod Podge) oder Klebstoffe auf PVA-Basis (Polyvinylacetat), die ich als dünne Schicht auftrage. Diese Weißleime können allerdings sehr flüssig ausfallen. Das ist ein wichtiger Aspekt, weil sich Papier umso stärker wellt, je feuchter der Leim ist. Auf der anderen Seite kann man auf diese Weise auch bewusst Struktureffekte erzeugen, die sehr reizvoll wirken können.

SCHEREN

Ohne Schere geht es nicht. Ich besitze mehrere in unterschiedlichen Größen und Formen, dazu Cutter und Rasiermesser für sehr feine Schnitte und Detailarbeiten.

FARBEN

In der Regel bemale ich meine Papiere selbst, meist mit Acrylfarben oder Gouache. Acrylfarben sind leuchtend, preiswert und haltbar. Gouachefarben erzeugen eine ansprechend matte, strukturierte Oberfläche und lassen sich gut mischen, was fantastische Schattierungen ermöglicht. Einmal angemischte Farben kann man problemlos wiederverwenden.

BUNTSTIFTE

Meine Collagen überarbeite ich oft noch mit hochwertigen Buntstiften (etwa von Faber-Castell – ich habe noch keine Besseren entdeckt). Damit lassen sich wunderbar farbkräftige Akzente auf bemalte Oberflächen setzen.

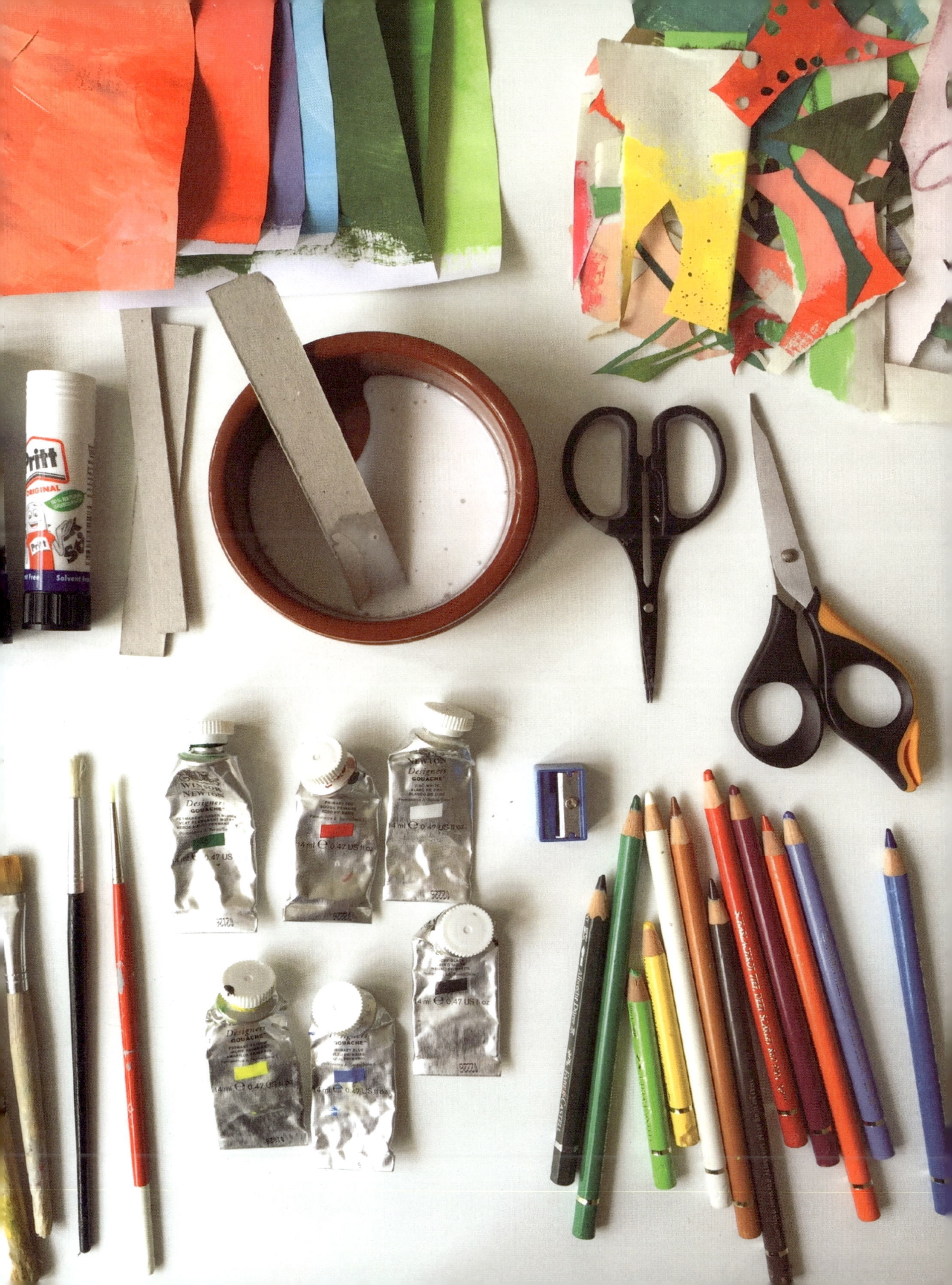
Pritt
ORIGINAL
WINSOR & NEWTON
Designers
GOUACHE
NEWTON
Designers
GOUACHE
14 ml e 0.47 US fl oz
Designers
GOUACHE
14 ml e 0.47 US fl oz
14 ml e 0.47 US fl oz
14 ml e 0.47 US fl oz
14 ml e 0.47 US fl oz

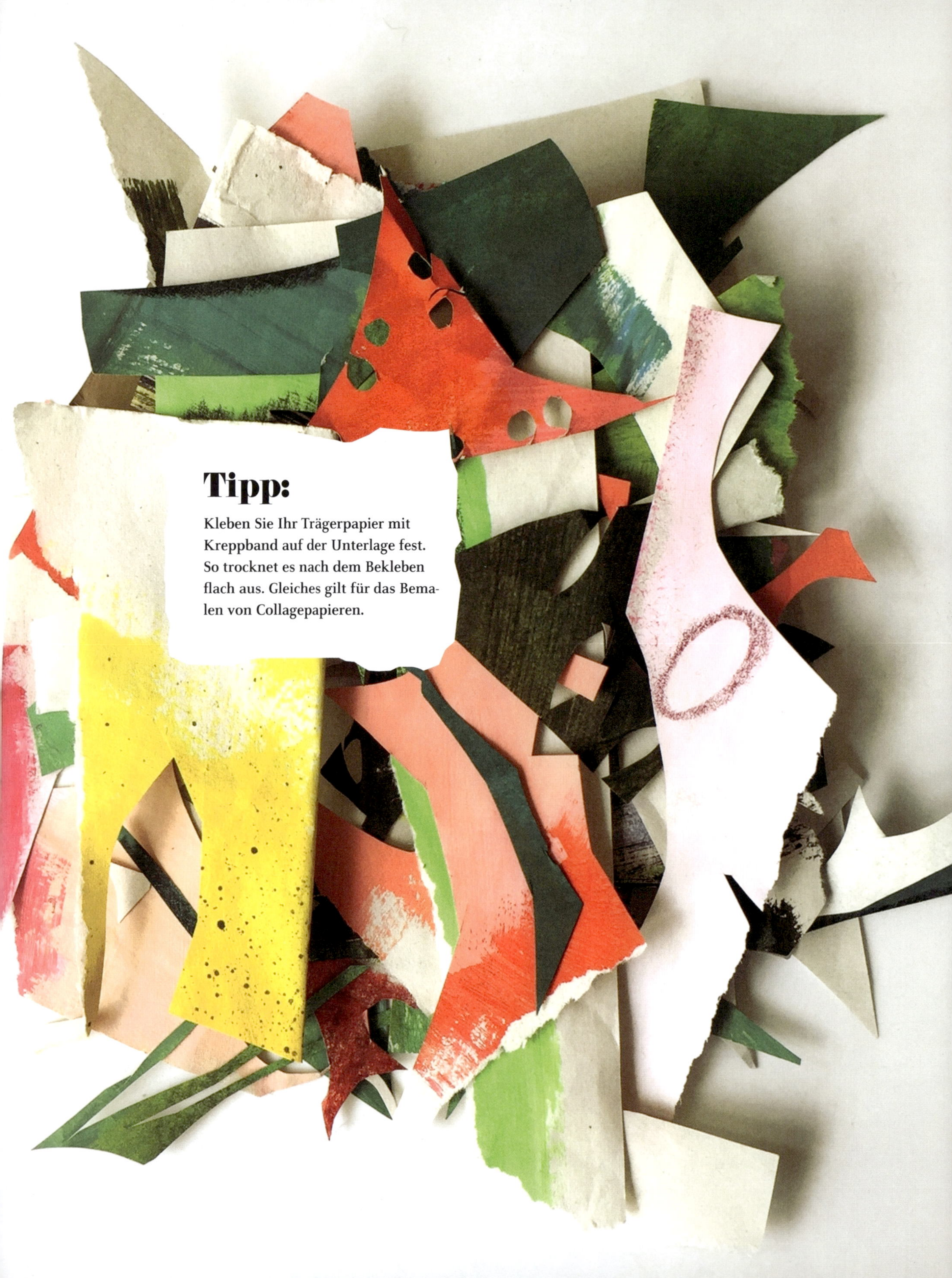

Tipp:

Kleben Sie Ihr Trägerpapier mit Kreppband auf der Unterlage fest. So trocknet es nach dem Bekleben flach aus. Gleiches gilt für das Bemalen von Collagepapieren.

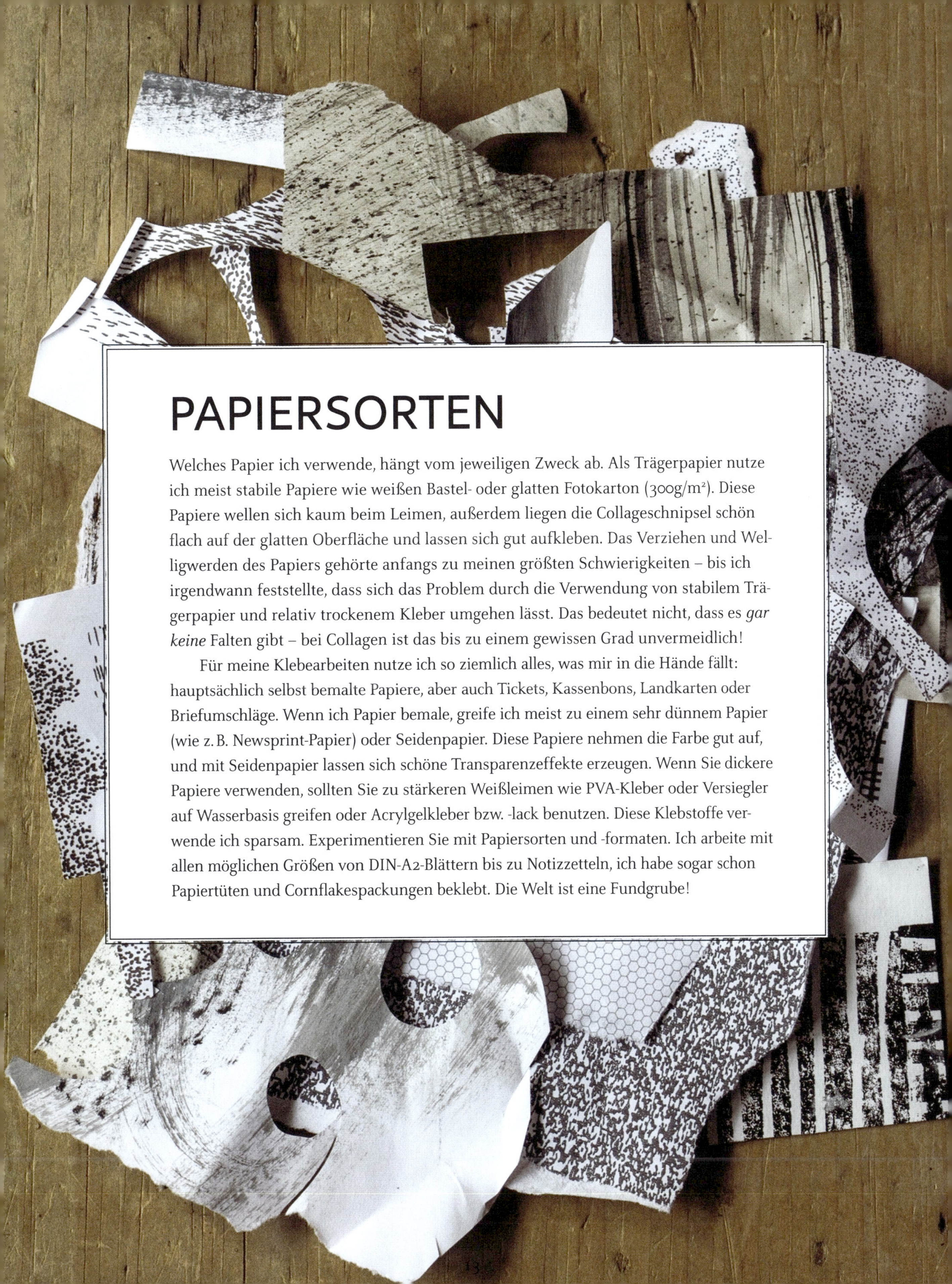

PAPIERSORTEN

Welches Papier ich verwende, hängt vom jeweiligen Zweck ab. Als Trägerpapier nutze ich meist stabile Papiere wie weißen Bastel- oder glatten Fotokarton (300g/m²). Diese Papiere wellen sich kaum beim Leimen, außerdem liegen die Collageschnipsel schön flach auf der glatten Oberfläche und lassen sich gut aufkleben. Das Verziehen und Welligwerden des Papiers gehörte anfangs zu meinen größten Schwierigkeiten – bis ich irgendwann feststellte, dass sich das Problem durch die Verwendung von stabilem Trägerpapier und relativ trockenem Kleber umgehen lässt. Das bedeutet nicht, dass es *gar keine* Falten gibt – bei Collagen ist das bis zu einem gewissen Grad unvermeidlich!

Für meine Klebearbeiten nutze ich so ziemlich alles, was mir in die Hände fällt: hauptsächlich selbst bemalte Papiere, aber auch Tickets, Kassenbons, Landkarten oder Briefumschläge. Wenn ich Papier bemale, greife ich meist zu einem sehr dünnem Papier (wie z. B. Newsprint-Papier) oder Seidenpapier. Diese Papiere nehmen die Farbe gut auf, und mit Seidenpapier lassen sich schöne Transparenzeffekte erzeugen. Wenn Sie dickere Papiere verwenden, sollten Sie zu stärkeren Weißleimen wie PVA-Kleber oder Versiegler auf Wasserbasis greifen oder Acrylgelkleber bzw. -lack benutzen. Diese Klebstoffe verwende ich sparsam. Experimentieren Sie mit Papiersorten und -formaten. Ich arbeite mit allen möglichen Größen von DIN-A2-Blättern bis zu Notizzetteln, ich habe sogar schon Papiertüten und Cornflakespackungen beklebt. Die Welt ist eine Fundgrube!

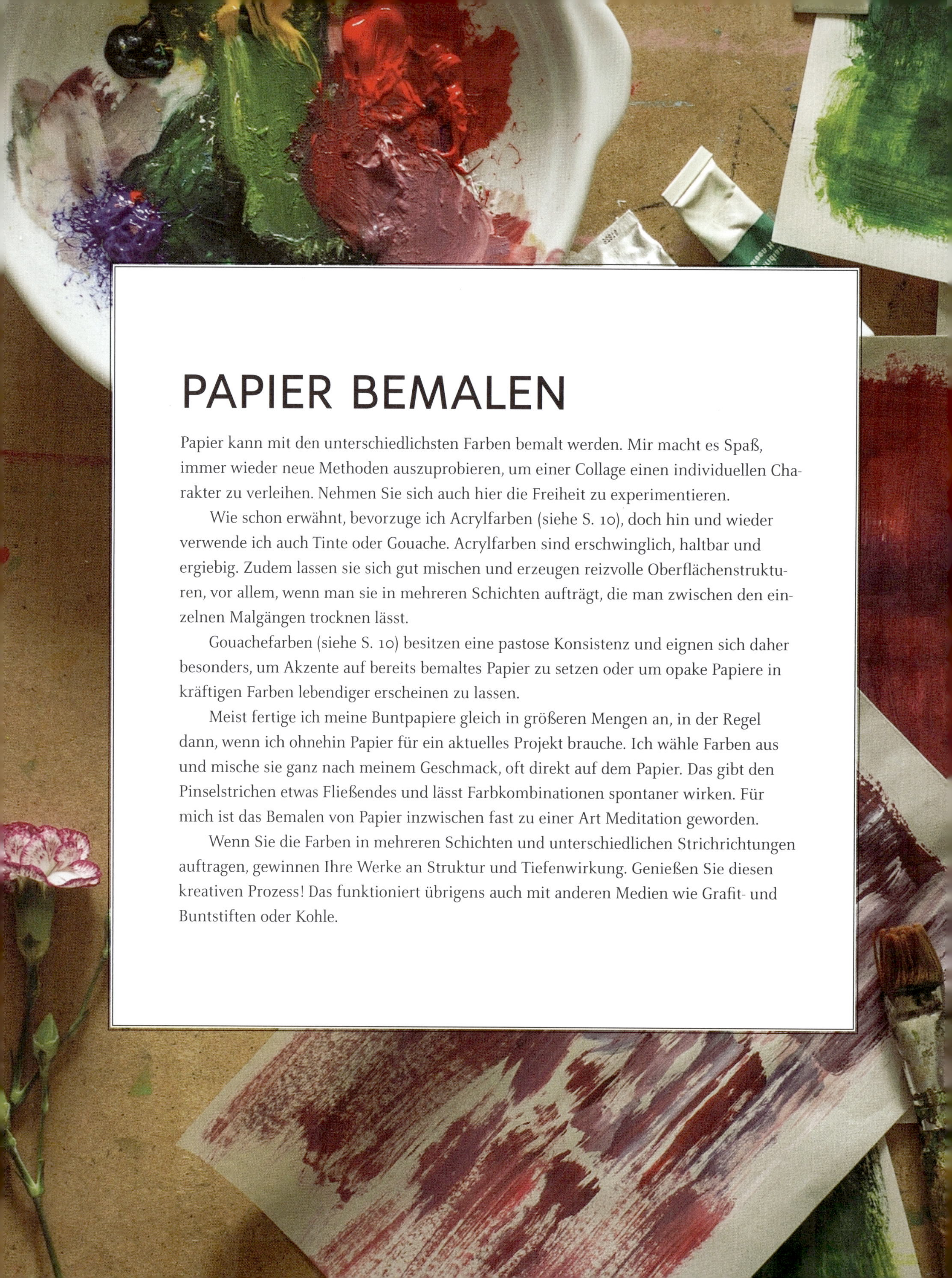

PAPIER BEMALEN

Papier kann mit den unterschiedlichsten Farben bemalt werden. Mir macht es Spaß, immer wieder neue Methoden auszuprobieren, um einer Collage einen individuellen Charakter zu verleihen. Nehmen Sie sich auch hier die Freiheit zu experimentieren.

Wie schon erwähnt, bevorzuge ich Acrylfarben (siehe S. 10), doch hin und wieder verwende ich auch Tinte oder Gouache. Acrylfarben sind erschwinglich, haltbar und ergiebig. Zudem lassen sie sich gut mischen und erzeugen reizvolle Oberflächenstrukturen, vor allem, wenn man sie in mehreren Schichten aufträgt, die man zwischen den einzelnen Malgängen trocknen lässt.

Gouachefarben (siehe S. 10) besitzen eine pastose Konsistenz und eignen sich daher besonders, um Akzente auf bereits bemaltes Papier zu setzen oder um opake Papiere in kräftigen Farben lebendiger erscheinen zu lassen.

Meist fertige ich meine Buntpapiere gleich in größeren Mengen an, in der Regel dann, wenn ich ohnehin Papier für ein aktuelles Projekt brauche. Ich wähle Farben aus und mische sie ganz nach meinem Geschmack, oft direkt auf dem Papier. Das gibt den Pinselstrichen etwas Fließendes und lässt Farbkombinationen spontaner wirken. Für mich ist das Bemalen von Papier inzwischen fast zu einer Art Meditation geworden.

Wenn Sie die Farben in mehreren Schichten und unterschiedlichen Strichrichtungen auftragen, gewinnen Ihre Werke an Struktur und Tiefenwirkung. Genießen Sie diesen kreativen Prozess! Das funktioniert übrigens auch mit anderen Medien wie Grafit- und Buntstiften oder Kohle.

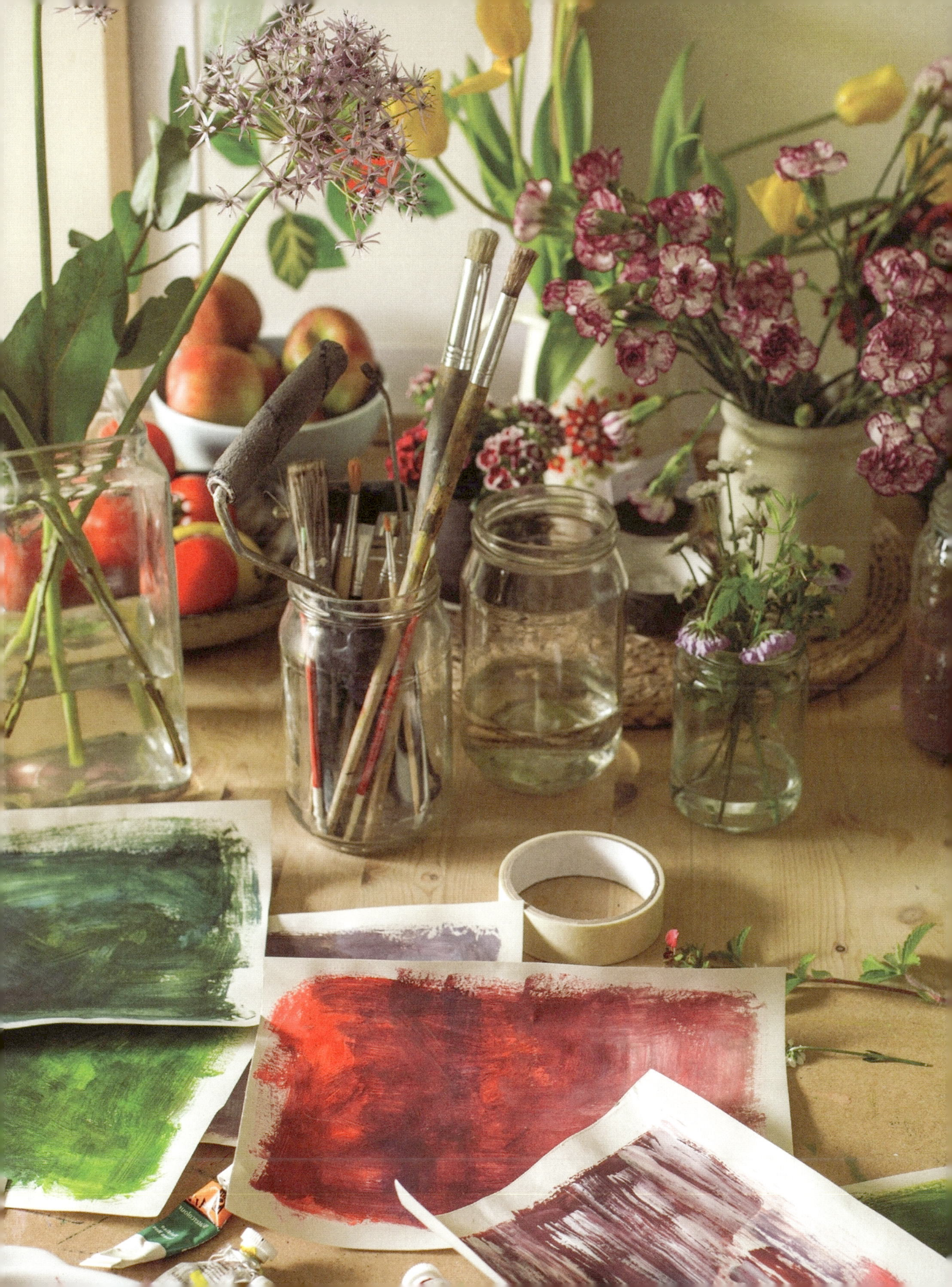

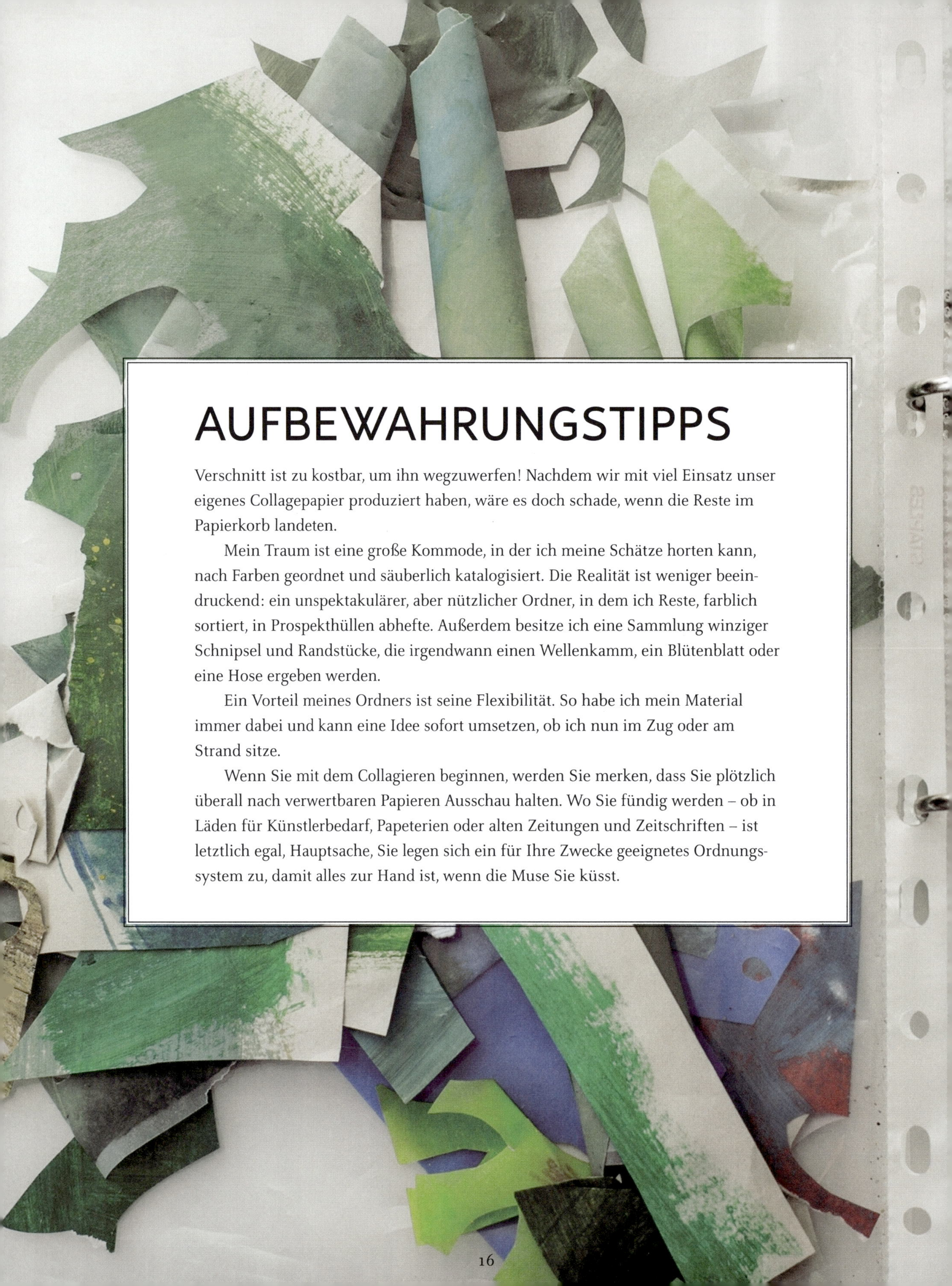

AUFBEWAHRUNGSTIPPS

Verschnitt ist zu kostbar, um ihn wegzuwerfen! Nachdem wir mit viel Einsatz unser eigenes Collagepapier produziert haben, wäre es doch schade, wenn die Reste im Papierkorb landeten.

Mein Traum ist eine große Kommode, in der ich meine Schätze horten kann, nach Farben geordnet und säuberlich katalogisiert. Die Realität ist weniger beeindruckend: ein unspektakulärer, aber nützlicher Ordner, in dem ich Reste, farblich sortiert, in Prospekthüllen abhefte. Außerdem besitze ich eine Sammlung winziger Schnipsel und Randstücke, die irgendwann einen Wellenkamm, ein Blütenblatt oder eine Hose ergeben werden.

Ein Vorteil meines Ordners ist seine Flexibilität. So habe ich mein Material immer dabei und kann eine Idee sofort umsetzen, ob ich nun im Zug oder am Strand sitze.

Wenn Sie mit dem Collagieren beginnen, werden Sie merken, dass Sie plötzlich überall nach verwertbaren Papieren Ausschau halten. Wo Sie fündig werden – ob in Läden für Künstlerbedarf, Papeterien oder alten Zeitungen und Zeitschriften – ist letztlich egal, Hauptsache, Sie legen sich ein für Ihre Zwecke geeignetes Ordnungssystem zu, damit alles zur Hand ist, wenn die Muse Sie küsst.

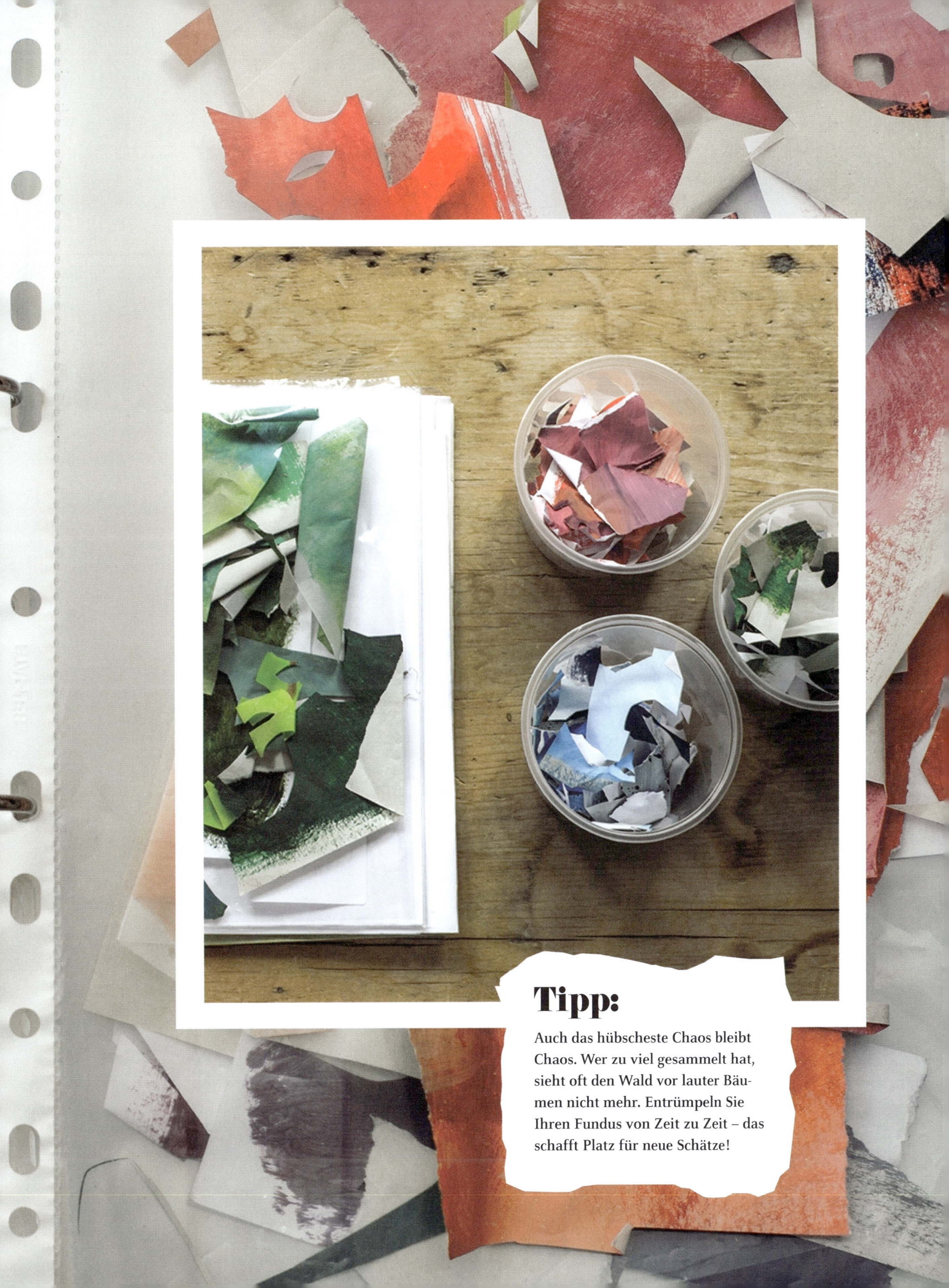

Tipp:

Auch das hübscheste Chaos bleibt Chaos. Wer zu viel gesammelt hat, sieht oft den Wald vor lauter Bäumen nicht mehr. Entrümpeln Sie Ihren Fundus von Zeit zu Zeit – das schafft Platz für neue Schätze!

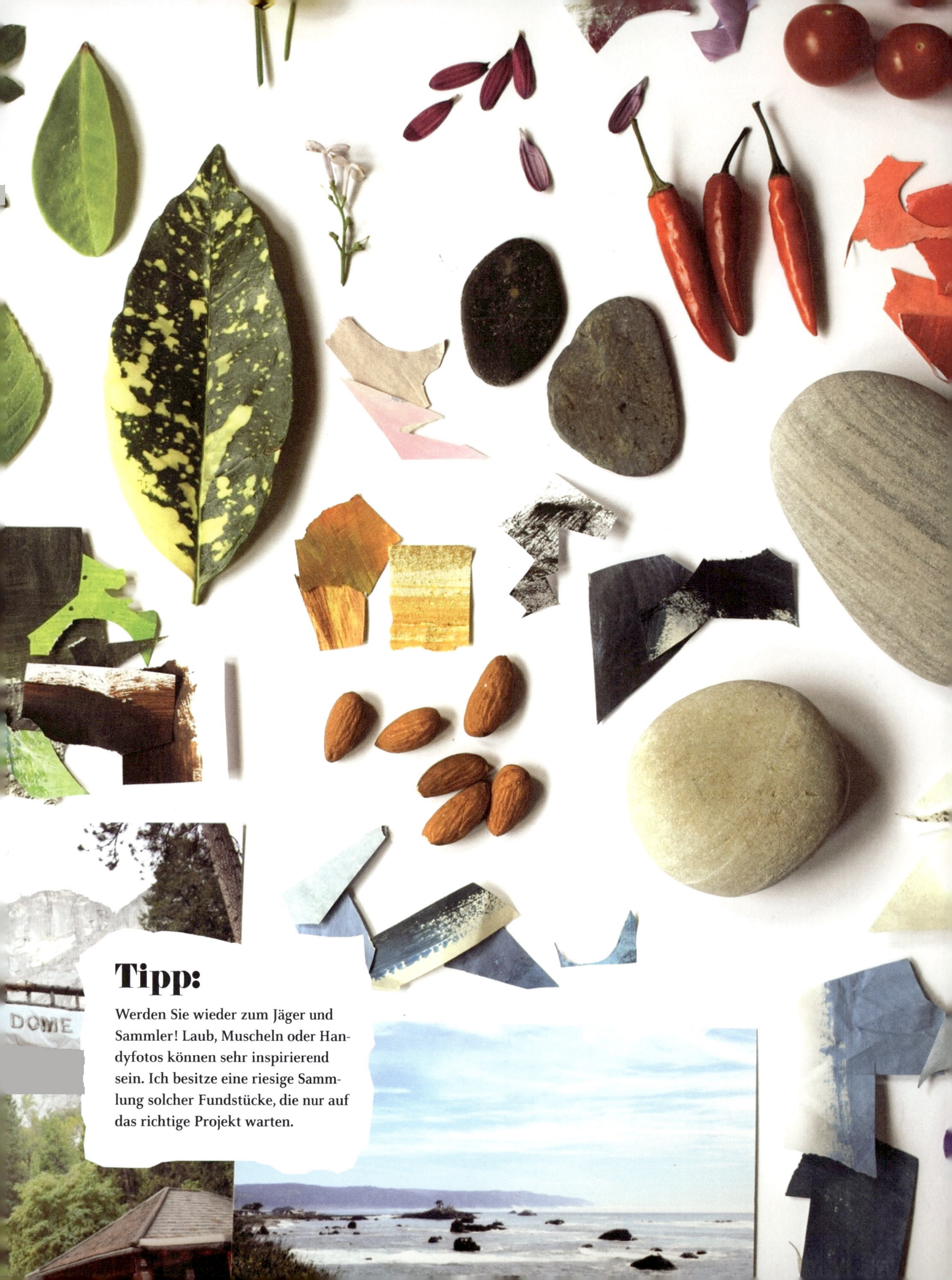

Tipp:

Werden Sie wieder zum Jäger und Sammler! Laub, Muscheln oder Handyfotos können sehr inspirierend sein. Ich besitze eine riesige Sammlung solcher Fundstücke, die nur auf das richtige Projekt warten.

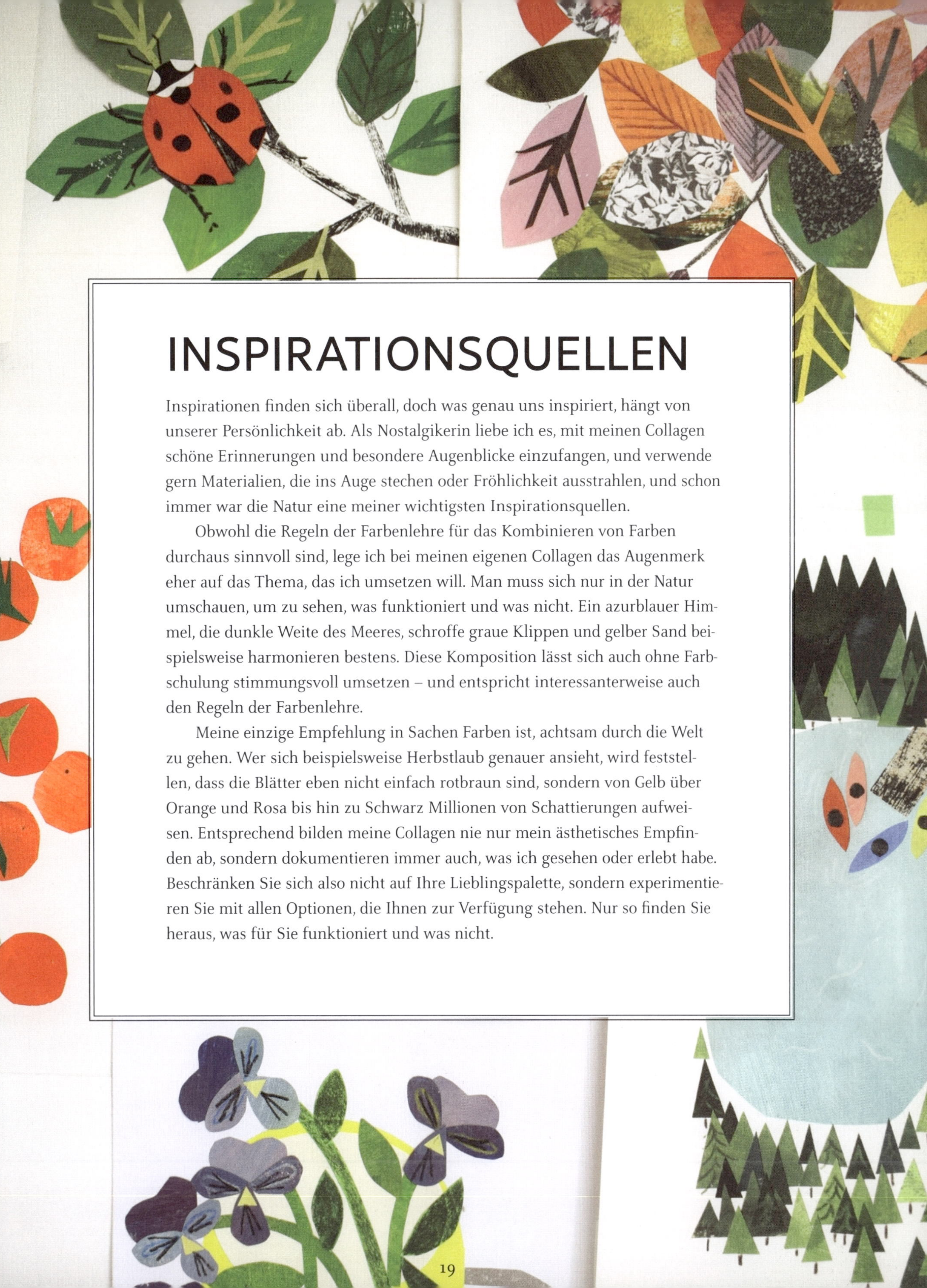

INSPIRATIONSQUELLEN

Inspirationen finden sich überall, doch was genau uns inspiriert, hängt von unserer Persönlichkeit ab. Als Nostalgikerin liebe ich es, mit meinen Collagen schöne Erinnerungen und besondere Augenblicke einzufangen, und verwende gern Materialien, die ins Auge stechen oder Fröhlichkeit ausstrahlen, und schon immer war die Natur eine meiner wichtigsten Inspirationsquellen.

Obwohl die Regeln der Farbenlehre für das Kombinieren von Farben durchaus sinnvoll sind, lege ich bei meinen eigenen Collagen das Augenmerk eher auf das Thema, das ich umsetzen will. Man muss sich nur in der Natur umschauen, um zu sehen, was funktioniert und was nicht. Ein azurblauer Himmel, die dunkle Weite des Meeres, schroffe graue Klippen und gelber Sand beispielsweise harmonieren bestens. Diese Komposition lässt sich auch ohne Farbschulung stimmungsvoll umsetzen – und entspricht interessanterweise auch den Regeln der Farbenlehre.

Meine einzige Empfehlung in Sachen Farben ist, achtsam durch die Welt zu gehen. Wer sich beispielsweise Herbstlaub genauer ansieht, wird feststellen, dass die Blätter eben nicht einfach rotbraun sind, sondern von Gelb über Orange und Rosa bis hin zu Schwarz Millionen von Schattierungen aufweisen. Entsprechend bilden meine Collagen nie nur mein ästhetisches Empfinden ab, sondern dokumentieren immer auch, was ich gesehen oder erlebt habe. Beschränken Sie sich also nicht auf Ihre Lieblingspalette, sondern experimentieren Sie mit allen Optionen, die Ihnen zur Verfügung stehen. Nur so finden Sie heraus, was für Sie funktioniert und was nicht.

SCHRITT FÜR SCHRITT ZUR COLLAGE

Als Einstiegsprojekt habe ich eine einfache Blumencollage gewählt – mit Nelken, die mir wegen der klaren Zeichnung der Blütenblätter ins Auge gefallen sind. Natürlich können Sie auch jedes andere Motiv wählen. Legen Sie Ihr Papier bereit. Betrachten Sie das gewählte Objekt zunächst genau, registrieren Sie seine Größe, Formen und Proportionen.

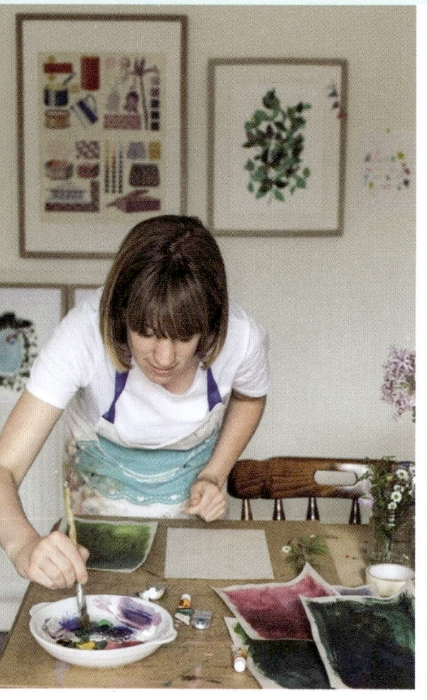

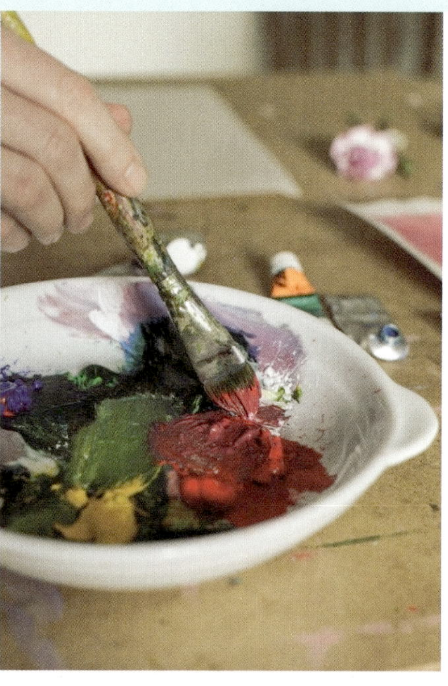

1. Farben auswählen und mischen
Trauen Sie sich – hier darf geferkelt werden! Kombinieren Sie all die Farben, die Sie an Ihrem Motiv entdecken können. Experimentieren Sie mit einer breiten Farbpalette – je mehr Farben, desto besser.

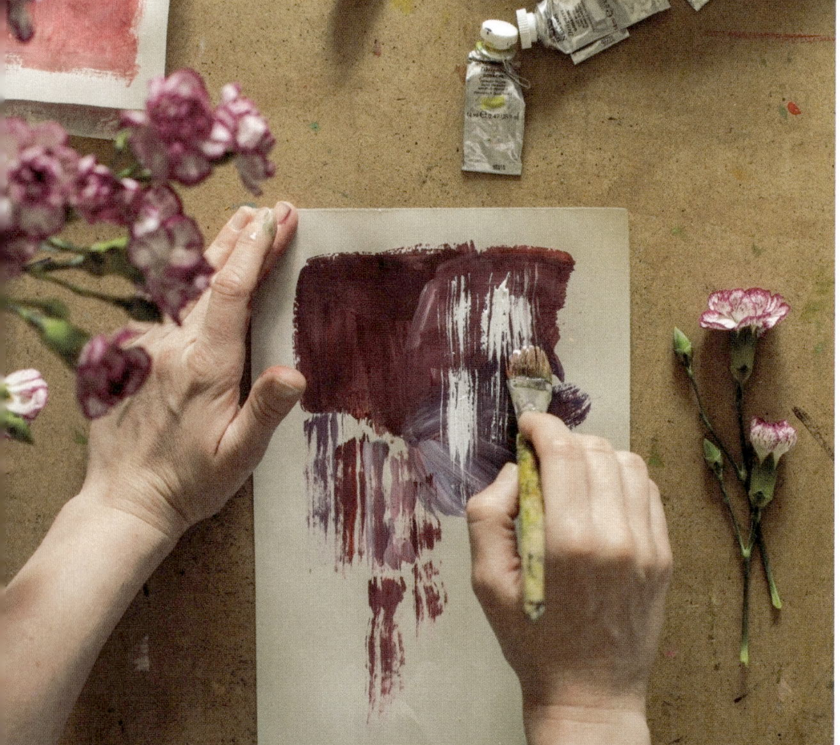

2. Farben auftragen
Bei diesem Schritt ist genaue Beobachtung das A und O. Ich lege meine Farbpalette zwar im Voraus fest, aber wenn ich dann die Farben auftrage, behalte ich mein Objekt genau im Auge und suche nach markanten Zeichnungen oder Tönungen, die ich aufgreifen möchte. Ein Stängel ist grün, klar – aber ist er blaugrün oder eher gelbgrün? Das bedeutet allerdings nicht, dass die Farben, die Sie aufs Papier bringen, exakt den Farben Ihres Motivs entsprechen müssen. Tatsächlich entstehen die spannendsten Resultate oft aus ungewollten Farbabweichungen. Das ist die Magie der Kunst!

3. Schneiden

Suchen Sie nach markanten Rundungen oder Kanten, und unterteilen Sie Ihr Motiv in einfache Grundformen. Schneiden Sie diese Elemente aus den vorbereiteten Papieren aus, und arrangieren Sie die Schnipsel auf dem Trägerpapier. Dabei kann ich nur immer wieder betonen: Es gibt kein Falsch oder Richtig in der Kunst. Schneiden ist Malen mit der Schere. Jede Interpretation ist einzigartig – genau das macht diese Kunstform so großartig.

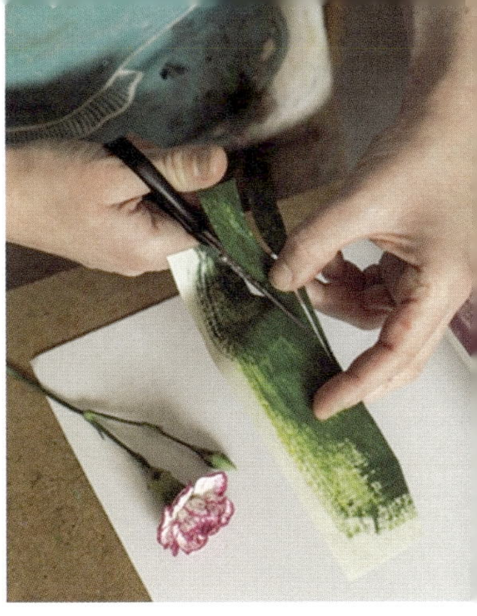

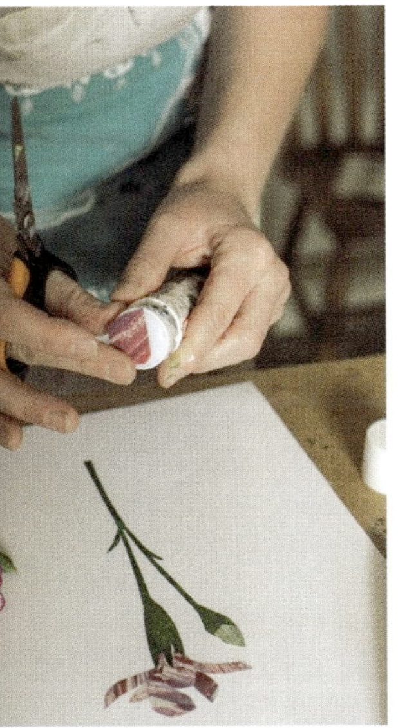

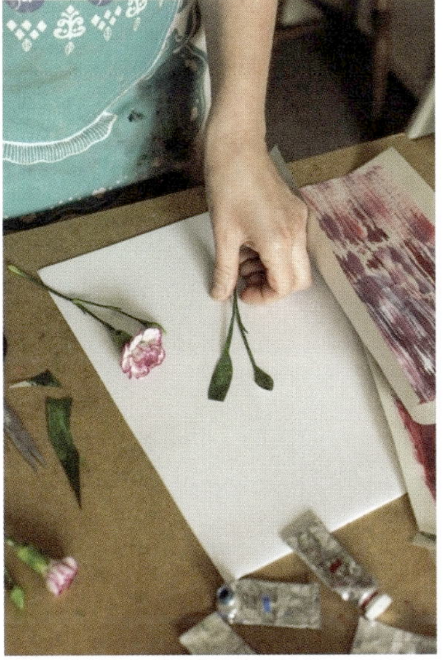

4. Arrangieren und kleben

Was ich an Collagen besonders schätze, ist die Einfachheit der Formen. Eine Komposition lässt sich Schritt für Schritt aufbauen, indem man die Einzelteile so lange auf dem Trägerpapier herumschiebt, bis man mit dem Resultat zufrieden ist. Dann erst wird geklebt. Stören Sie sich nicht an kleinen Fehlern, sie sind Teil des Prozesses. Aus solchen „glücklichen Unfällen" sind einige meiner Lieblingswerke entstanden.

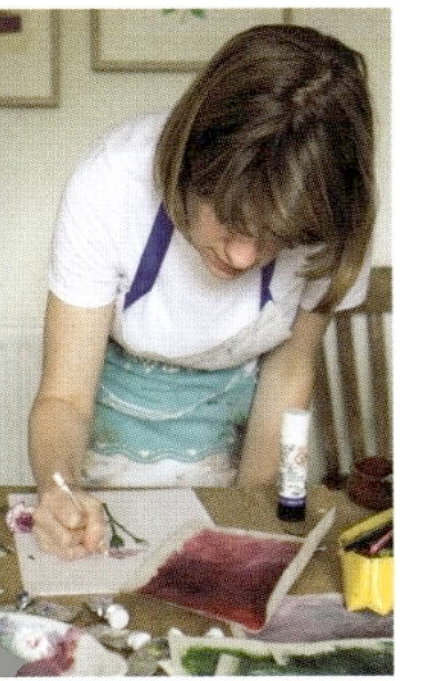

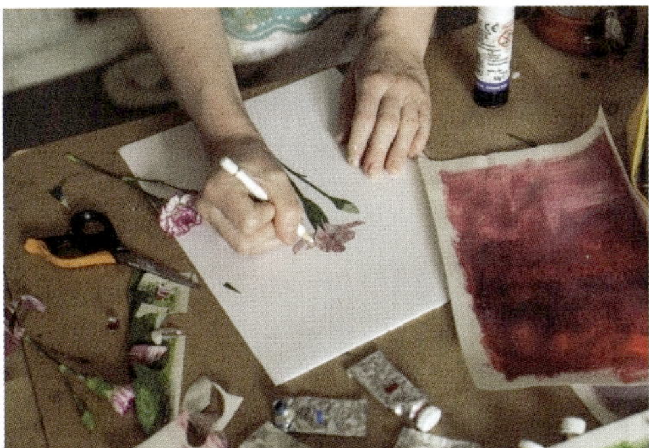

5. Überarbeiten und akzentuieren

Dieser Schritt ist zwar nicht unbedingt erforderlich, aber ich koloriere meine Collagen gerne nach, am liebsten mit Bunt- oder Pastellstiften. So lassen sich Motive klarer herausarbeiten und Strukturen betonen. Doch Vorsicht: Es ist einfach, einer Collage mehr Farbe und Textur zu verleihen, aber schwierig, sie wieder zu entfernen.

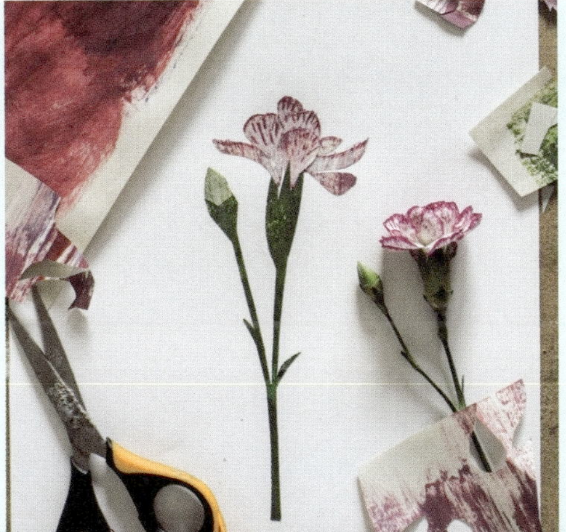

6. Fertigstellung

Nun können hier und da noch kleine Details und Schnipsel hinzugefügt werden. Sind Sie mit dem Ergebnis zufrieden? Dann lehnen Sie sich zurück, und genießen Sie Ihr Werk!

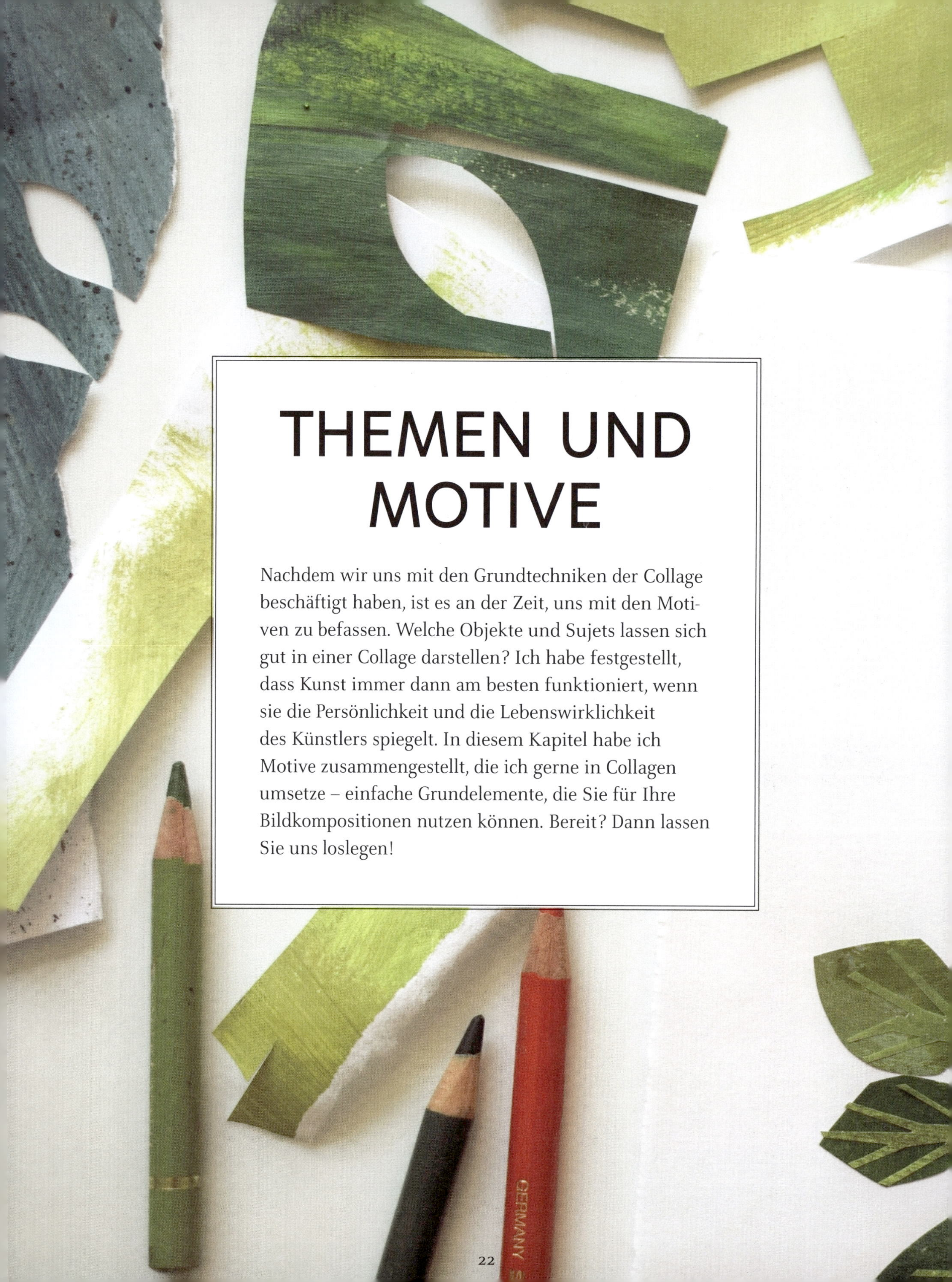

THEMEN UND MOTIVE

Nachdem wir uns mit den Grundtechniken der Collage beschäftigt haben, ist es an der Zeit, uns mit den Motiven zu befassen. Welche Objekte und Sujets lassen sich gut in einer Collage darstellen? Ich habe festgestellt, dass Kunst immer dann am besten funktioniert, wenn sie die Persönlichkeit und die Lebenswirklichkeit des Künstlers spiegelt. In diesem Kapitel habe ich Motive zusammengestellt, die ich gerne in Collagen umsetze – einfache Grundelemente, die Sie für Ihre Bildkompositionen nutzen können. Bereit? Dann lassen Sie uns loslegen!

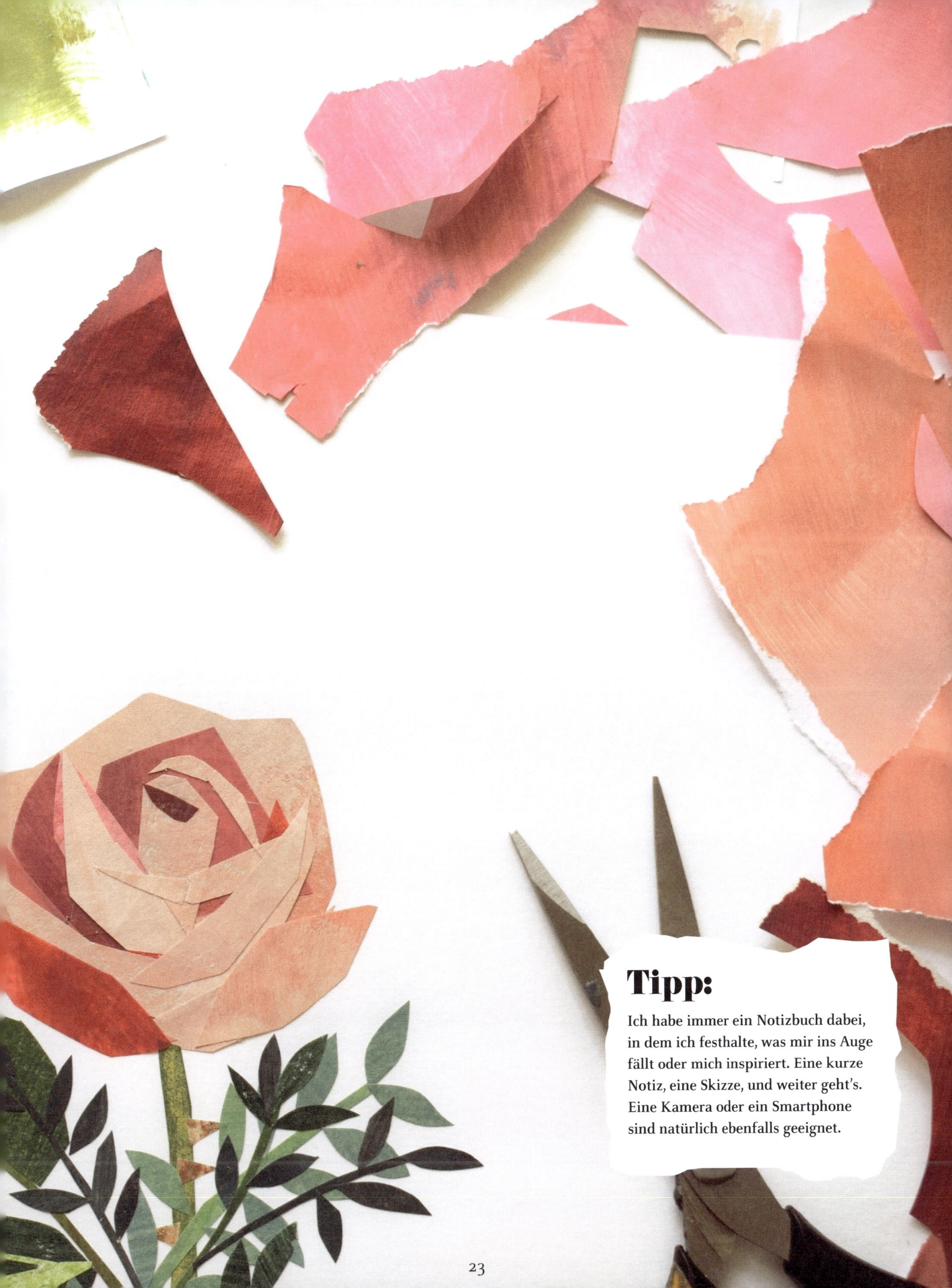

Tipp:

Ich habe immer ein Notizbuch dabei, in dem ich festhalte, was mir ins Auge fällt oder mich inspiriert. Eine kurze Notiz, eine Skizze, und weiter geht’s. Eine Kamera oder ein Smartphone sind natürlich ebenfalls geeignet.

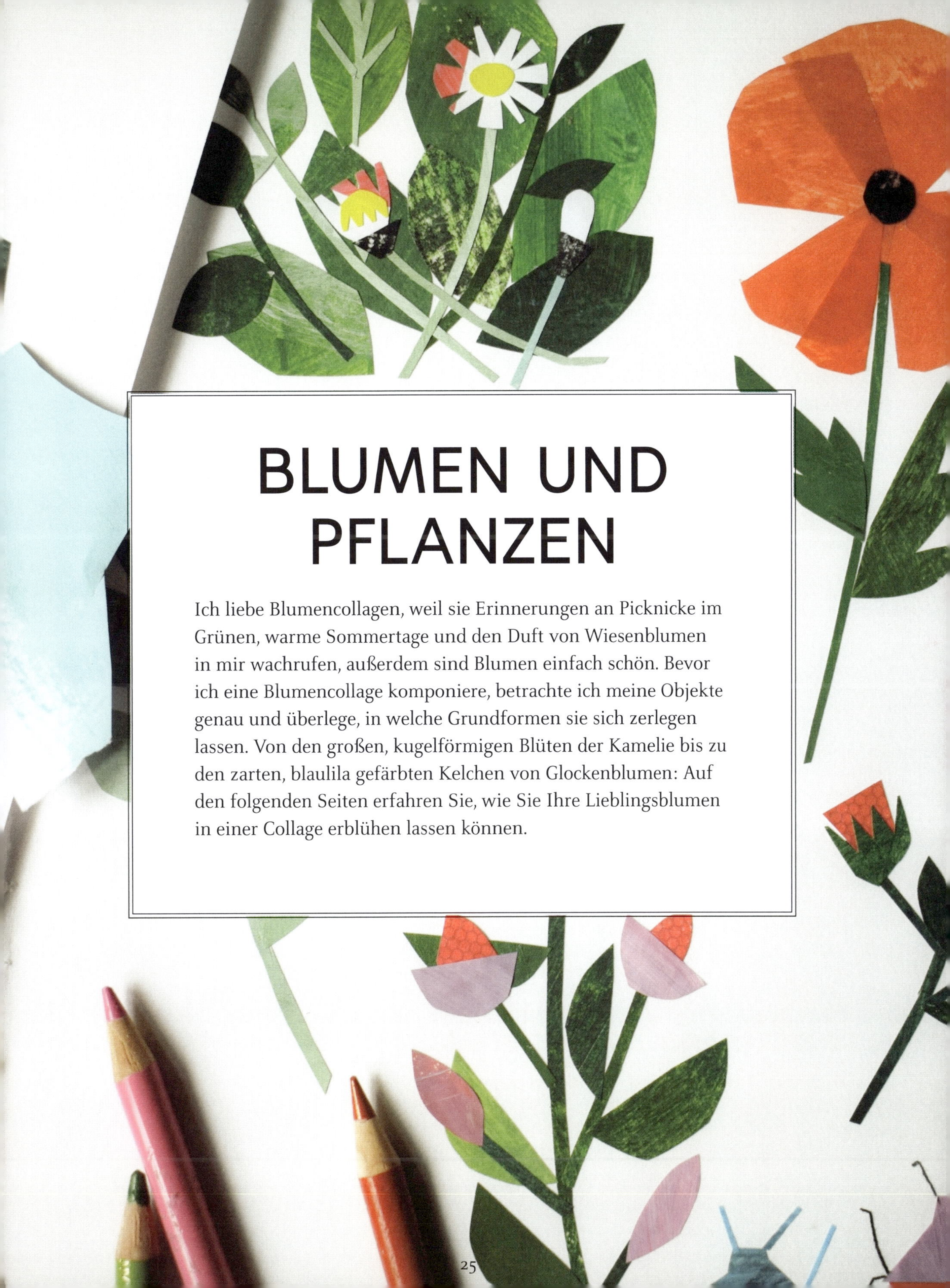

BLUMEN UND PFLANZEN

Ich liebe Blumencollagen, weil sie Erinnerungen an Picknicke im Grünen, warme Sommertage und den Duft von Wiesenblumen in mir wachrufen, außerdem sind Blumen einfach schön. Bevor ich eine Blumencollage komponiere, betrachte ich meine Objekte genau und überlege, in welche Grundformen sie sich zerlegen lassen. Von den großen, kugelförmigen Blüten der Kamelie bis zu den zarten, blaulila gefärbten Kelchen von Glockenblumen: Auf den folgenden Seiten erfahren Sie, wie Sie Ihre Lieblingsblumen in einer Collage erblühen lassen können.

BLUMEN

Eines meiner ersten Blumenmotive war eine Kamelie aus dem Garten meiner Mutter. Ich hatte mich auf Anhieb in die prall gefüllten roten Blüten mit ihren großen, runden Blättern und den kräftigen Staubgefäßen verliebt. So verschieden Blumen sind: In ihrem Grundaufbau ähneln sie sich. Dasselbe gilt für Blumencollagen. In der Regel beginne ich mit dem Ausschneiden der Blütenblätter, danach folgen die Staubgefäße und andere markante Elemente. Anschließend konzentriere ich mich auf die Details, die eine Blüte von der anderen unterscheiden. Hierbei gibt es keine verbindliche Vorgehensweise. Auch bei mir fallen gelegentlich Teile im Vergleich zu anderen zu groß aus. Es empfiehlt sich daher, die Elemente auf dem Blatt hin und her zu schieben und eventuell noch einmal zurechtzuschneiden, bevor man ans Aufkleben geht.

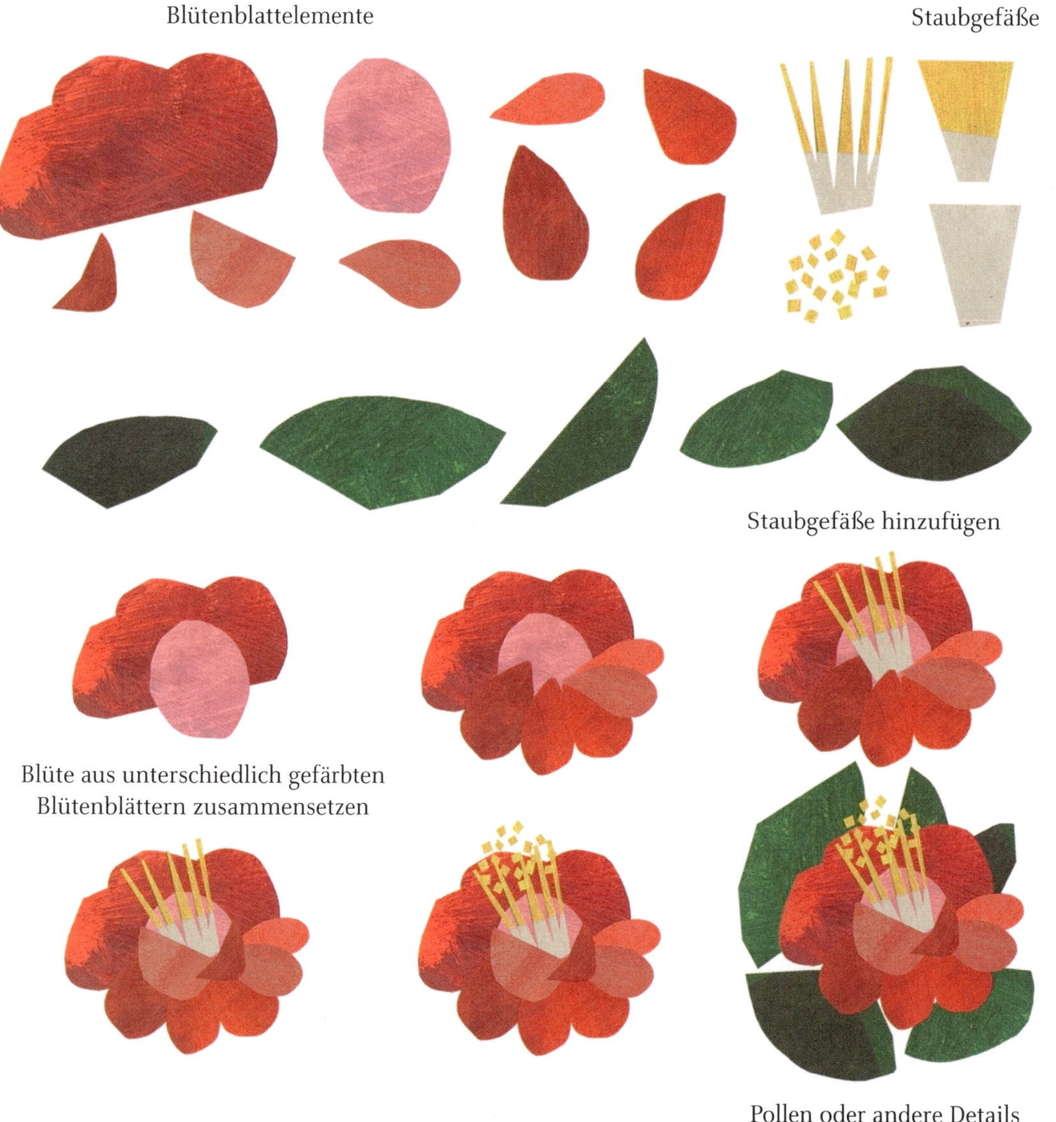

GRUNDELEMENTE VON BLUMEN

Auf den folgenden Seiten habe ich die Grundelemente für einige meiner Lieblingsblumen zusammengestellt. Spielen Sie mit verschiedenen Farbkombinationen, aber halten Sie die Formen einfach, damit sie sich leicht arrangieren lassen. Stiefmütterchen stehen ganz oben auf der Liste meiner Lieblingsblumen. Ich mag ihre sanft wippenden Blütenköpfe und die starken Farbkontraste. Und weil sie sich aus markanten Grundformen zusammensetzen, eignen sie sich hervorragend zum Experimentieren. An Hortensien wiederum lassen sich Maltechniken besonders gut üben. Ihre Blütenblätter weisen oft einen Farbverlauf auf oder wirken, als hätte man die Spitzen in eine andere Farbe getaucht. Das lässt sich gut wiedergeben, indem man mit Buntstift Akzente auf die Blütenblattelemente setzt. Gefüllte Blüten wie die von Rosen und Ranunkeln werden besonders realistisch, wenn man mit einem etwas dunkleren Buntstift Wirbel ins Innere der Blüten zeichnet.

Stiefmütterchen
Schneiden Sie Dreiecke, die kleiner sind als die Blütenblätter, aus gelbem Papier aus, und kleben Sie sie als kontrastierende Details auf die geschwungenen, tränenförmigen Blütenblätter.

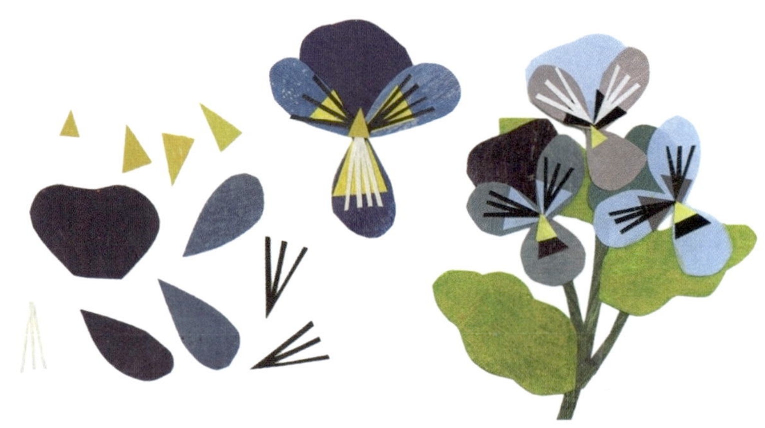

Glockenblume
Setzen Sie schmale dunklere Dreiecke auf die glockenförmigen Blüten, um die Blütenblätter abzugrenzen (dies lässt sich natürlich auch mit Buntstift erreichen). Der Stiel ist bogenförmig.

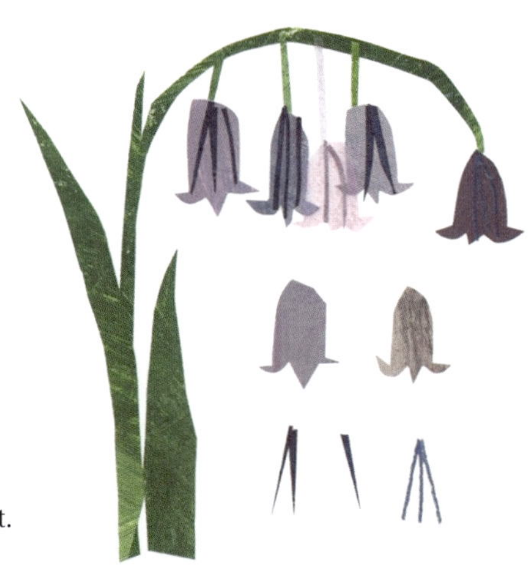

Vergissmeinnicht
Schneiden Sie Zacken in die blauen Kreise, um Blütenblätter anzudeuten. Darauf werden weiße Sterne mit gelben und schwarzen Punkten geklebt.

Hortensie

Aus Papier mit changierendem Farbverlauf ellipsenförmige Kelchblätter, für die Blütenstände winzige runde oder eckige Schnipsel aus kontrastfarbigem Papier ausschneiden. Die Kelchblätter in Vierergruppen anordnen und die kontrastierenden Schnipsel in die Mitte kleben.

Gänseblümchen

Für den Blütenboden nach unten dreieckig auslaufende Kronen aus grünem Papier schneiden und auf gerade oder gebogene Stängel setzen. Trapeze aus gelbem Papier unter die grünen Kronen schieben.

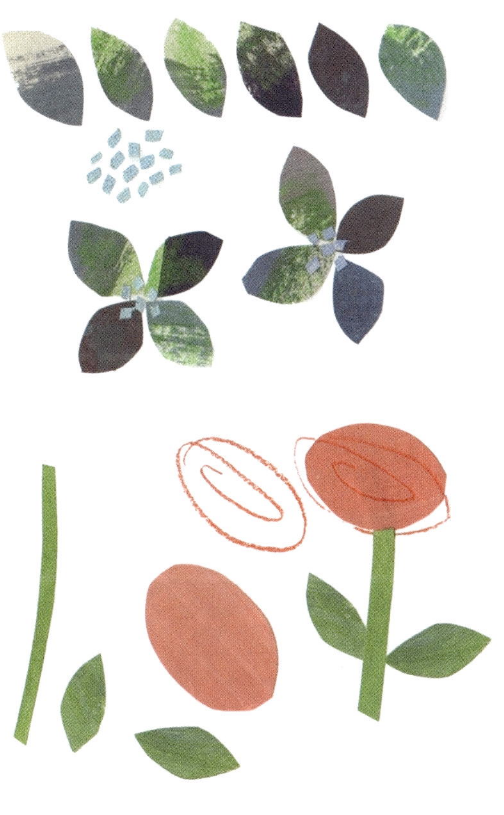

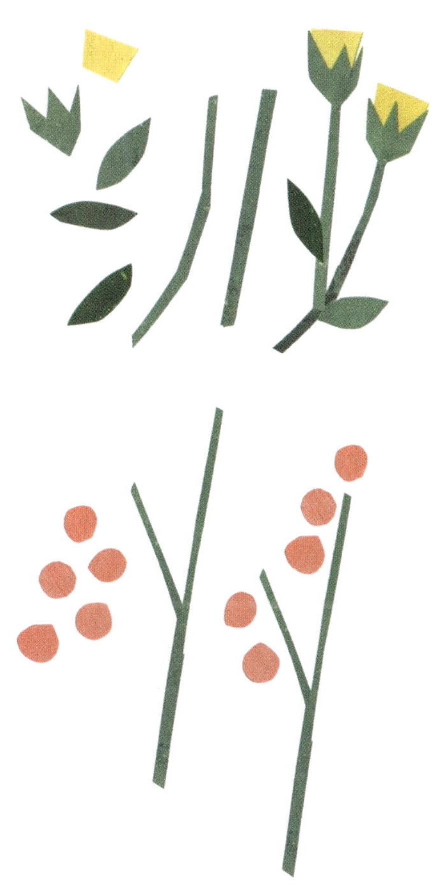

Rose und Ranunkel

Die gefüllten Blüten werden aus einfachen Kreis- und Ovalformen gebildet und mit Buntstiftkringeln und -wirbeln in Kontrastfarben verziert.

Beerenfrüchte

Schneiden Sie einen dünnen Mittelstiel mit kleineren Seitenstielen aus. Für die Beeren kleine Kreise rund um die Stiele anordnen.

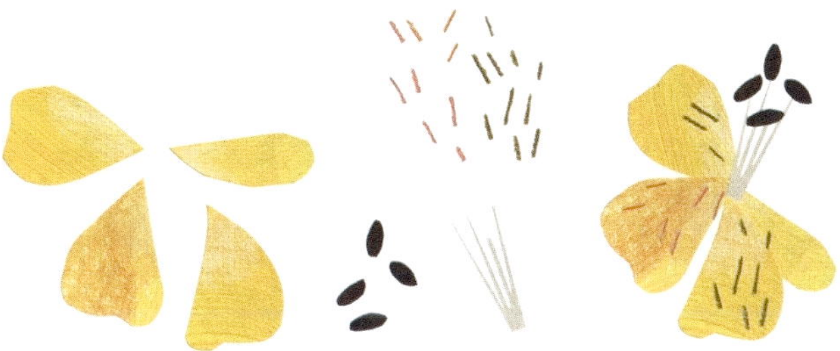

Lilie und Inkalilie

Herzförmige Blütenblätter in leuchtenden Farben ausschneiden. Für die Staubgefäße schmale Zacken aus spitzwinkligen weißen Dreiecken herausschneiden. Kleine Ellipsen aus schwarzem Papier ergeben die Stempel. Zum Schluss mit Buntstift Akzente auf die Blütenblätter setzen.

BLUMENVARIANTEN

Hier sehen Sie Varianten der auf den letzten Seiten vorgestellten Blumen, die sich aus denselben einfachen Elementen zusammensetzen lassen. Im Prinzip lässt sich jede Blume in einer Vielzahl von Variationen abbilden, indem man Papier mit unterschiedlichen Farben und Texturen verwendet. An der Mohnblume lässt sich das gut ausprobieren: Schneiden Sie tortenförmige Blütenblätter aus rotem Seidenpapier oder anderem halb transparenten Papier, arrangieren Sie sie fächerförmig, und setzen Sie einen schwarzen Punkt in die Mitte. Nun brauchen Sie nur noch einen dünnen Stiel und zackige Blätter aus grünem Papier – fertig ist die Mohnblume. Wiederholen Sie diese Schritte, aber variieren Sie Formen, Nuancen und Anordnung, und im Nu haben Sie ein ganzes Mohnfeld.

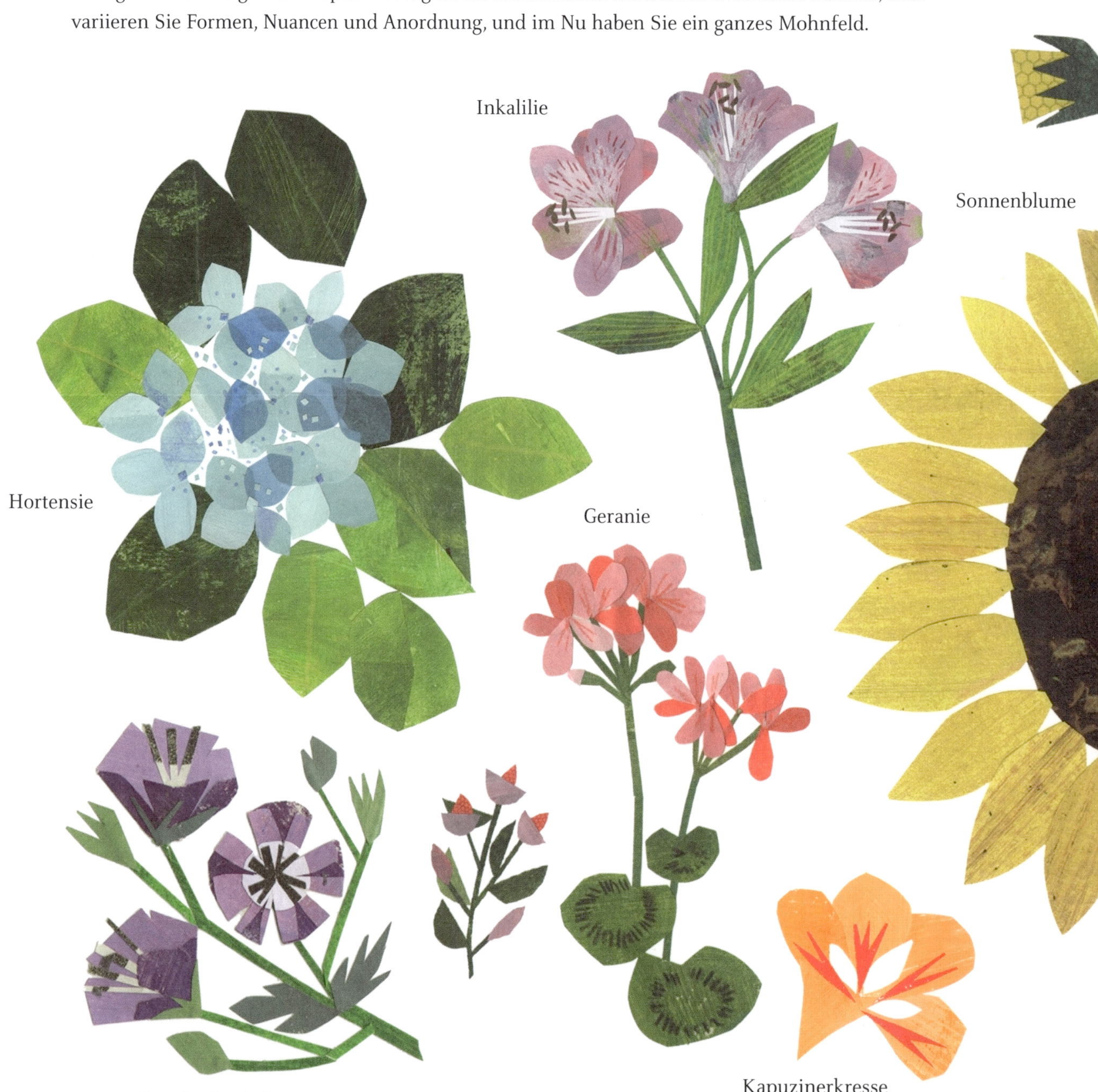

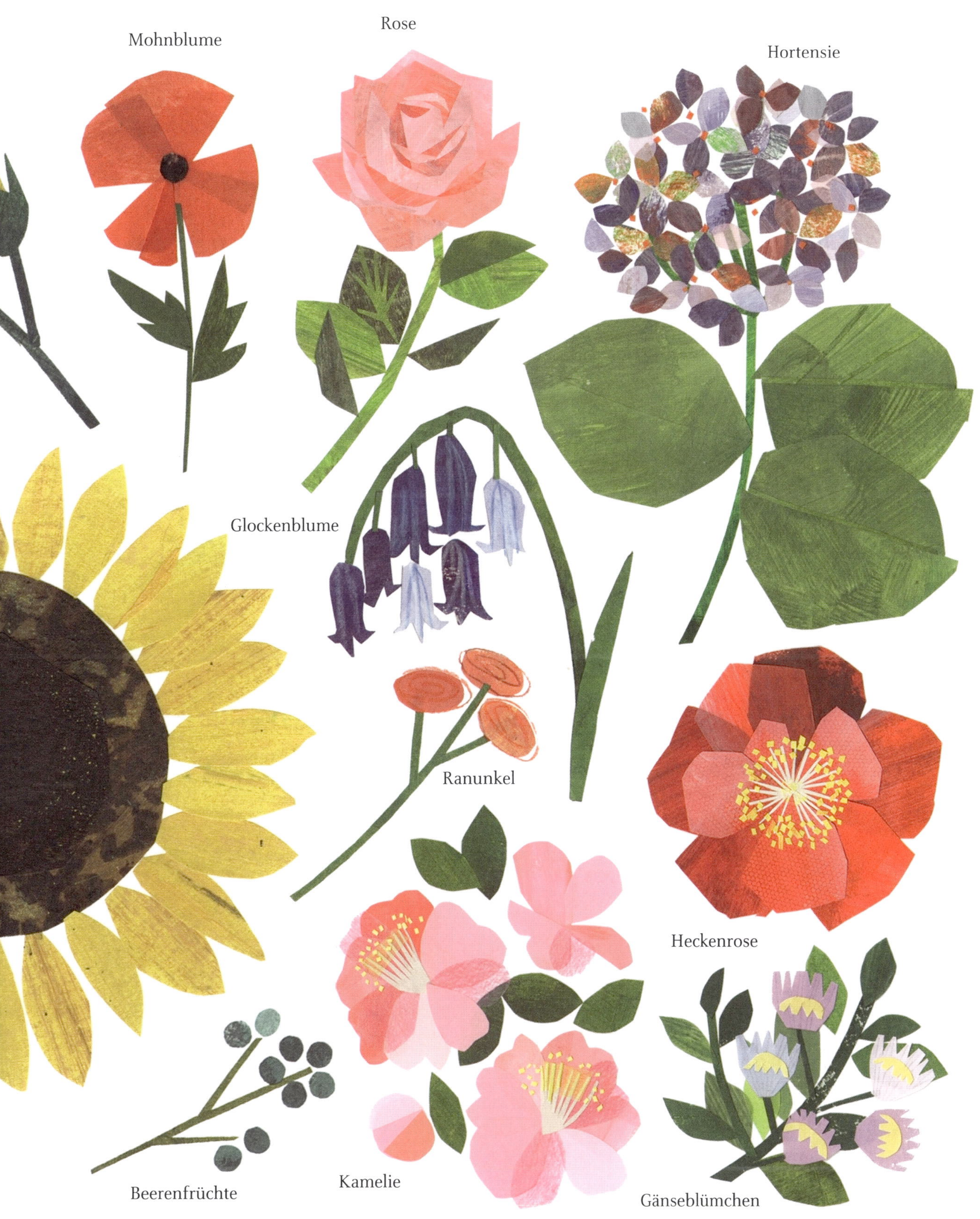
Mohnblume
Rose
Hortensie
Glockenblume
Ranunkel
Heckenrose
Beerenfrüchte
Kamelie
Gänseblümchen

GÄNSEBLÜMCHENWIESE

Eine Wiese mit Gänseblümchen zu collagieren ist die reinste Freude. Gänseblümchen sehen hübsch aus und lassen sich mit wenigen Schnipseln gestalten. Für die rosa überhauchten Blütenblattspitzen nehme ich gern die Ecken bemalter Papiere. Mit kleinen Verschnittschnipseln in Gelb und Braun lässt sich die Mitte des Blütenkorbs darstellen.

Verwenden Sie für Ihre Gänseblümchen unterschiedliche Farben und Schattierungen, um der Vielfalt dieser hübschen Wiesenblumen gerecht zu werden. Noch natürlicher wirkt Ihre Collage, wenn Sie hier und da Grashalme und grüne Blättchen einfügen, um den grünen Hintergrund aufzulockern.

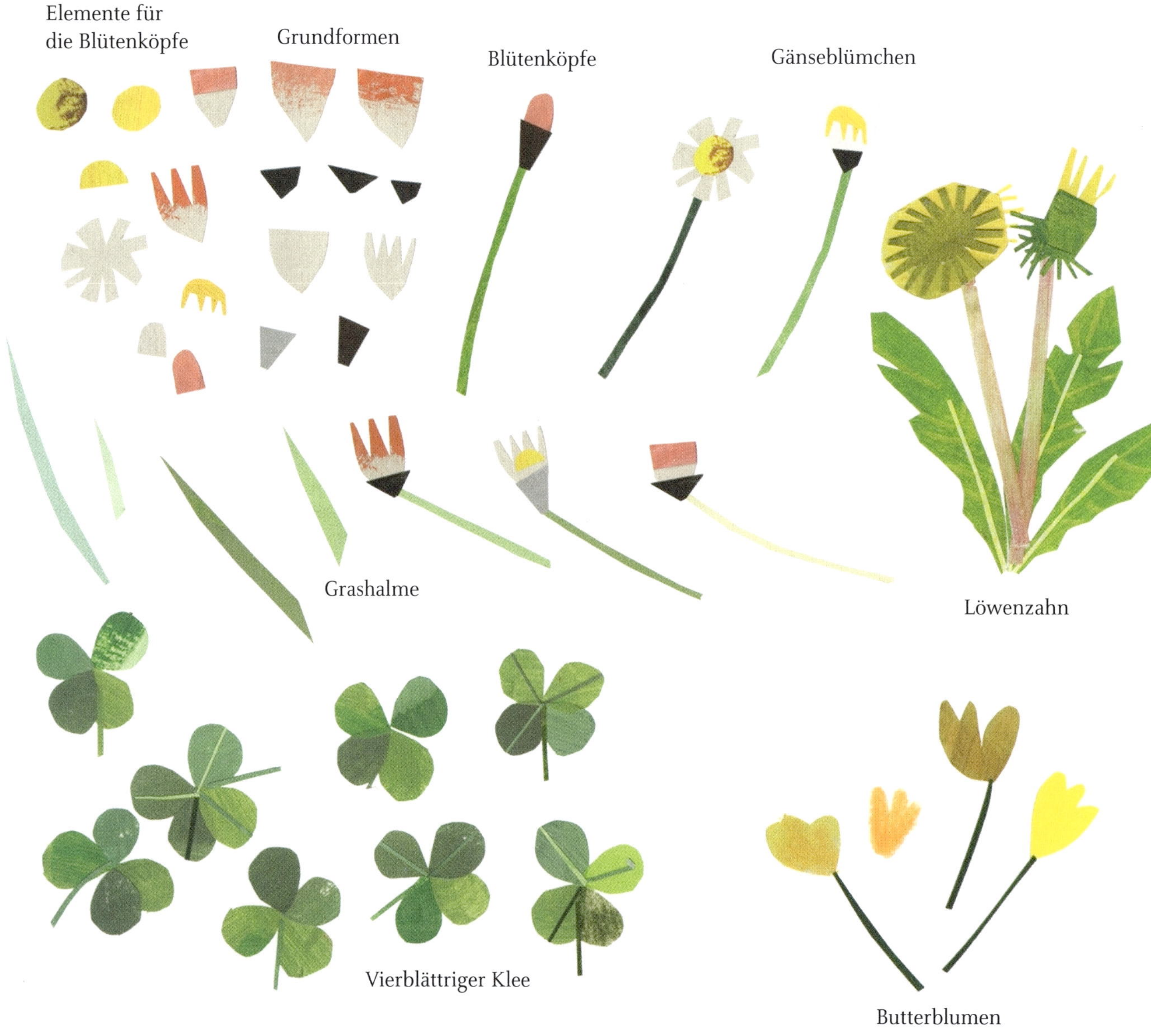

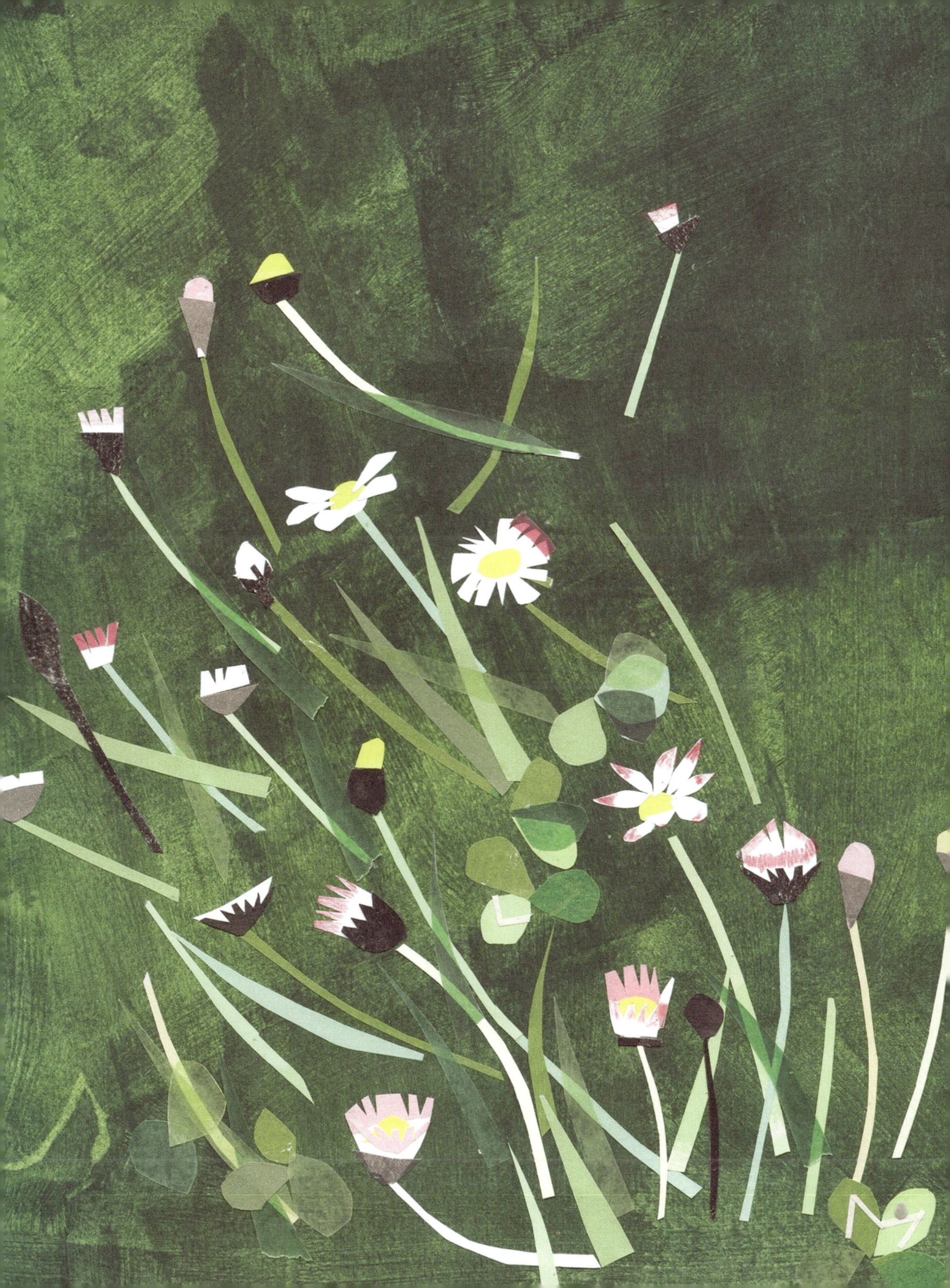

IMMERGRÜN UND WINTERBLÜHER

Mit Herbst und Winter verbinden wir oft trostlos graue Tage. Dabei kann man auch in der kalten Jahreszeit eine vielfältige Flora finden. Zur Inspiration habe ich hier immergrüne Pflanzen und Winterblüher zusammengestellt, die sich auf dieselbe Weise collagieren lassen wie die vorgestellten Blumen.

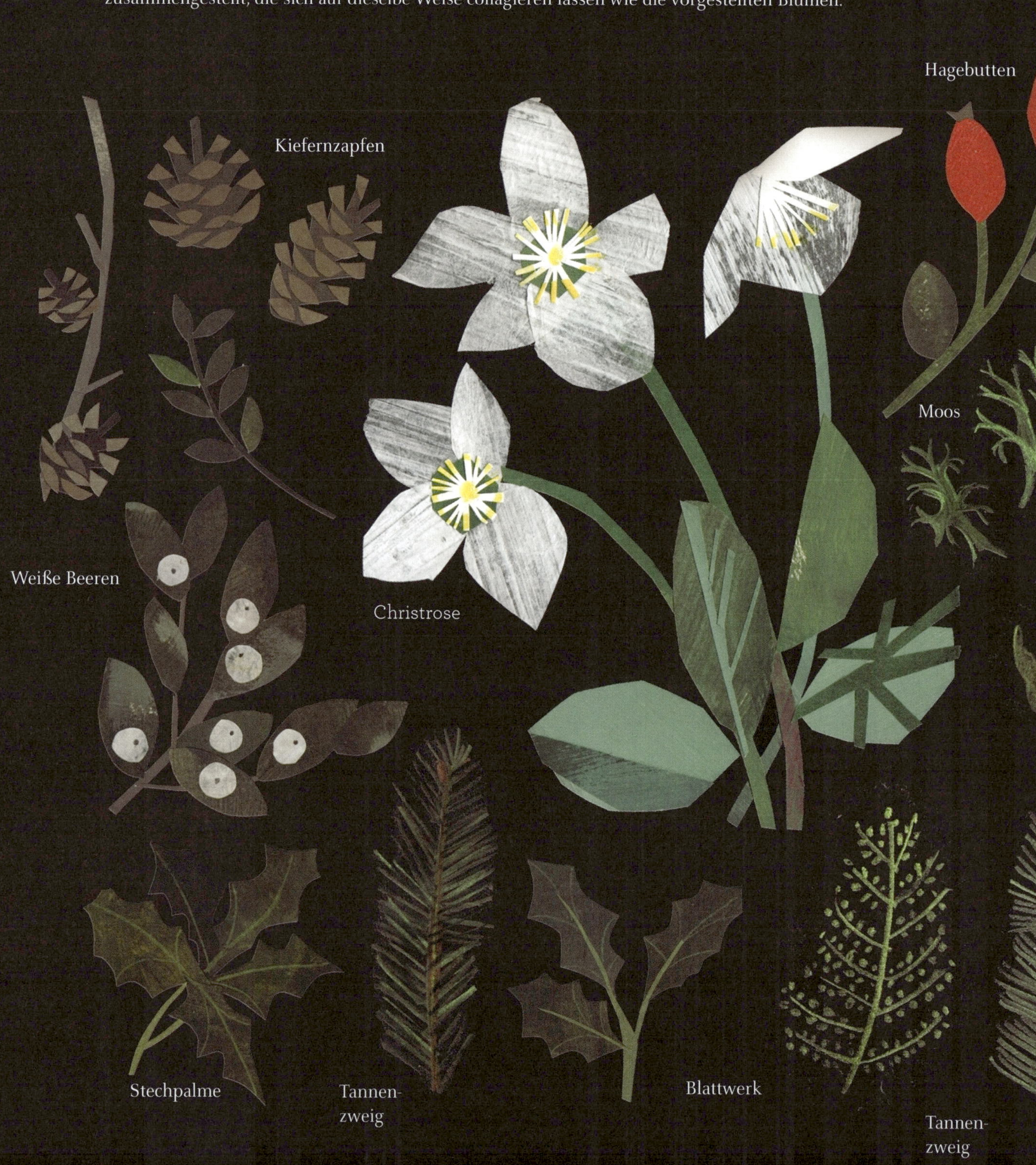

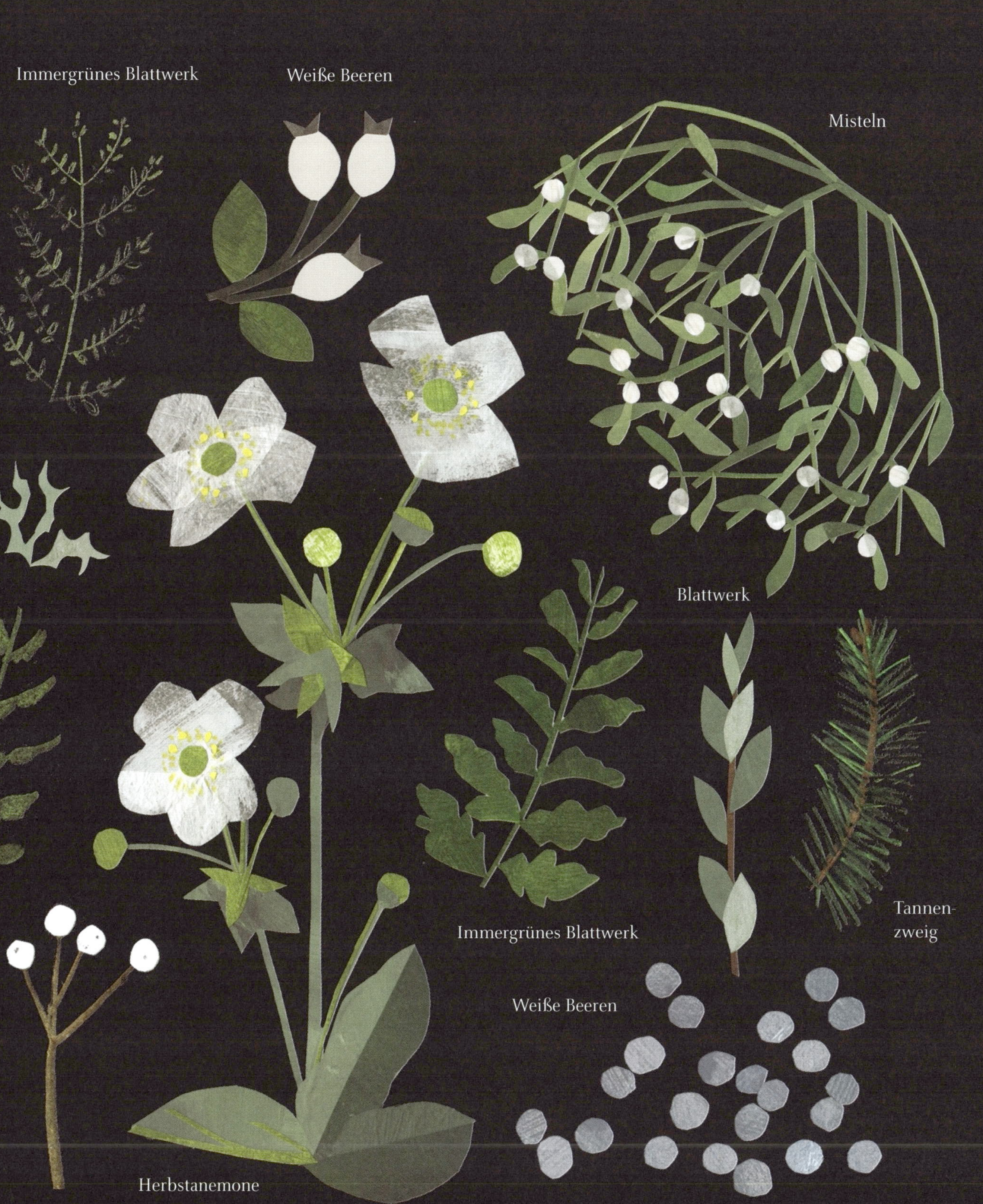
Immergrünes Blattwerk
Weiße Beeren
Misteln
Blattwerk
Tannen-
zweig
Immergrünes Blattwerk
Weiße Beeren
Herbstanemone

BLÄTTER

Grünpflanzen werden mit derselben Technik collagiert wie Blumen. Wenn wir Grünpflanzen genauer betrachten, entdecken wir die unterschiedlichsten Formen und Farben. Weitere Unterschiede ergeben sich abhängig davon, ob wir im prallen Sonnenlicht oder im Halbdunkel eines Waldes stehen und ob die Blätter intakt oder angefressen oder welk sind. All diese Merkmale machen eine Pflanze unverwechselbar. Für meine Grünpflanzencollagen verwende ich gern bemaltes Seidenpapier oder gesprenkeltes Strukturpapier. Dank der Transparenz des Seidenpapiers entstehen beim Übereinanderschichten der Blätter wunderschöne Mischfarben. Durch nachträgliches Bemalen der Blätter lassen sich reizvolle Tiefeneffekte und Strukturen erzeugen.

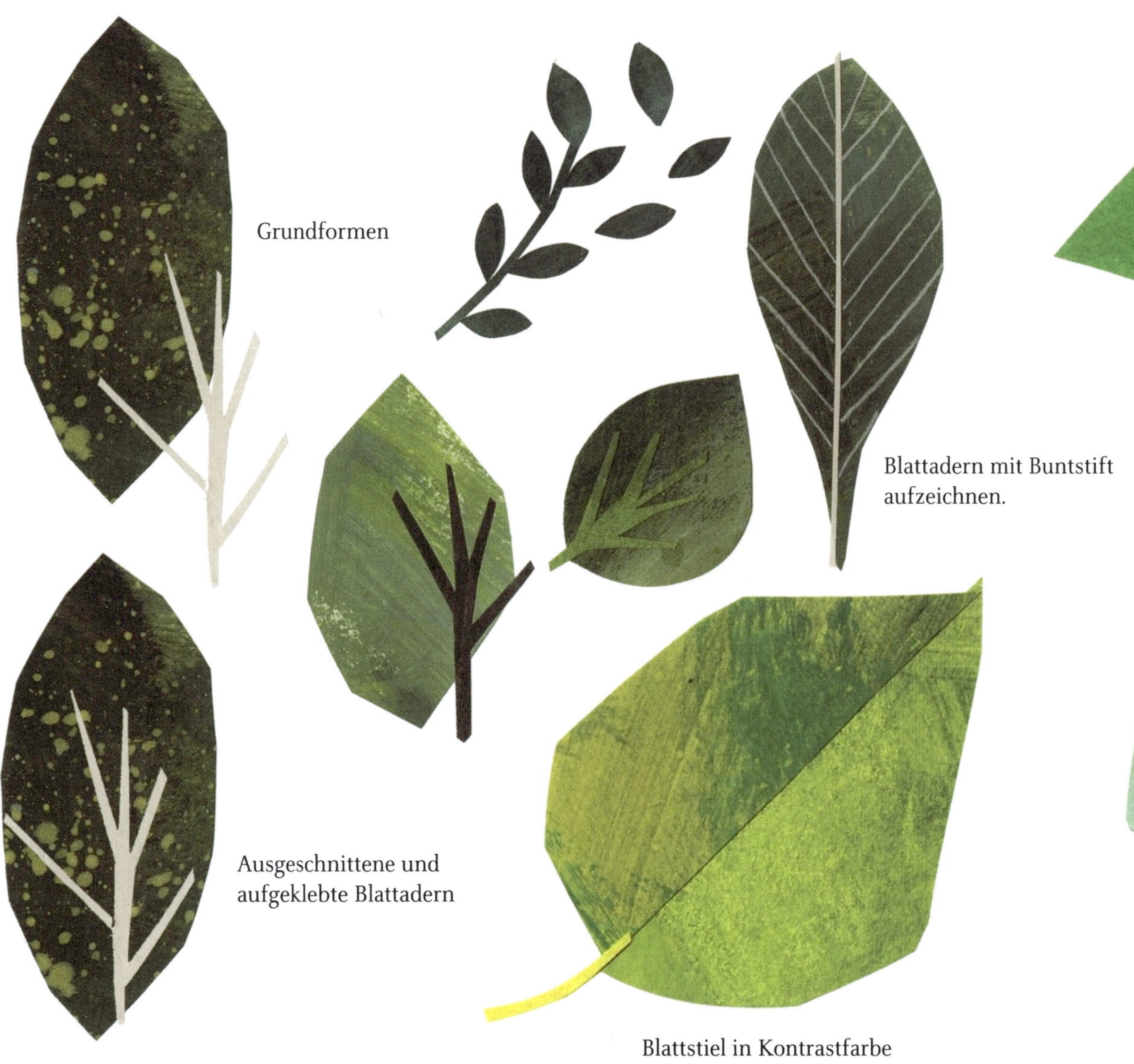

Grundformen

Blattadern mit Buntstift aufzeichnen.

Ausgeschnittene und aufgeklebte Blattadern

Blattstiel in Kontrastfarbe

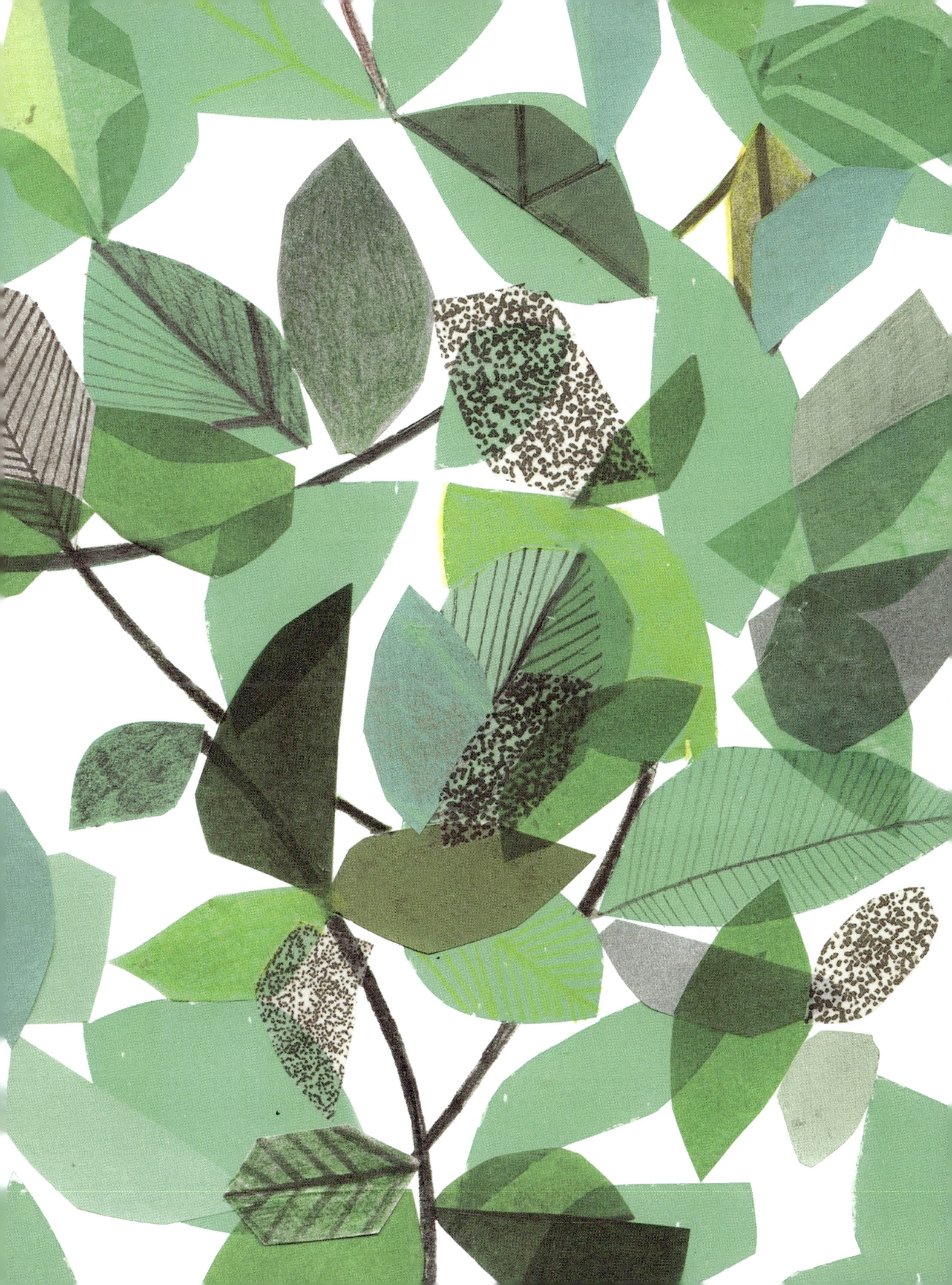

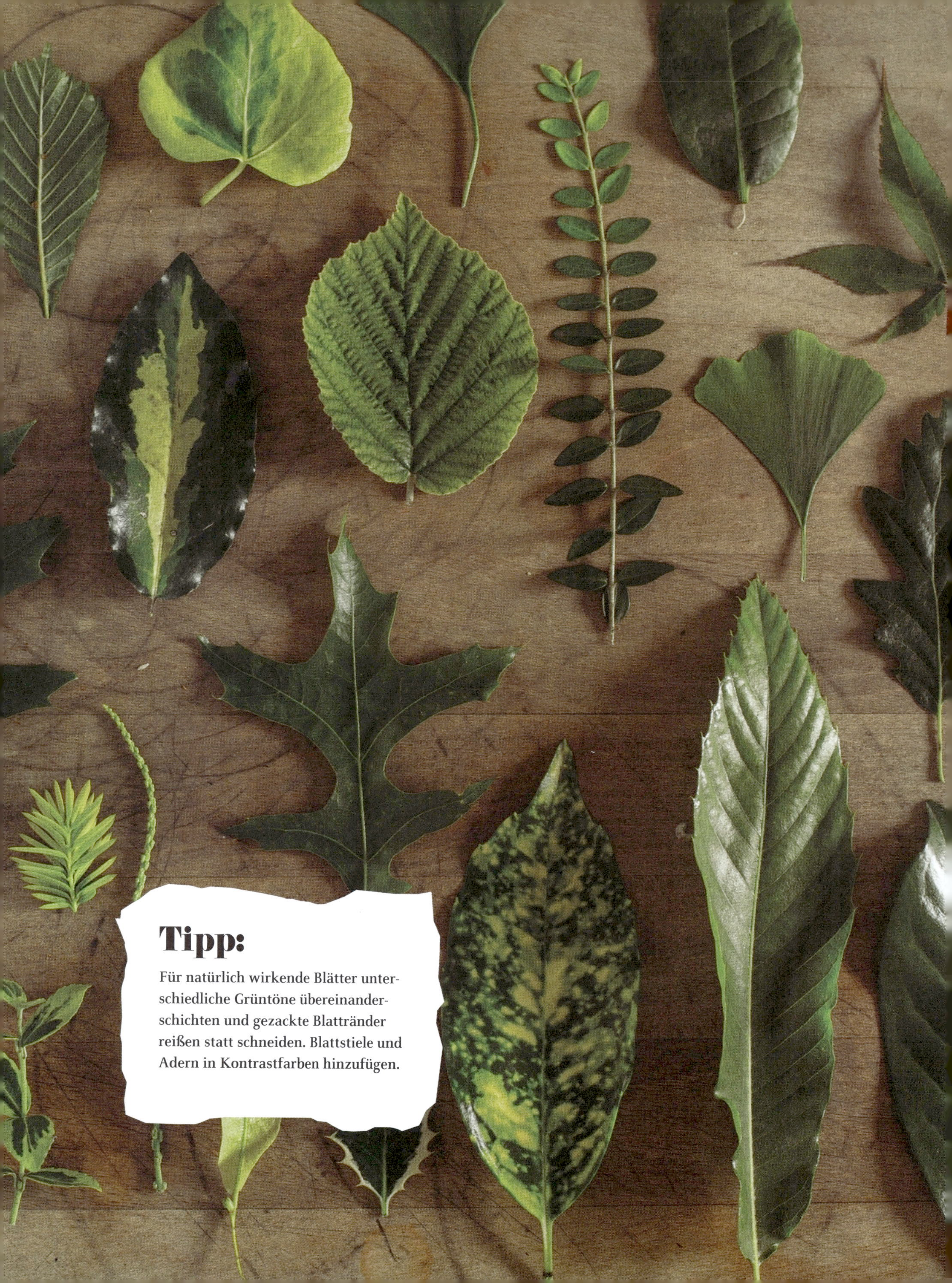

Tipp:

Für natürlich wirkende Blätter unterschiedliche Grüntöne übereinanderschichten und gezackte Blattränder reißen statt schneiden. Blattstiele und Adern in Kontrastfarben hinzufügen.

BLATTVARIANTEN

Manchmal gehe ich in den Greenwich Park, um herabgefallene Blätter zu sammeln, die ich dann zu Hause in einem dicken Botanikwälzer presse. Gepresste Blätter sind eine gute visuelle Hilfe, wenn man Collagen erstellen will. Ist die Vielfalt der Blattformen und -farben nicht bemerkenswert? Es gibt lange, schlanke und runde, gezackte Blätter, fächerförmige wie die des Ginkgobaums und zweifarbige wie die einer Pappel. Jedes Blatt hat einen eigenen Charakter und kann die Grundstimmung einer Collage verändern.

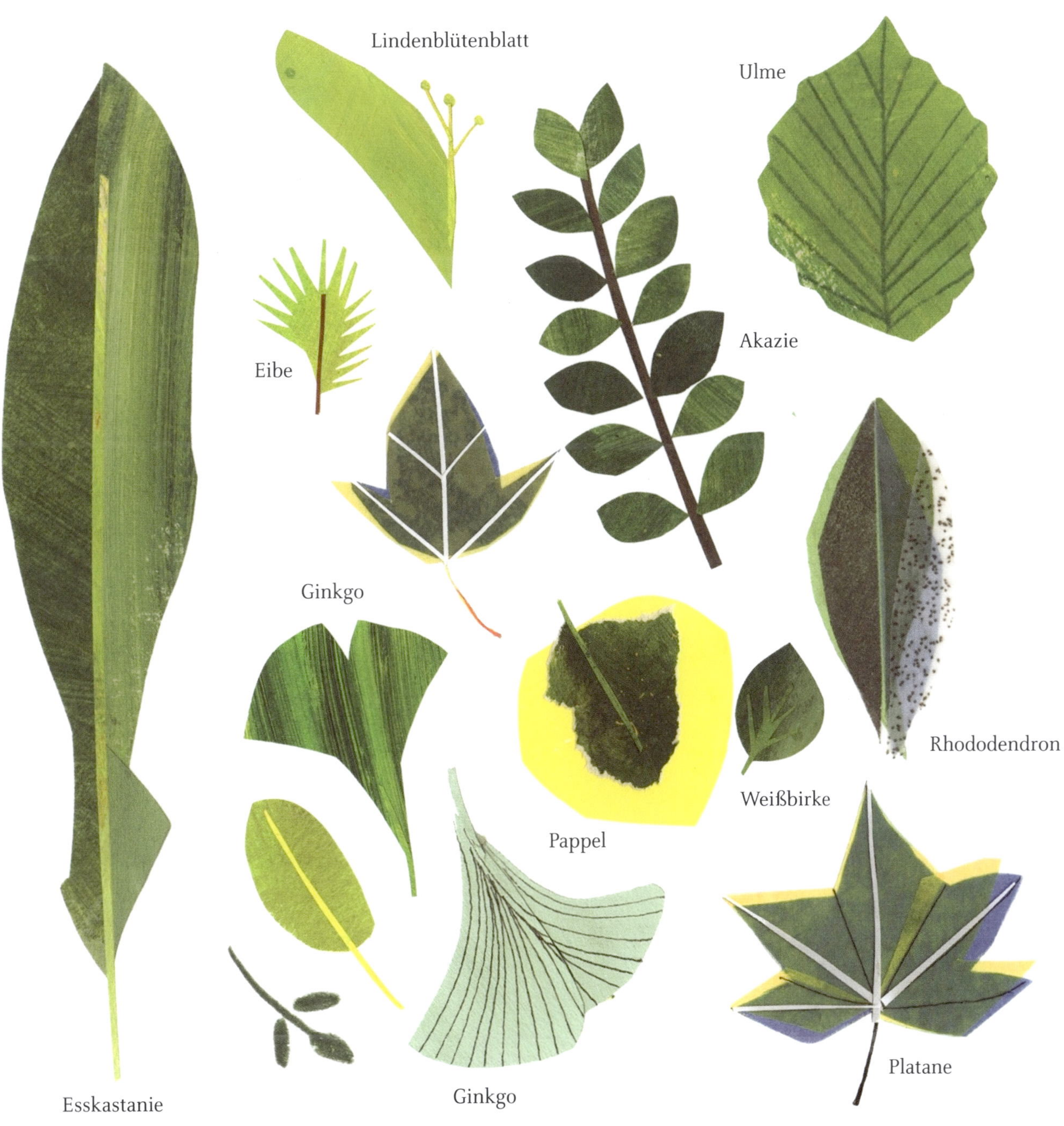

HERBSTLAUB

Herbstlaub unterscheidet sich natürlich in erster Linie durch seine Färbung von grünen Blättern. Beachten Sie die unglaubliche Fülle an Farben – vom leuchtenden Orange des Roteichenlaubs über das sanfte Gelb der grün geäderten Kastanienblätter bis zum strahlenden Rot eines japanischen Ahorns –, und versuchen Sie Details wie Blattadern, Flecken oder Zackenränder aufzugreifen. Sie werden staunen, wie lebendig Ihre Collagen wirken.

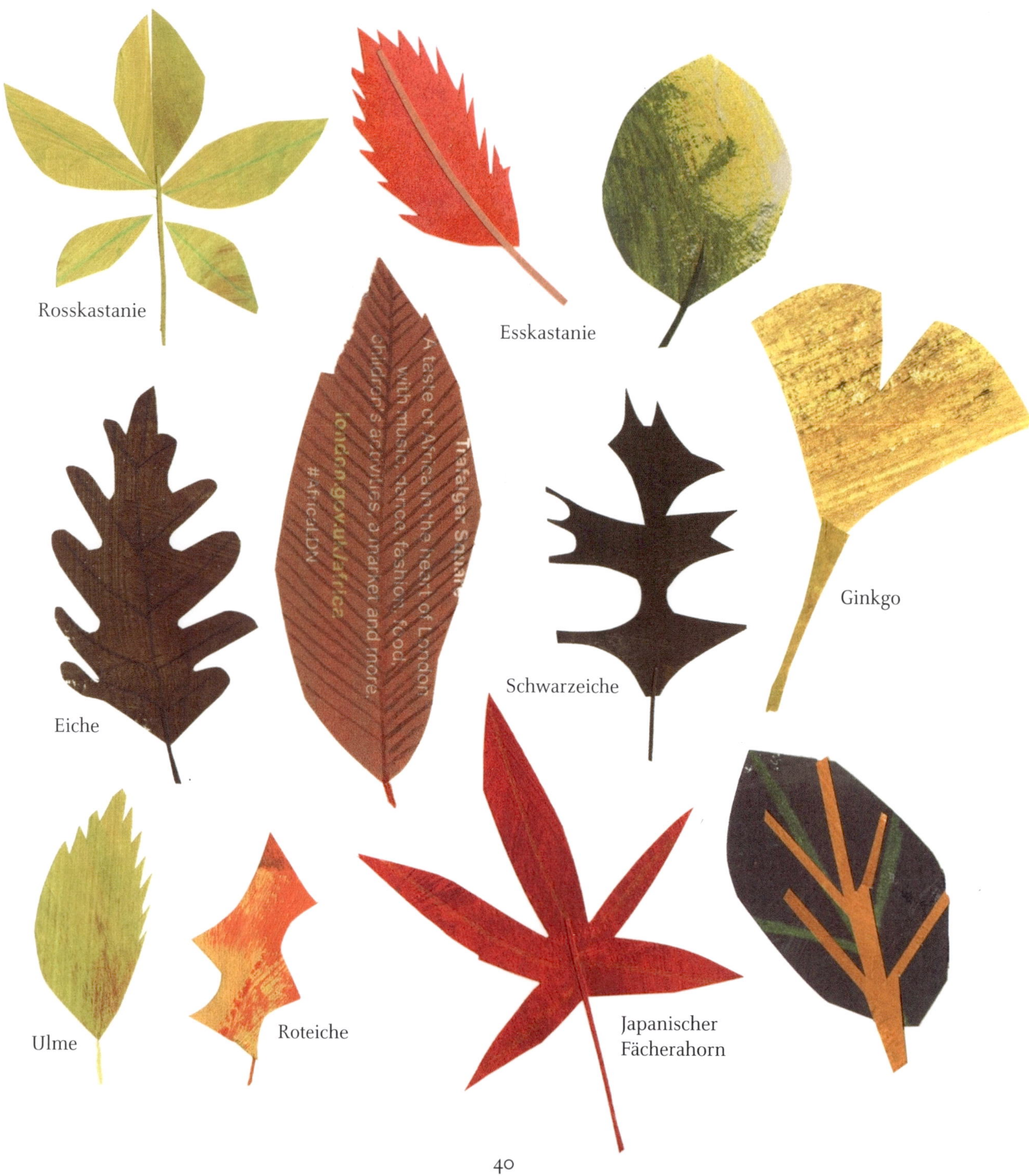

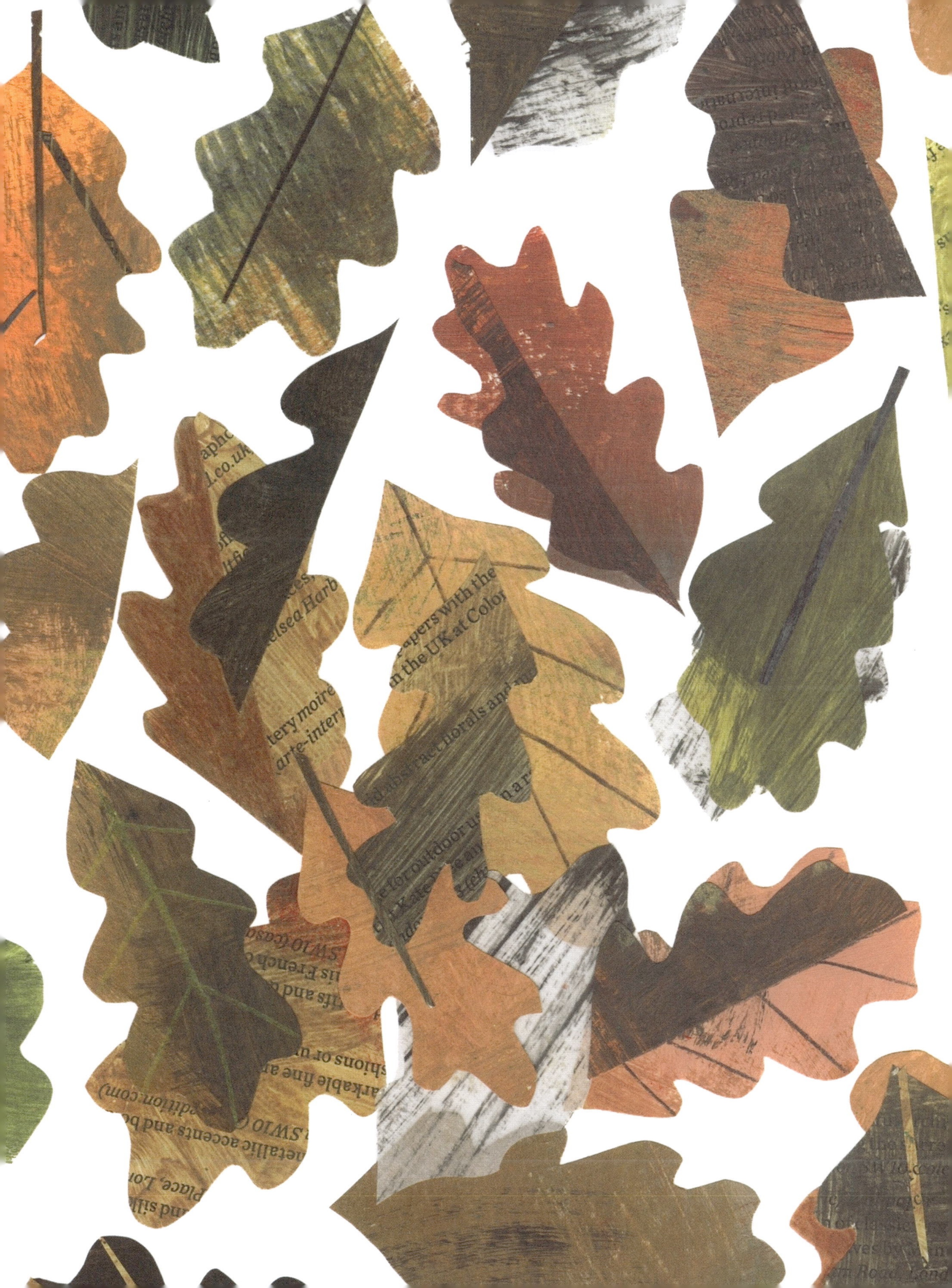

ZIMMERPFLANZEN

Ich habe Zimmerpflanzen in allen Größen bei mir zu Hause stehen. Für mich sind sie fast wie Familienmitglieder. Jede hat ihren eigenen, unverwechselbaren Charakter, den ich in meinen Collagen einzufangen versuche. Zimmerpflanzenmotive sind ebenso leicht zu gestalten wie Blumen- und Blattcollagen: Blätter und Teile von Blättern in unterschiedlichen Größen und Grüntönen sowie Stiele verschiedener Länge und Dicke werden ausgeschnitten und arrangiert.

Das Fensterblatt eignet sich besonders, da seine riesigen, glänzenden Blätter je nach Lichteinfall in unterschiedlichen Schattierungen leuchten. Ich betone diesen Effekt gerne, indem ich die Blätter teilweise mit transparentem Seidenpapier überklebe. Die Blattadern schneide ich aus Papier in kontrastierenden Grüntönen aus. Zum Schluss bekommt die Pflanze einen großen Blumentopf.

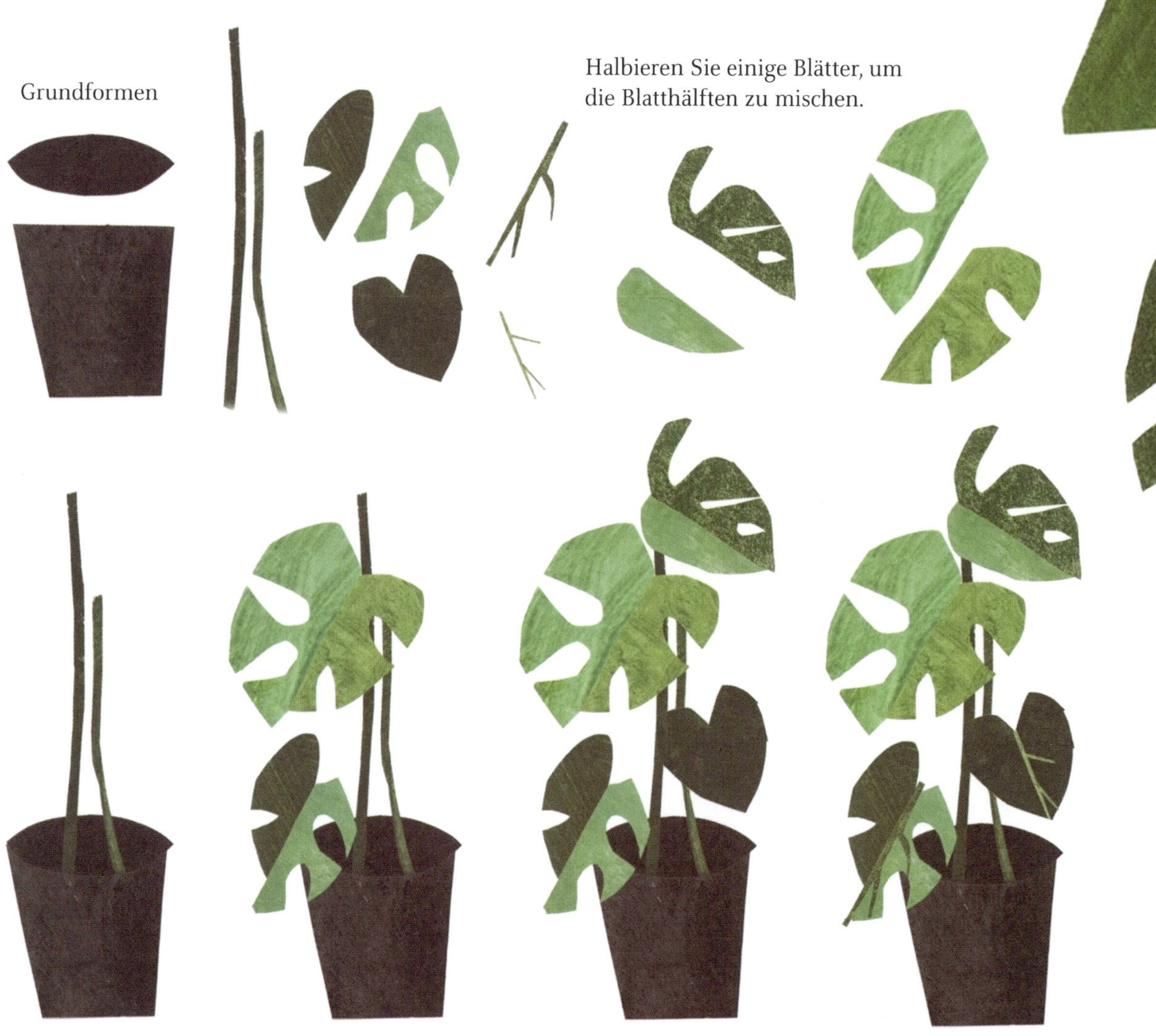

Grundformen

Halbieren Sie einige Blätter, um die Blatthälften zu mischen.

Große Blätter benötigen lange, kräftige Stiele.

Schneiden Sie herzförmige Blätter in verschiedenen Größen und Grüntönen zu.

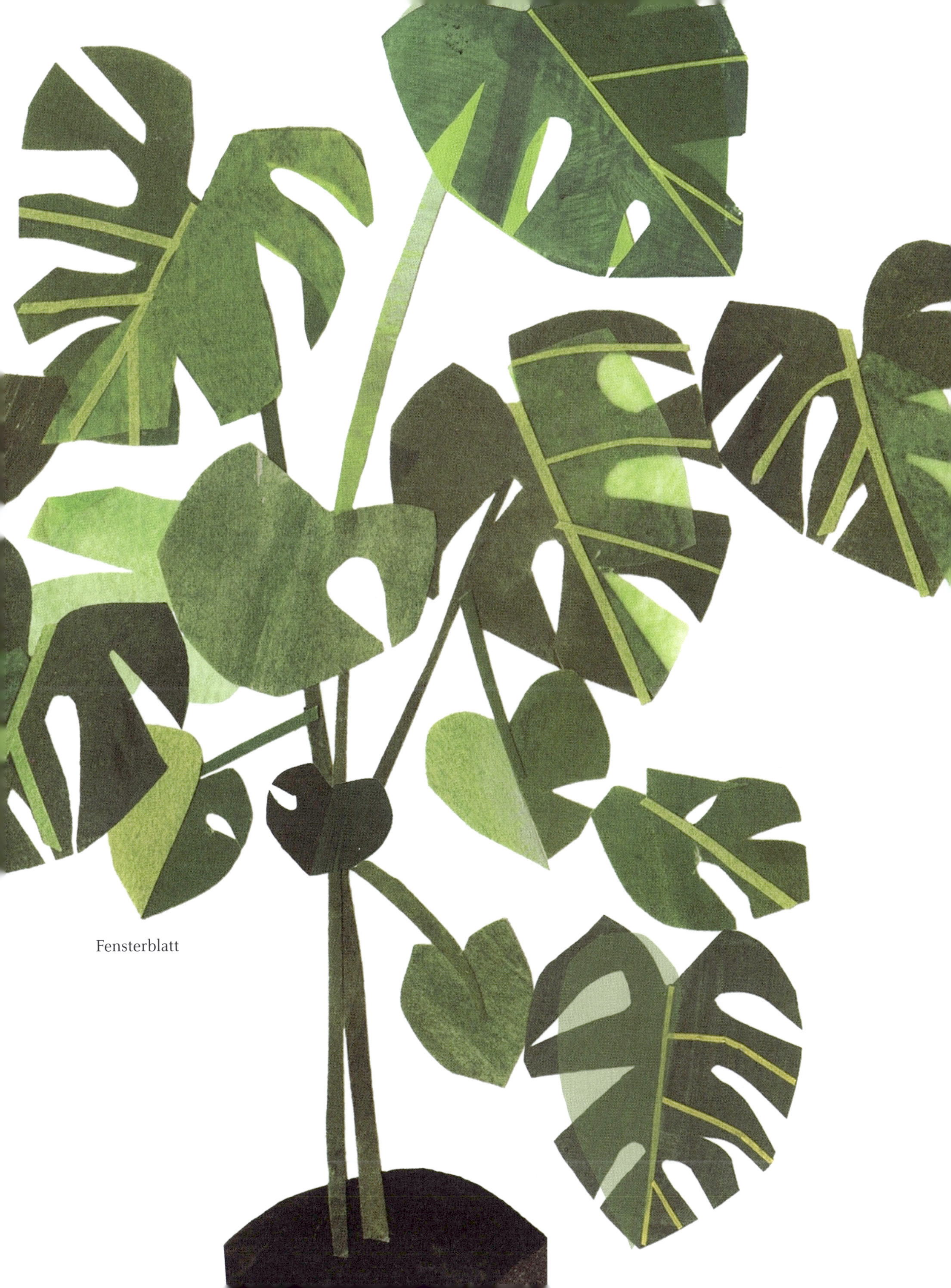

Fensterblatt

TOPFPFLANZENVARIANTEN

Hier habe ich zur Anregung einige Topfpflanzen aus meiner Sammlung zusammengestellt. Was mich an Topfpflanzen so begeistert, ist die schier unendliche Vielfalt der Blattformen, von den fast kreisrunden Blättern des Glückstalers bis zu den spitzen Wedeln des Drachenbaums. Wenn Sie Topfpflanzen besitzen, nehmen Sie sich ein bisschen Zeit, um sie genau zu betrachten, bevor Sie Ihre Beobachtungen in einer Collage umsetzen. Stiele in kräftigen Farben und ungewöhnliche Übertöpfe aus besonders interessanten Schnipseln Ihrer Sammlung sorgen für reizvolle Akzente. Wichtig ist, dass Sie Ihre Collage insgesamt schlicht halten und die Pflanze selbst zur Hauptdarstellerin machen.

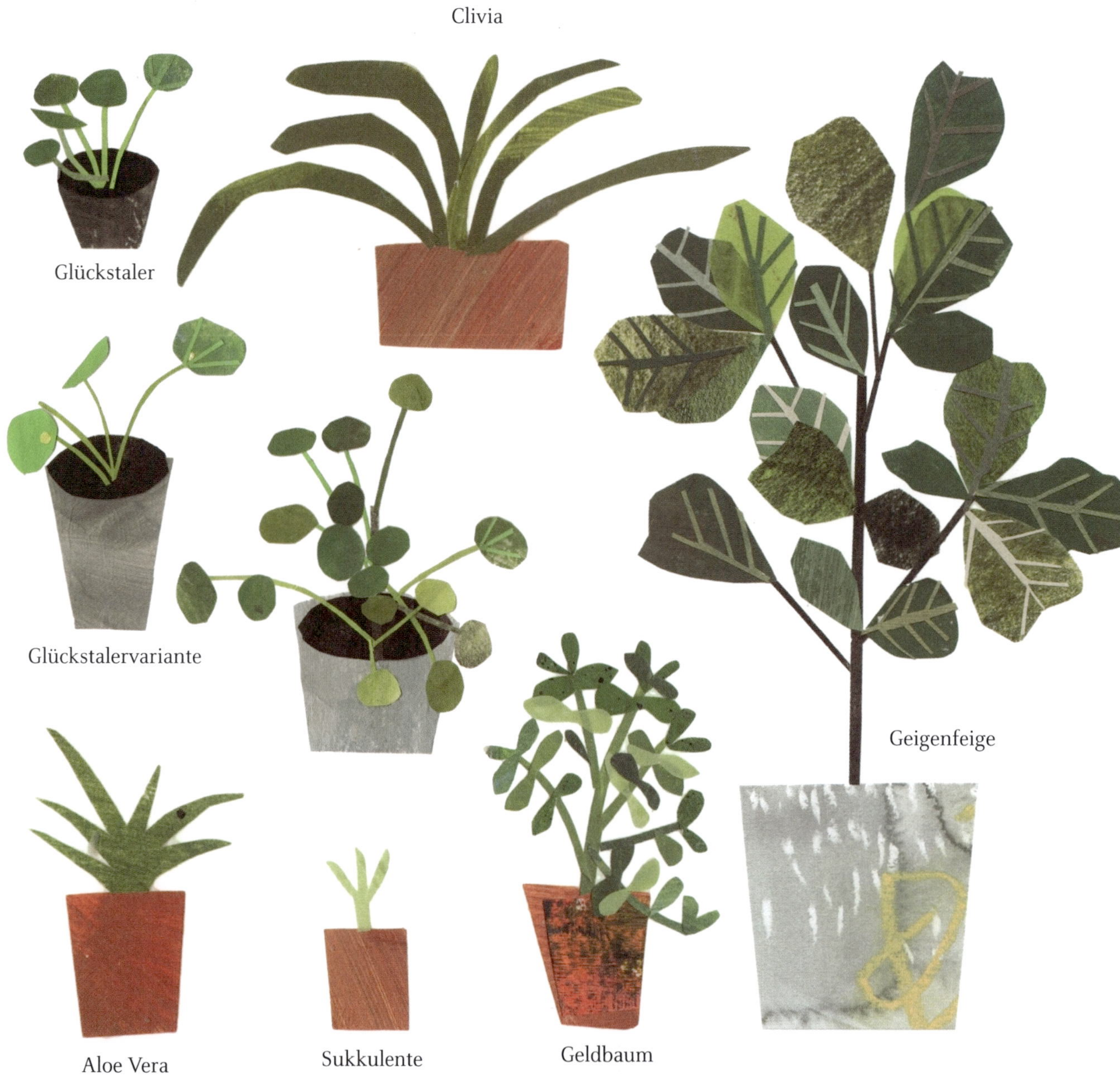

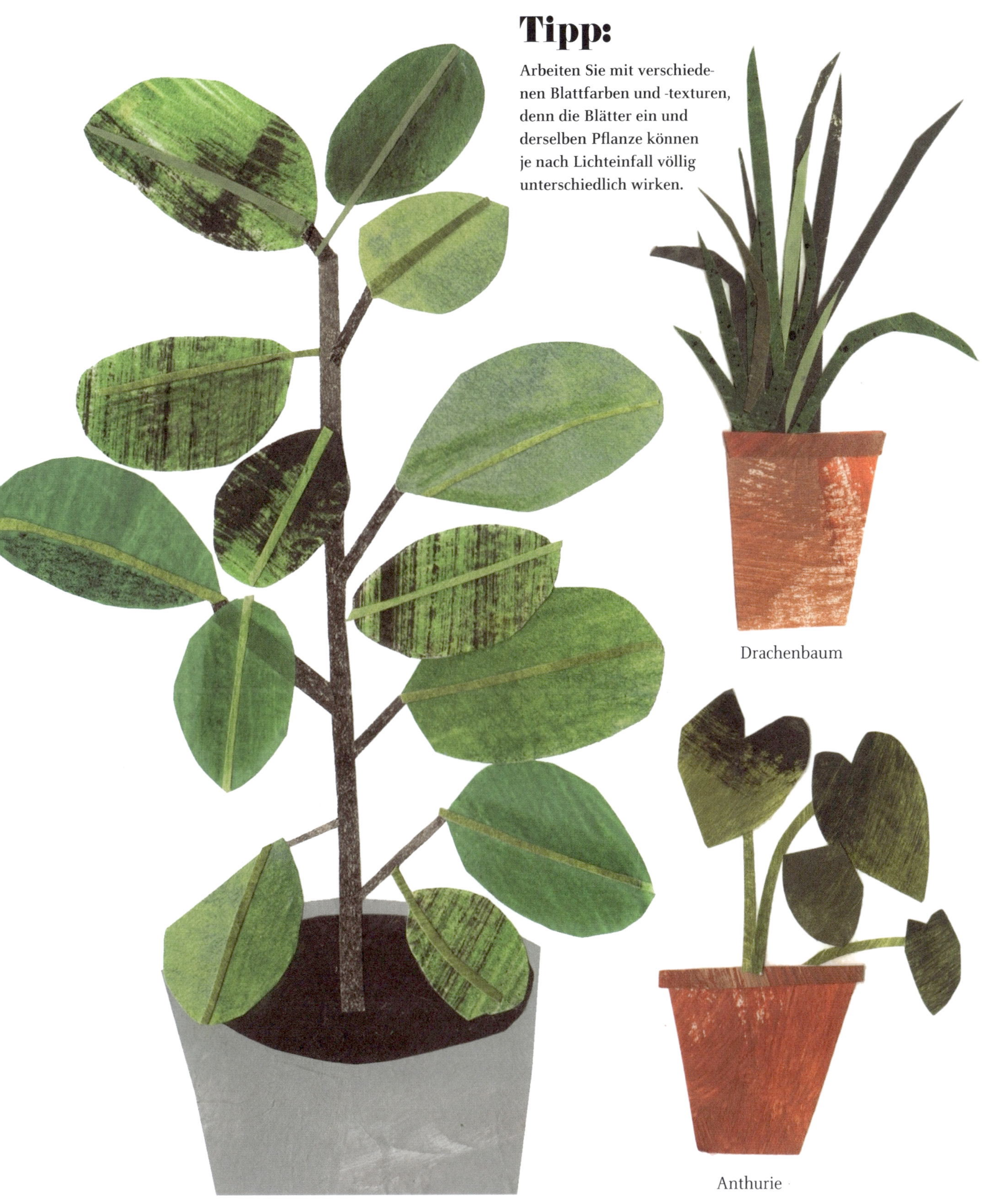

Tipp:

Arbeiten Sie mit verschiedenen Blattfarben und -texturen, denn die Blätter ein und derselben Pflanze können je nach Lichteinfall völlig unterschiedlich wirken.

Drachenbaum

Anthurie

Gummibaum

BÄUME

Mit Bäumen verbinde ich wunderbare Kindheitserinnerungen. Ich habe sie erklettert, auf ihren Ästen geschaukelt, ihre Früchte aufgesammelt und bei Regen unter ihnen Schutz gesucht. Meine Collagen spiegeln diesen Erfahrungsschatz: Fast jede Baumart ist vertreten, von dunklen kanadischen Tannen bis hin zu den kleinen, für englische Obstgärten so typischen Apfelbäumen. Die interessanten Details von Blättern und Rinden lassen sich auch in eine Collage übersetzen: Kleben Sie die Schnipsel für die Blätter so auf, dass sie sich überlappen, fügen Sie ein paar aus Zeitschriften ausgeschnittene Elemente als Blätter oder Baumkronen hinzu, oder bemalen und bekritzeln Sie Rinde und Laub. Für die Stämme verwende ich meist Papier, das ich mit braunem Buntstift und nahezu trockenem Pinsel bearbeite, bevor ich schmale Rechtecke mit dünnen, sich verzweigenden Seitenästen ausschneide. Realistisch wirkende Holzmaserungen lassen sich auch erzielen, indem man das Papier auf einen Holztisch oder eine Holzbank legt und mit einem Bleistift darüberreibt.

Mindestens ebenso apart wie sommerlich grüne Bäume sind Bäume mit herbstlich gefärbtem Laub. Gestalten Sie die Blattadern in Kontrastfarben, fügen Sie Blätter in leuchtendem Pink und Orange hinzu, oder setzen Sie ein paar Farbakzente auf Ihr Sommerlaubpapier, um das Nahen des Herbstes anzudeuten.

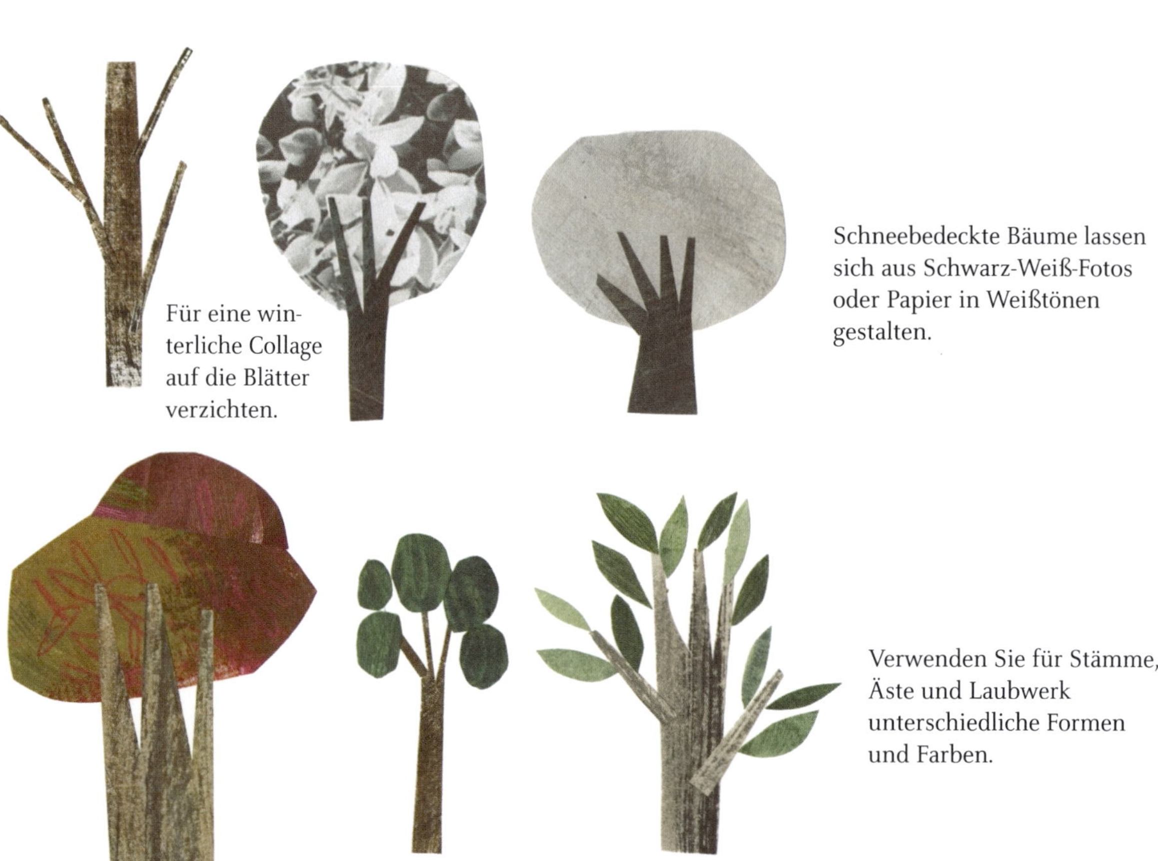

Für eine winterliche Collage auf die Blätter verzichten.

Schneebedeckte Bäume lassen sich aus Schwarz-Weiß-Fotos oder Papier in Weißtönen gestalten.

Verwenden Sie für Stämme, Äste und Laubwerk unterschiedliche Formen und Farben.

Ungeduldige finden in Zeitschriften Material für interessante Baumkronen.

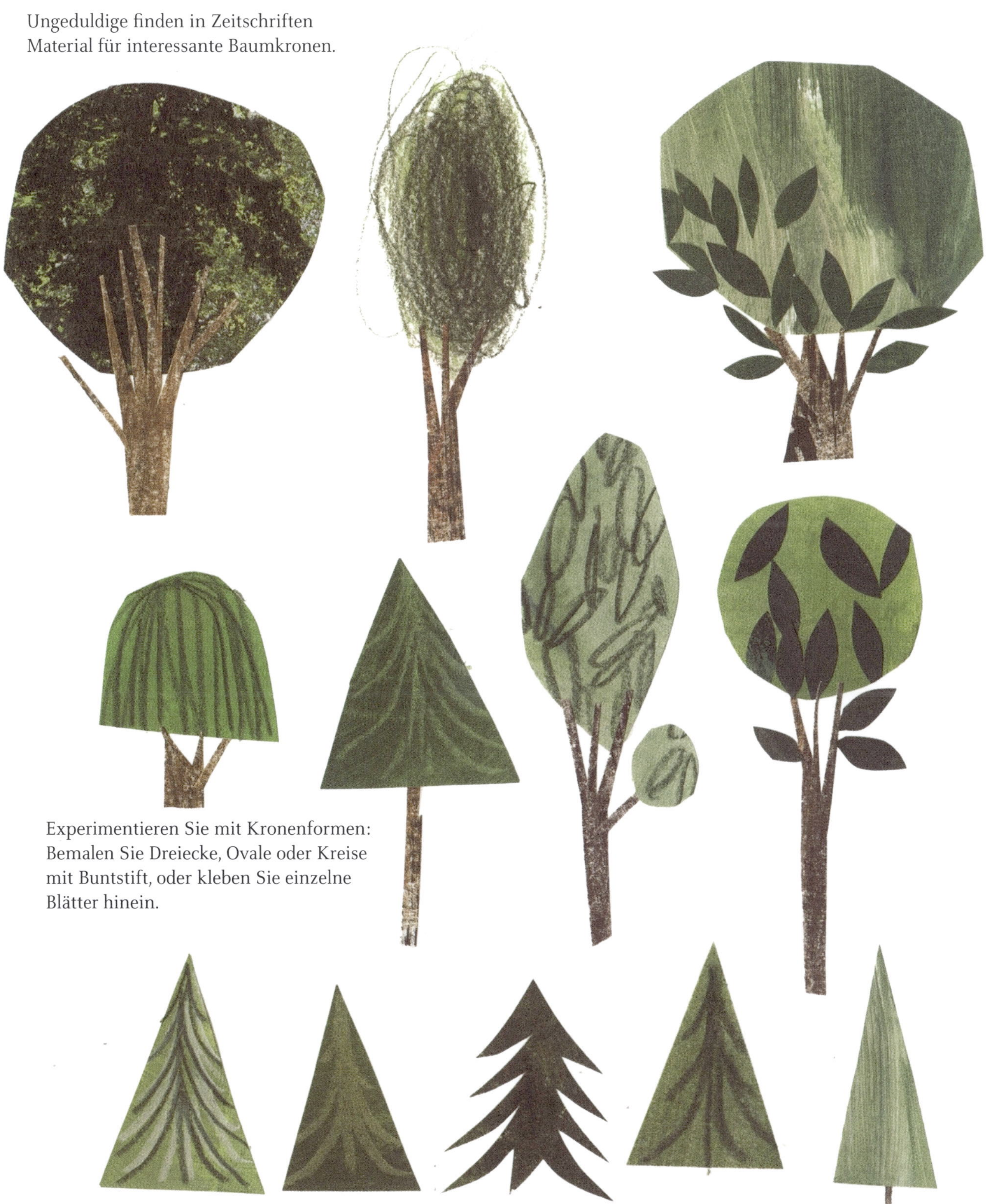

Experimentieren Sie mit Kronenformen: Bemalen Sie Dreiecke, Ovale oder Kreise mit Buntstift, oder kleben Sie einzelne Blätter hinein.

Nadelbäume lassen sich auch mit einfachen spitzen Dreiecken darstellen. Die Zweige werden mit Buntstift aufgemalt.

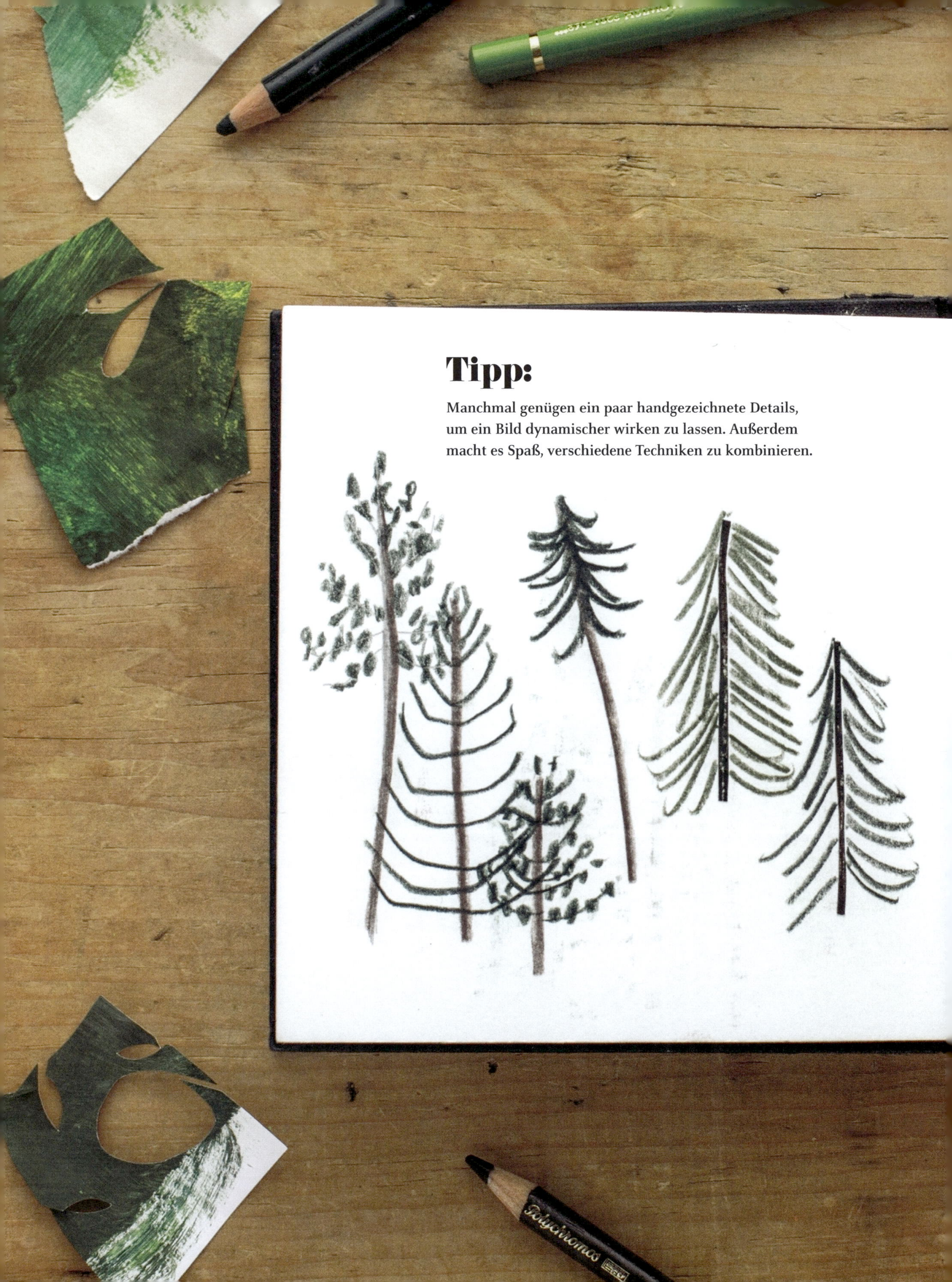

Tipp:
Manchmal genügen ein paar handgezeichnete Details, um ein Bild dynamischer wirken zu lassen. Außerdem macht es Spaß, verschiedene Techniken zu kombinieren.

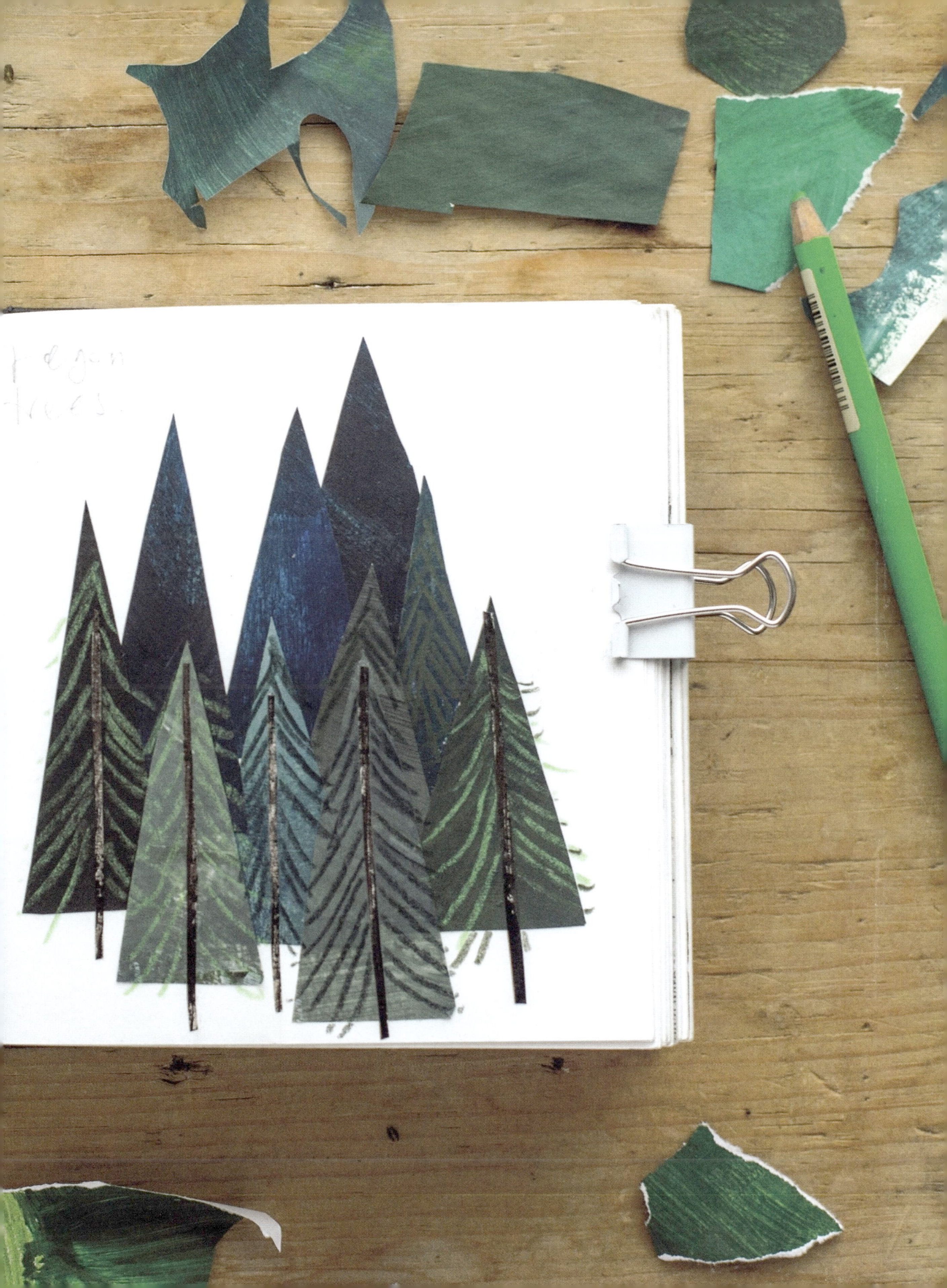

GEMÜSE

Ich liebe Gemüse! Ich pflanze es mehr oder weniger erfolgreich an, esse es gerne und nutze es als Inspirationsquelle für meine Collagen. Auch hier begeistert mich die Vielfalt der Formen und Farben. Denke ich an Obst und Gemüse, fällt mir immer sofort der prächtige Garten meiner Schwester ein, in dem Tomaten und Kürbisse um die Wette wachsen.

Für Tomaten schneide ich einfach rote und orangerote Kreise aus und gebe ihnen einen kleinen grünen Stern als Strunk. Mein Brokkoli besteht aus Wolkenformen, die ich aus grünem Strukturpapier ausschneide und auf farblich passende Strünke setze. Auch Karotten mit ihrem attraktiven Grün sind leicht herzustellen und machen Spaß. Manchmal wische ich noch mit ein bisschen brauner Farbe über die Karotten, damit es aussieht, als kämen sie frisch aus der Erde.

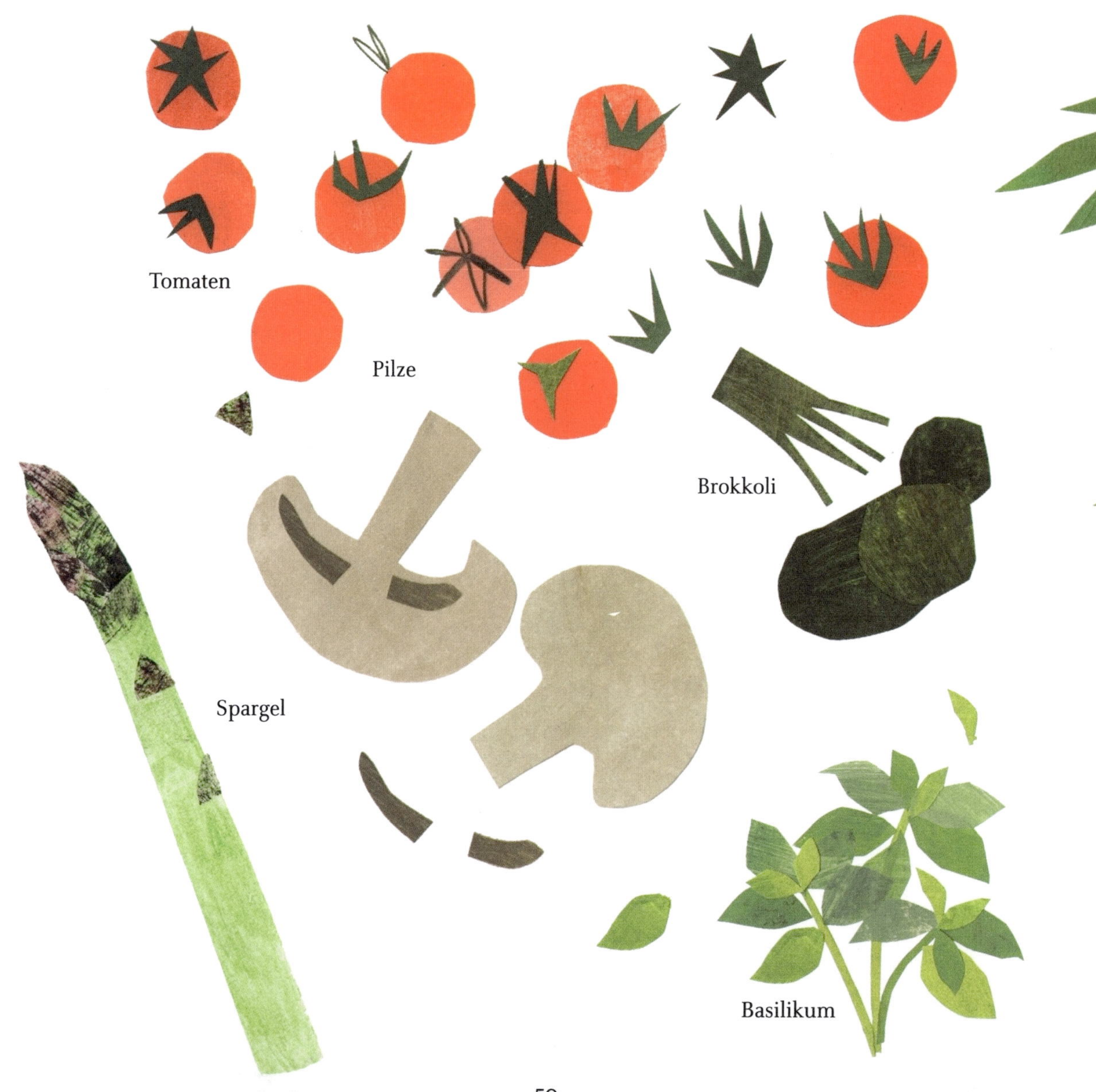

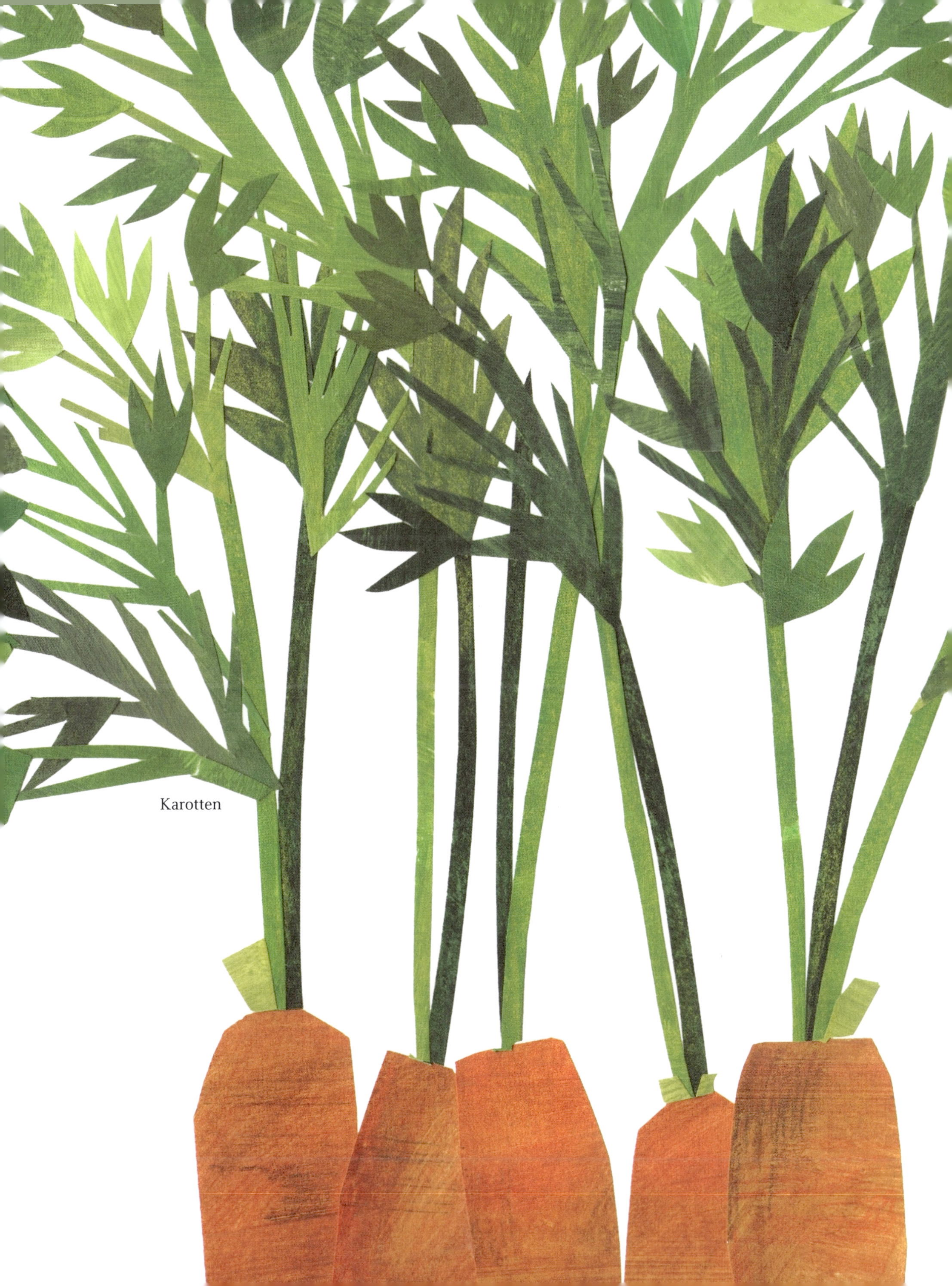

Karotten

OBST- UND GEMÜSEVARIANTEN

Auf dieser Doppelseite sind einige meiner Lieblingsobst- und -gemüsesorten abgebildet. Zwiebeln wirken wunderbar realistisch, wenn man Seidenpapier in Brauntönen übereinanderschichtet. Erdbeeren bestehen aus schlichten, herzförmigen Elementen und sehen besonders saftig und lecker aus, wenn man Pink-, Rot- und Orangetöne mischt und das Papier zusätzlich mit diesen Farben übermalt. Die Nüsschen werden mit Buntstift aufgezeichnet. Rote Bete fallen durch ihre pinkfarbenen Blattadern auf, Radieschen durch ihr leuchtendes Kirschrot. Die Flecken und Knubbel von Kartoffeln lassen sich gut nachahmen, indem man braunes Papier mit Tinte besprenkelt.

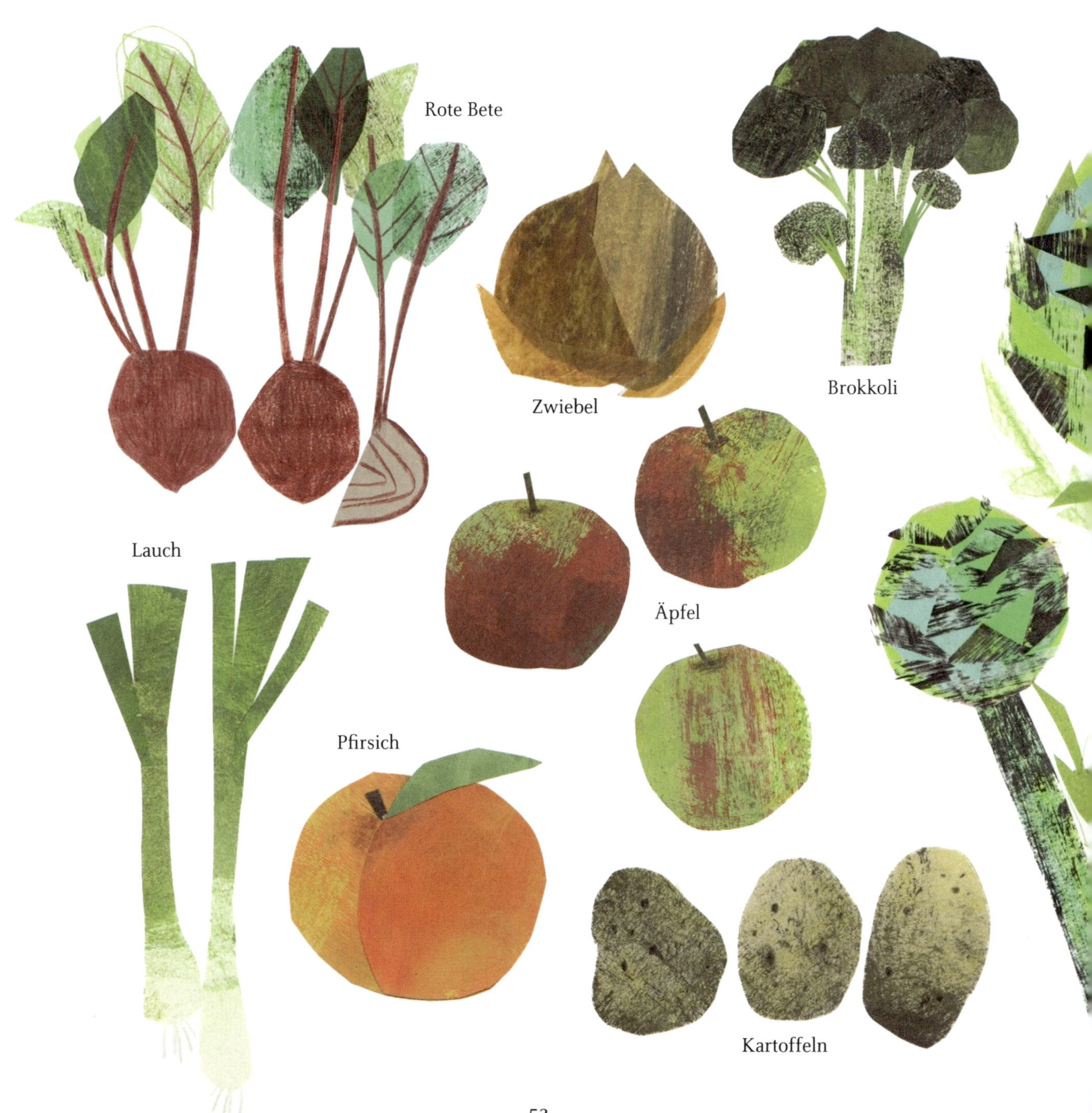

Halten Sie die Formen für Ihre Obst- oder Gemüsemotive schlicht. Birnen, Auberginen und Äpfel besitzen charakteristische Grundformen, die Sie nur noch ausschneiden müssen. Kleine Details wie Flecken, Samen und Stiele lassen sich ganz einfach mit Buntstiften hinzufügen.

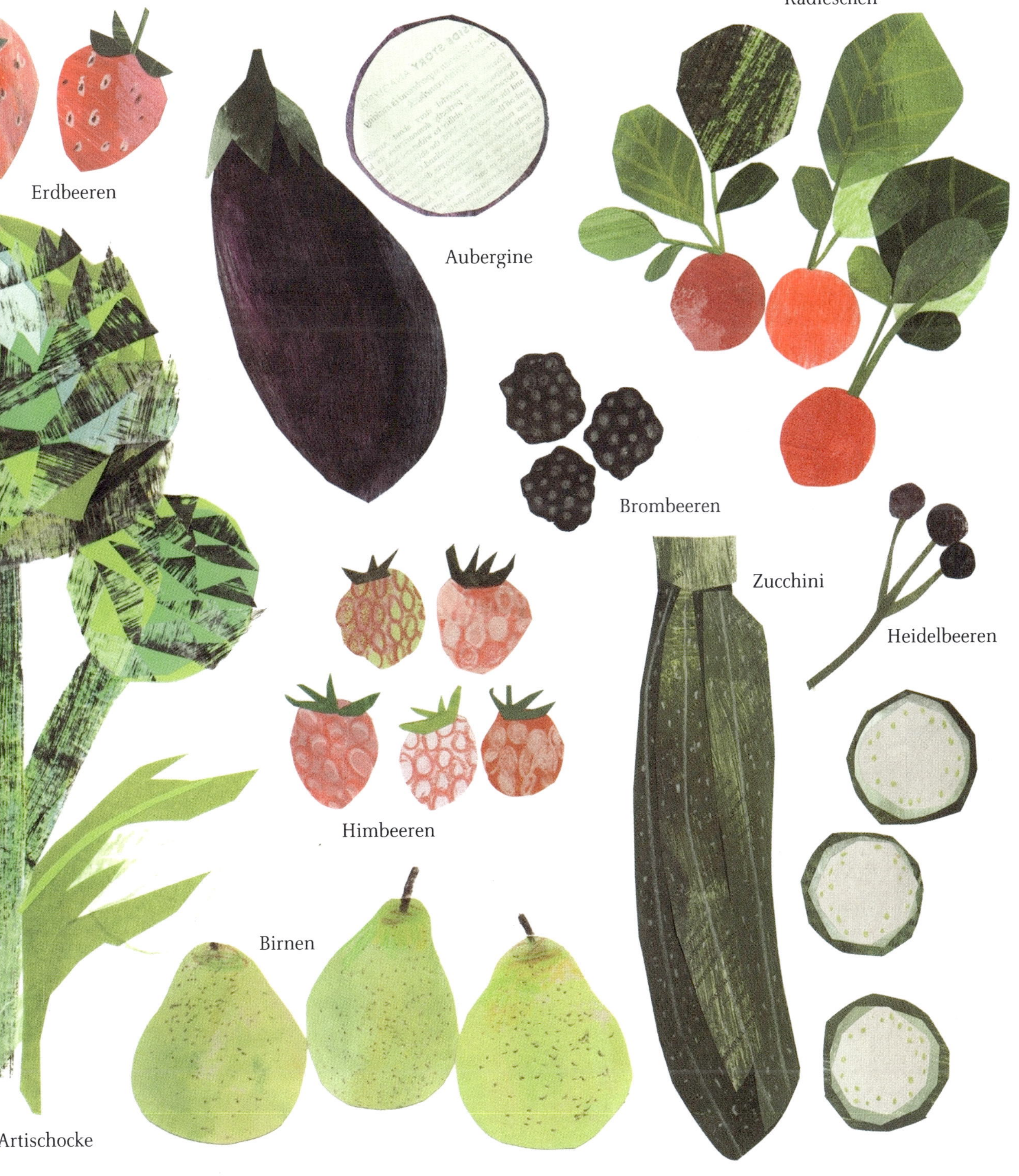

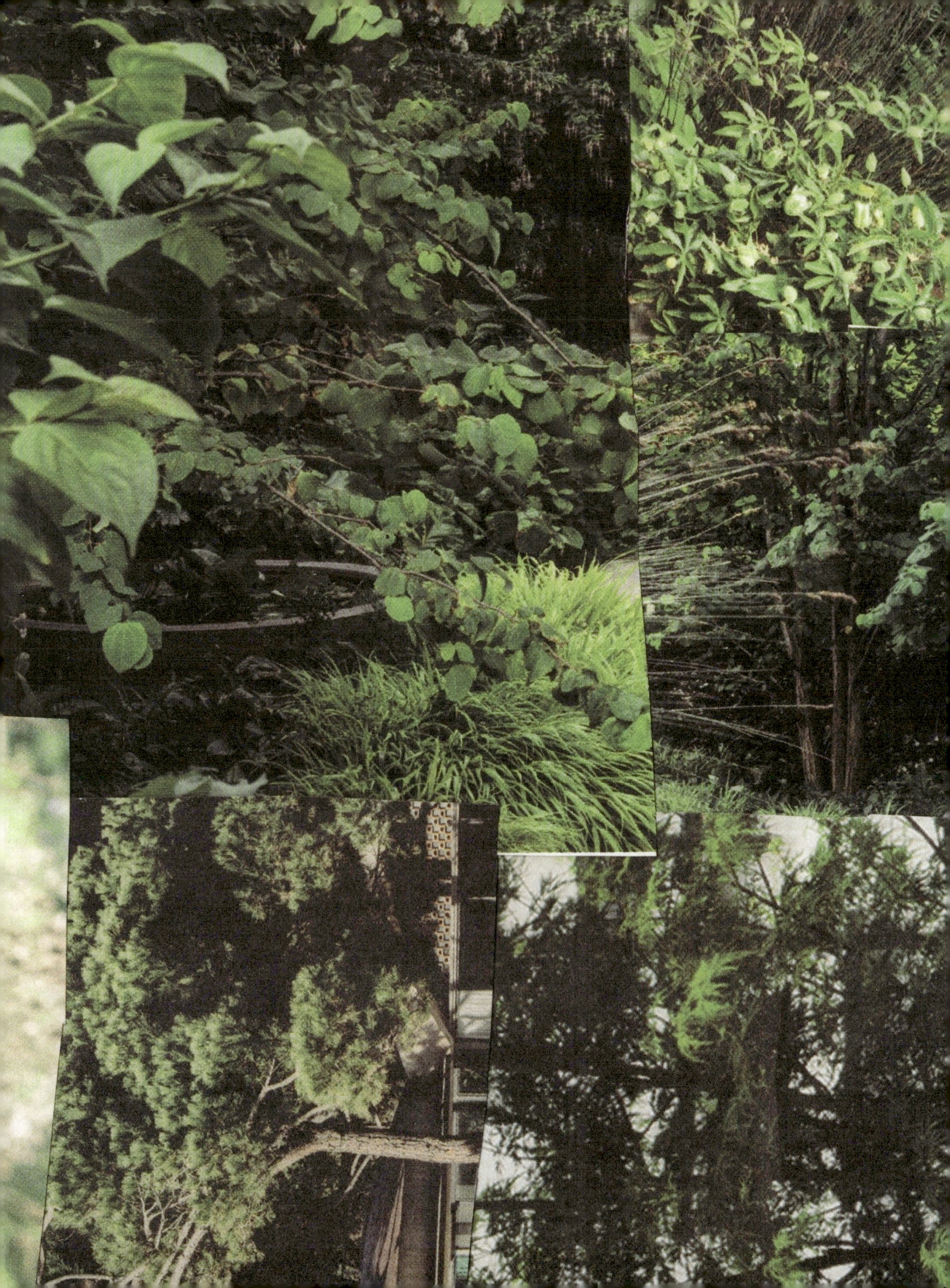

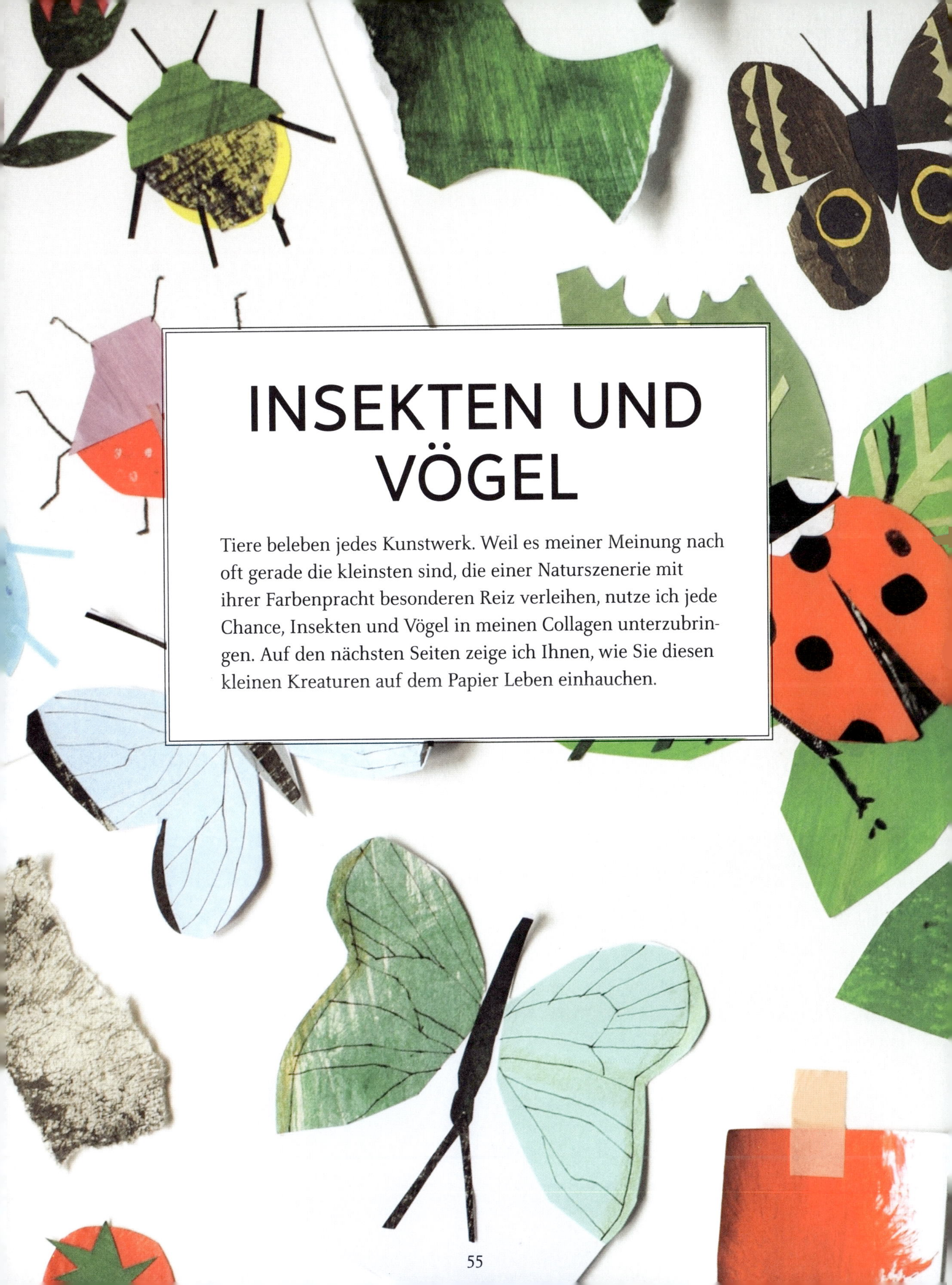

INSEKTEN UND VÖGEL

Tiere beleben jedes Kunstwerk. Weil es meiner Meinung nach oft gerade die kleinsten sind, die einer Naturszenerie mit ihrer Farbenpracht besonderen Reiz verleihen, nutze ich jede Chance, Insekten und Vögel in meinen Collagen unterzubringen. Auf den nächsten Seiten zeige ich Ihnen, wie Sie diesen kleinen Kreaturen auf dem Papier Leben einhauchen.

INSEKTEN

Keine Frage: Dass manche Menschen Insekten nicht mögen, ist verständlich. In meiner Kindheit haben mir Ameisen manches Picknick verleidet, und mein Bruder ist einmal frontal in ein Wespennest gerannt, was er der Spezies nie verziehen hat. Beim Anziehen meiner Stiefel befürchte ich jedes Mal, eine langbeinige Spinne könnte sich in den Spitzen versteckt haben. Doch ob man Insekten mag oder nicht: Alles, was kreucht und fleucht, ist ein wertvoller Teil unserer Umwelt und bereichert uns mit seiner Formenvielfalt und Farbenpracht.

Beim Collagieren blende ich meine Aversion gegen bestimmte Krabbeltiere aus und konzentriere mich stattdessen auf die schillernden Farben einer Libelle oder das Honiggelb einer pummeligen Hummel. All diese Tiere gehen ihrem nutzbringenden Tagewerk auf charakteristische Art nach – das versuche ich auch in meinen Collagen einzufangen.

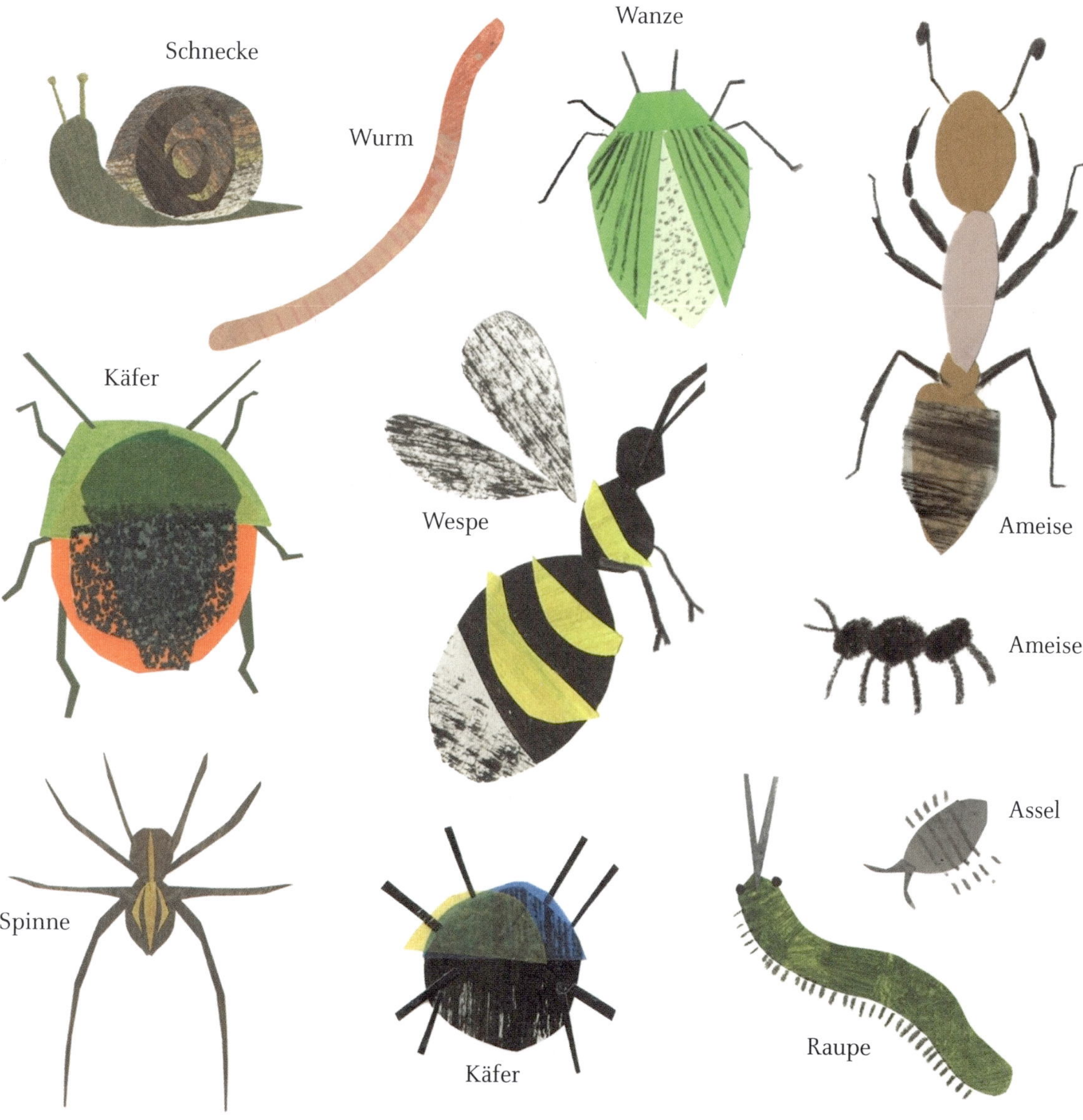

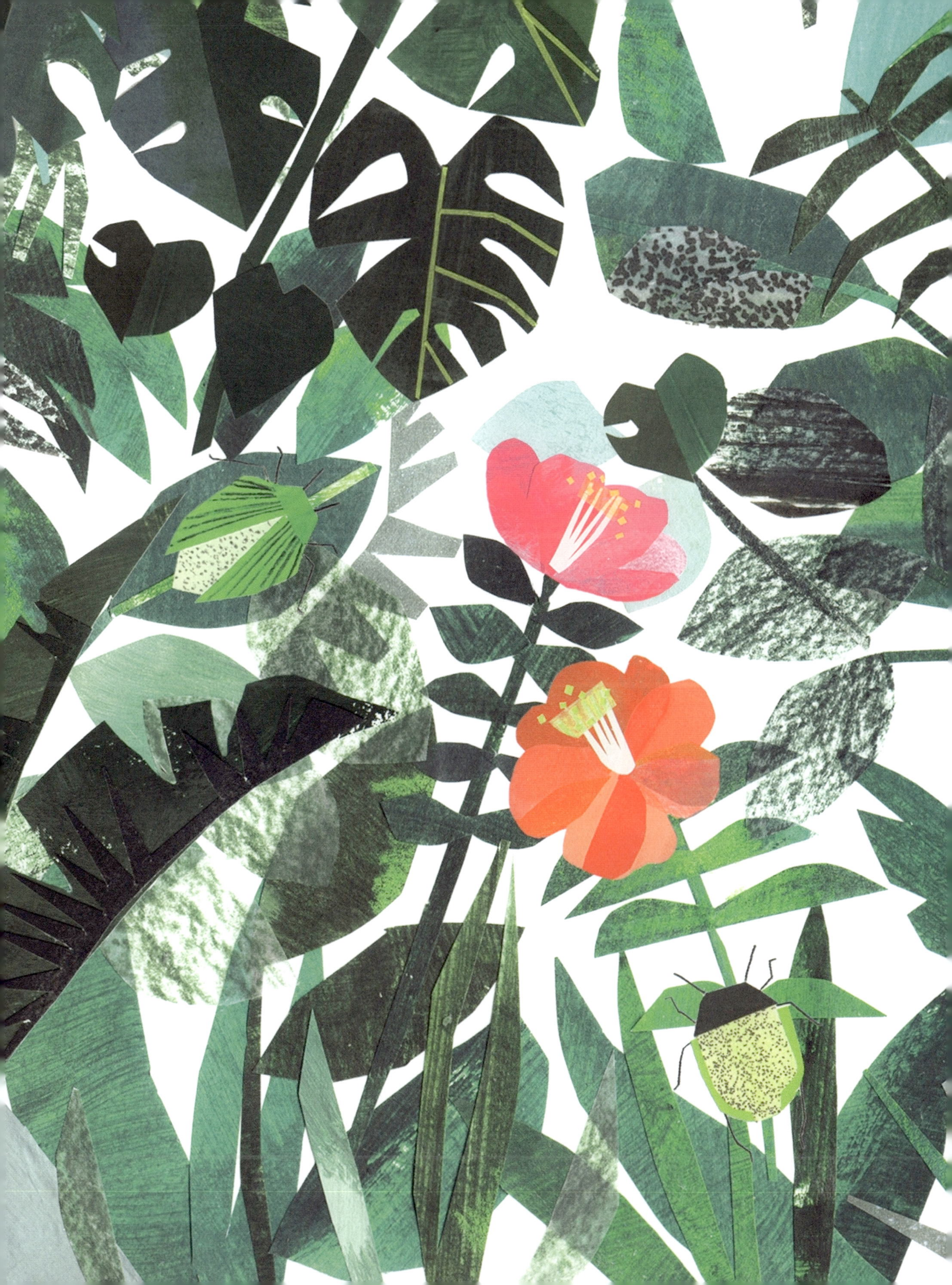

GRUNDELEMENTE VON INSEKTEN

Beim Gestalten von Insekten beginne ich mit Grundstrukturen wie Beinen, Fühlern und Kopf, den Rest gestalte ich nach Lust und Laune. Käfer machen besonders Spaß, weil man für sie wunderbar Papiere in leuchtenden Kontrastfarben verwenden kann. Schwarz-weißes Papier mit Struktureffekt eignet sich perfekt für Flügel. Dann noch winzige schwarze Äuglein hinzugefügt, und schon wirkt der Käfer lebendig. Dieser Eindruck lässt sich noch verstärken, indem Sie Blätter oder Zweige hinzufügen, auf denen Ihr Käfer sitzen oder herumkriechen kann. Für meinen Marienkäfer habe ich hier Blätter in verschiedenen Grüntönen mit farbig abgesetzten Blattadern an einen gemalten Ast geklebt. Das Rot der Flügel bildet einen reizvollen Kontrast zum Blattgrün. Statt auf Blätter können Sie Ihren Käfer natürlich auch auf einen umgestürzten Baumstamm oder eine prächtige Blüte setzen.

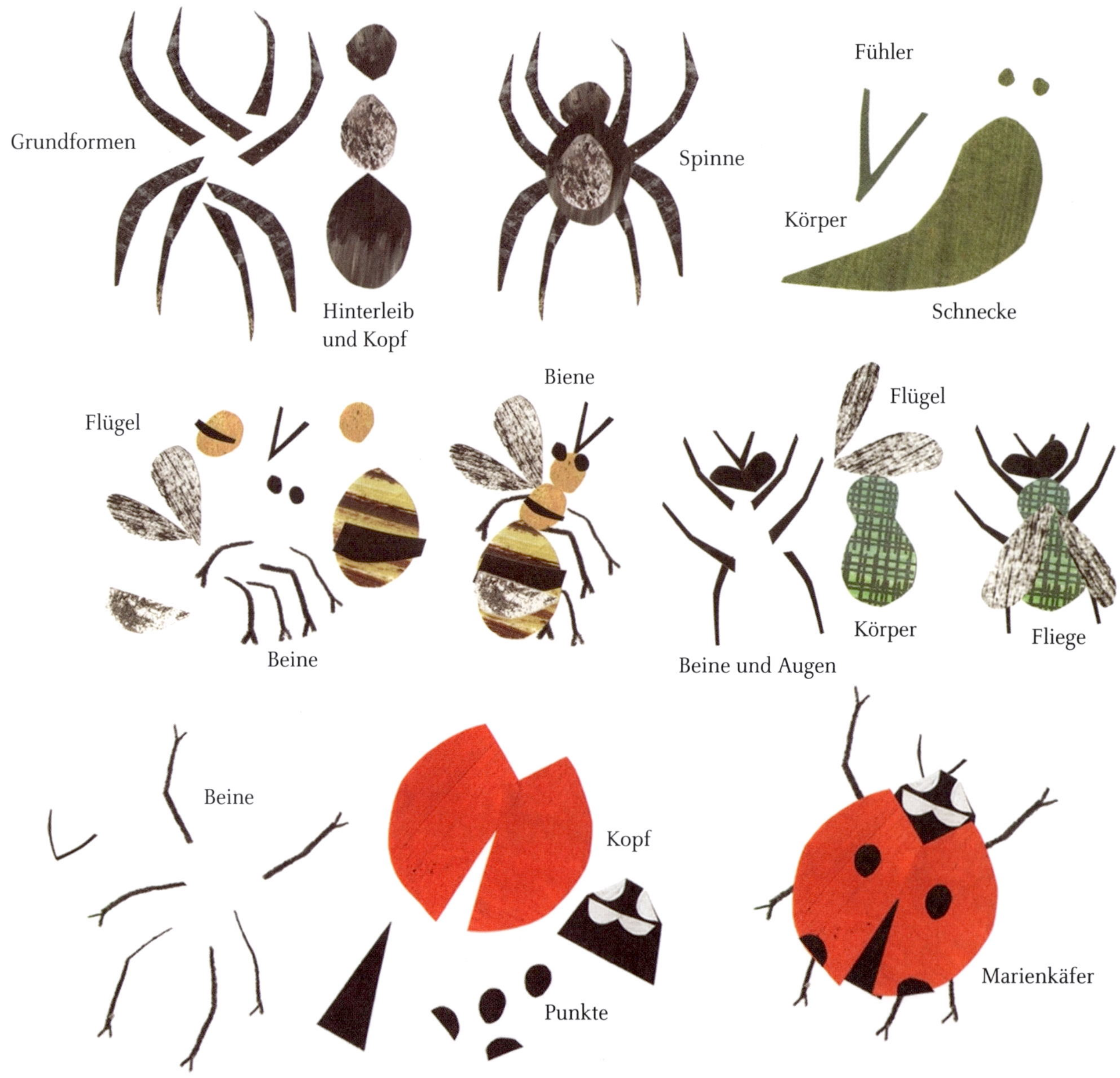

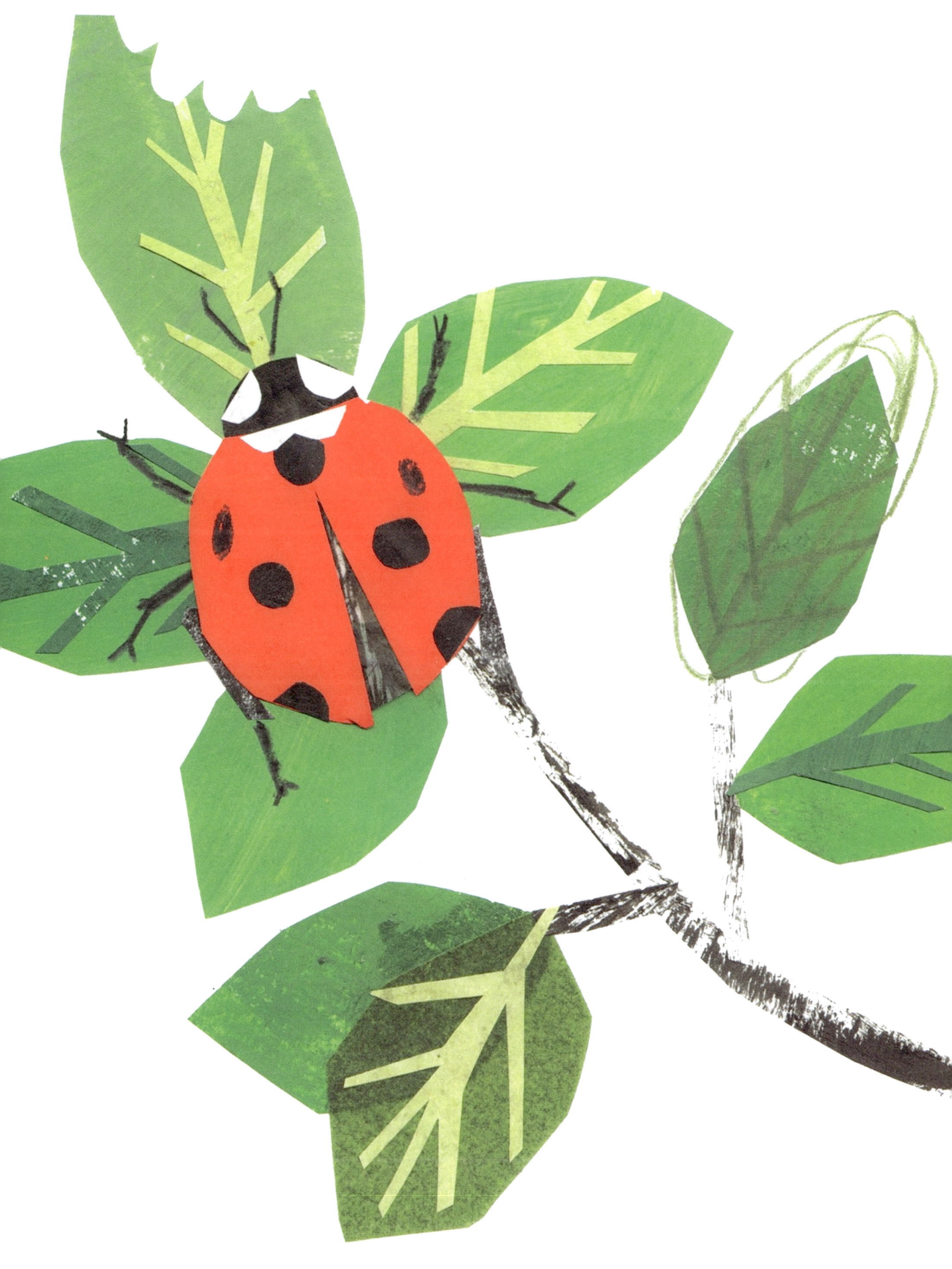

SCHMETTERLINGE

Der besondere Reiz von Collagen mit Naturmotiven sind die vielen fantastischen Muster und Zeichnungen – selbst einer einzigen Gattung –, aus denen man Inspiration schöpfen kann. Schmetterlinge sind dafür geradezu ein Paradebeispiel. Sie vervollständigen auf bezaubernde Weise jede Naturszene, weshalb sie in meinen Collagen regelmäßig zu finden sind.

Wie immer beginne ich damit, mein Motiv in seine Grundelemente zu zerlegen. Die unterste Lage bilden die beiden Flügel. Dann schneide ich einen kegelförmigen Leib aus, füge zwei dünne Fühler hinzu und vervollständige den Schmetterling schließlich mit Mustern und Zeichnungen. Dabei entferne ich mich nicht allzu weit von den tatsächlichen Arten, denn das erleichtert die Farbwahl, allerdings spiele ich mit Größen und Formen. Am Schluss greife ich oft noch in meine Schnipselkiste – meist lässt sich dort etwas Passendes für hübsche zusätzliche Details finden.

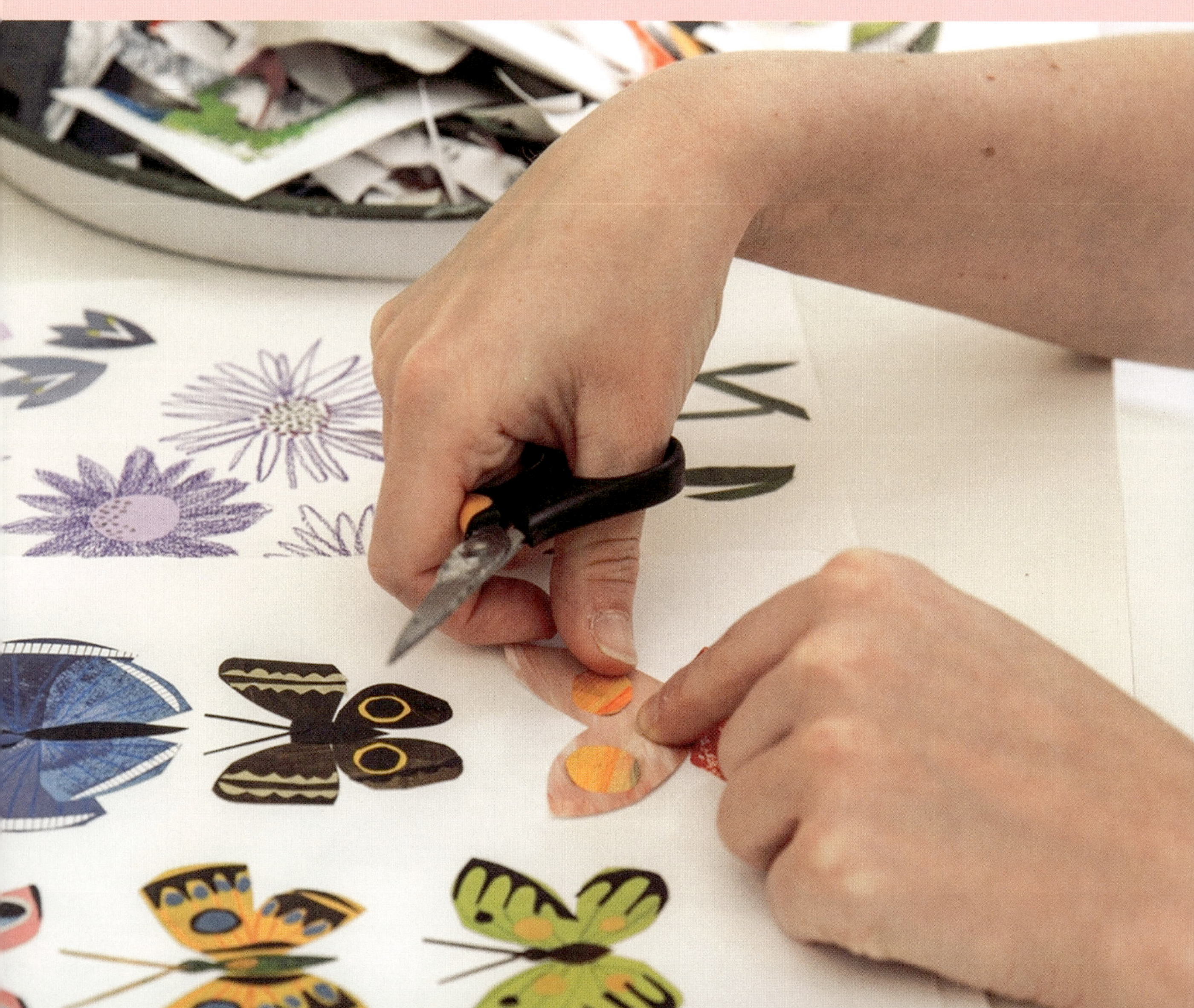

Grundformen

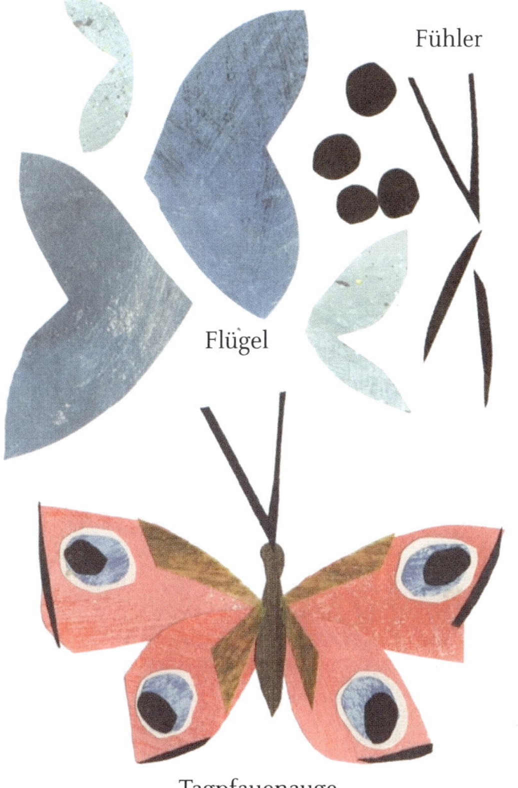

Körper

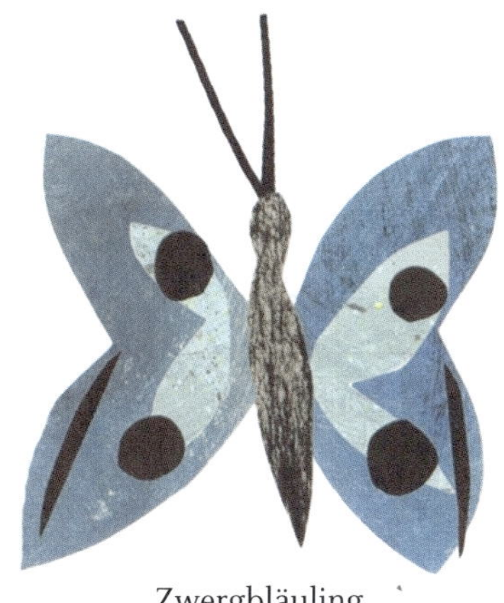

Zwergbläuling

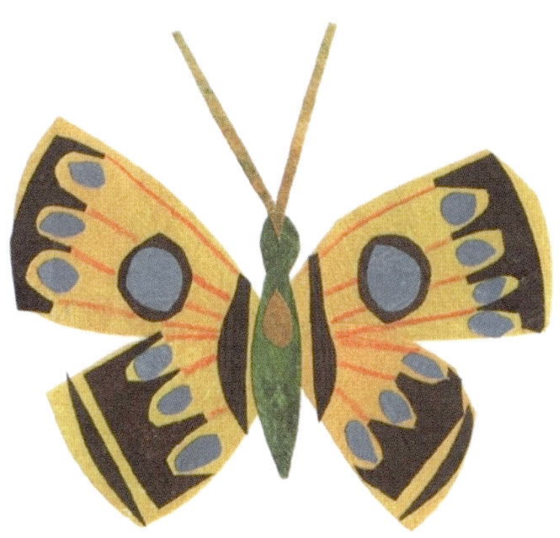

Tagpfauenauge

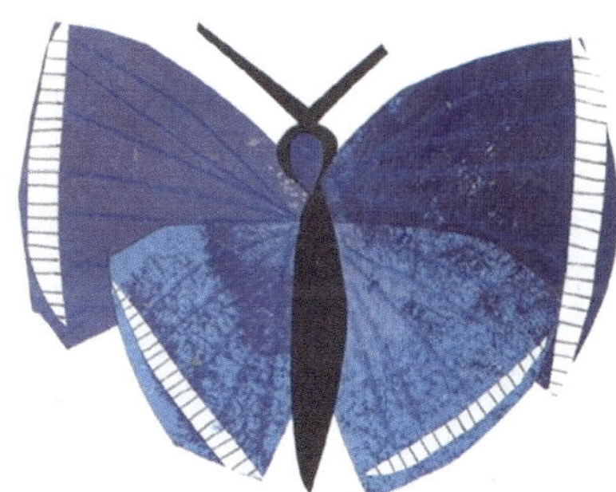

Gemeiner Bläuling

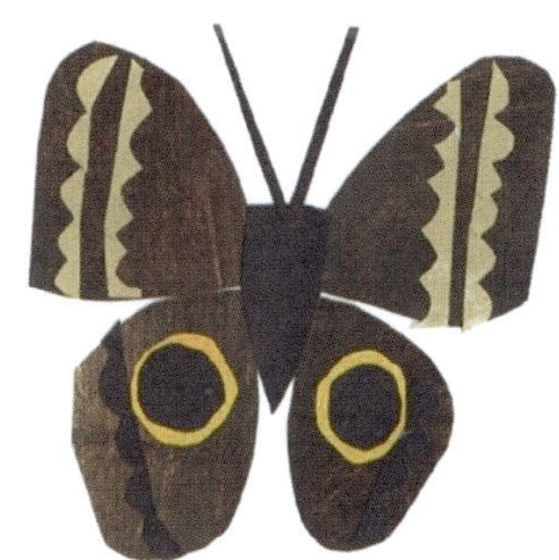

Brauner Waldvogel

Nordamerikanisches Pfauenauge

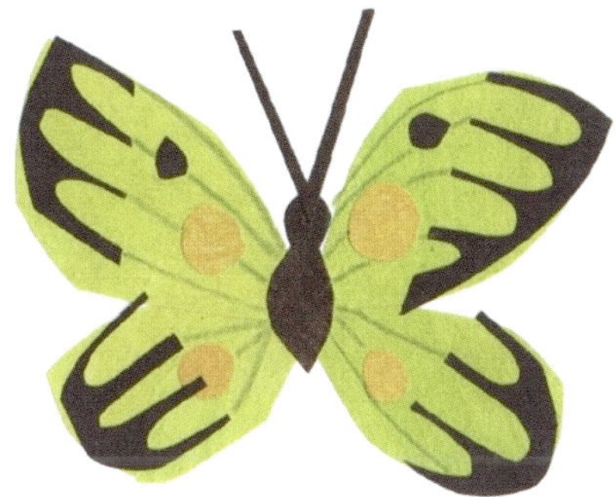

Postillon

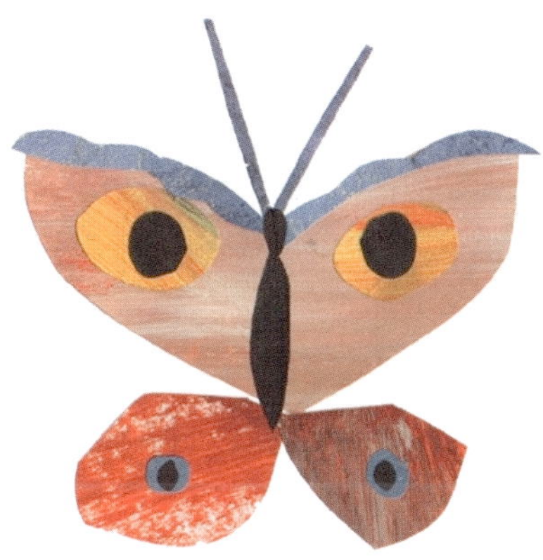

Großes Ochsenauge

SCHRITT FÜR SCHRITT: SCHMETTERLING

Schmetterlinge zu collagieren macht großen Spaß, weil es so viele verschiedene Arten mit charakteristischen Farben und Zeichnungen gibt. Sie sind in jeder Collage das Tüpfelchen auf dem i, ergeben aber auch für sich allein großartige Motive. Vergessen Sie nicht, Ihrer Collage am Ende stets mit ein paar individuellen Extras Ihren eigenen Stempel aufzudrücken.

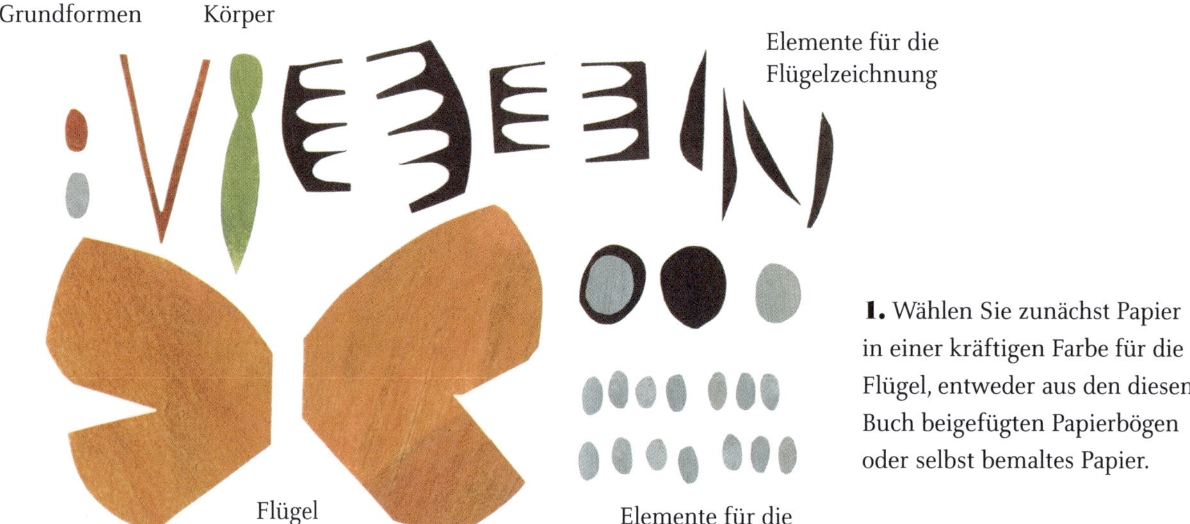

1. Wählen Sie zunächst Papier in einer kräftigen Farbe für die Flügel, entweder aus den diesem Buch beigefügten Papierbögen oder selbst bemaltes Papier.

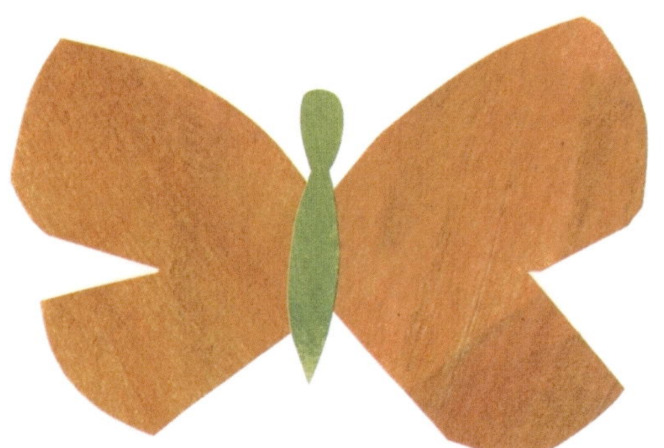

2. Schneiden Sie die Grundformen der Flügel aus. Gestalten Sie diese so simpel wie möglich, die Details folgen später. Der Körper bekommt die Form eines Kegels.

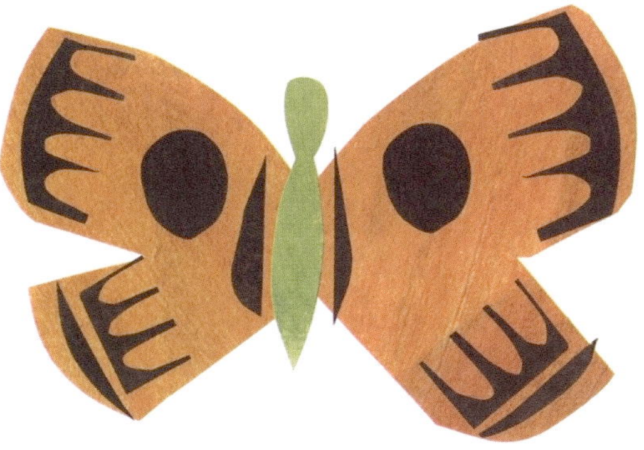

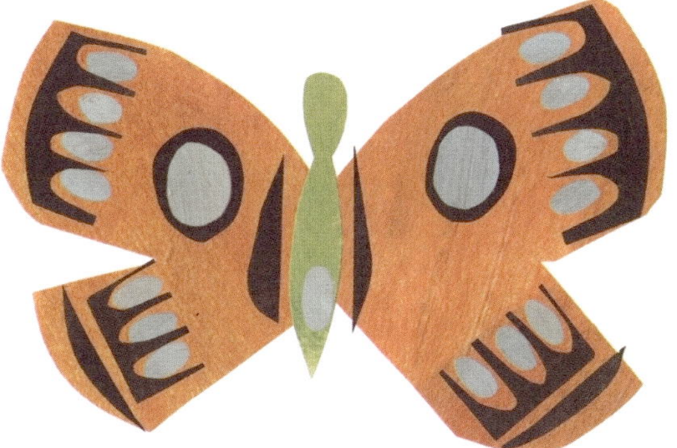

3. Fügen Sie Muster aus schwarzem Papier hinzu. Ich halte mich am liebsten an naturgetreue Flügelzeichnungen, setze aber auch gern ein paar eigene Akzente, wenn ich Rapportmuster gestalte.

4. Jetzt fehlt nur noch ein Klecks Farbe. Wahrscheinlich gibt es nicht viele Schmetterlinge, die diesem hier tatsächlich ähneln, aber zumindest die Farbkombination kommt in der Natur häufig vor.

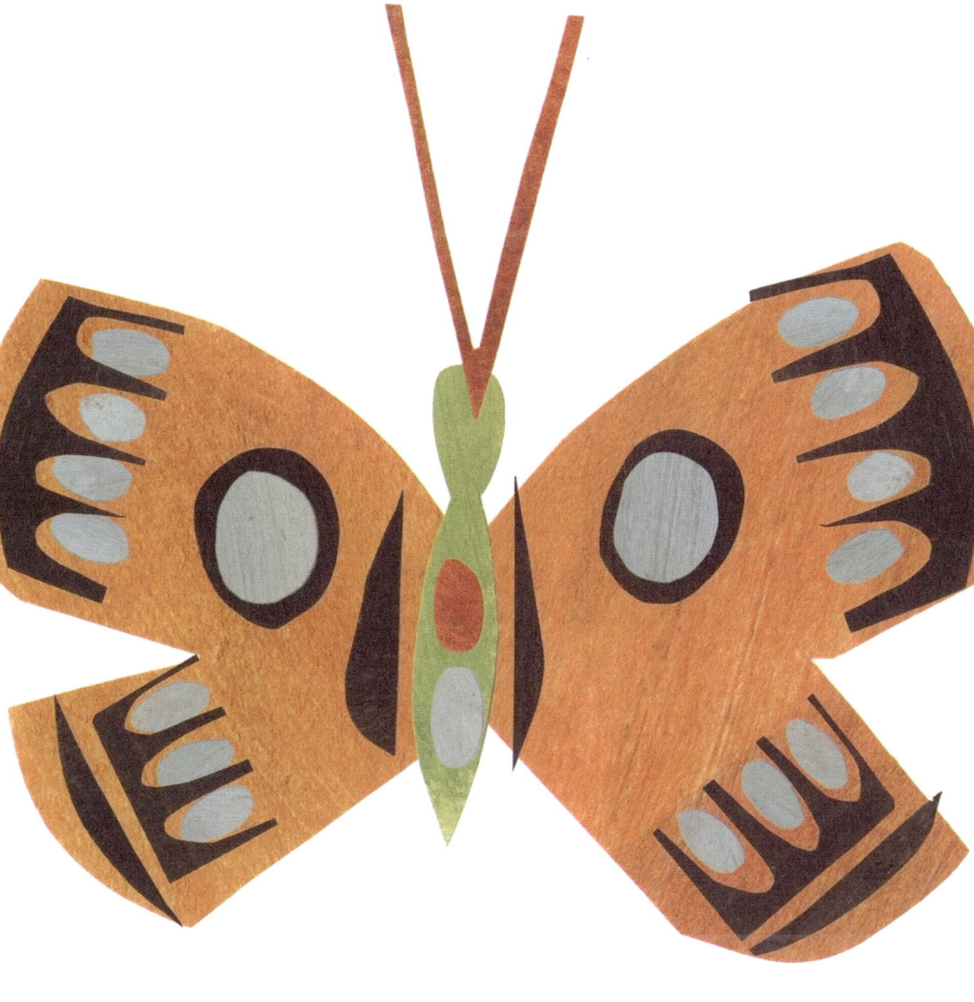

VÖGEL

Mein Bruder Angus ist Vogelbeobachter, wovon mir viele Kindheitserinnerungen geblieben sind, etwa die, auf seinem Beobachtungsposten stundenlang in Eiseskälte mucksmäuschenstill ausharren zu müssen. Ich kann nicht behaupten, dass der Funke auf mich übergesprungen ist, aber ich habe viel über das Aussehen und Verhalten der verschiedenen Vögel gelernt – Wissen, das in meine Collagen einfließt.

Für Körper und Kopf eines Vogels beginne ich mit einem Stück Papier in Form einer Süßkartoffel oder eines ungefähren Halbkreises. Ein zweiter Halbkreis oder auch mehrere ergeben übereinandergelegt Federkleid und Flügel. An den Federn kann man sich austoben und mit verschiedenen Farbtönen oder durchsichtigem Seidenpapier interessante Effekte erzeugen. Manchmal füge ich Schwanzfedern hinzu. Außerdem brauchen Vögel natürlich Augen, Füße und einen Schnabel. Wenn mich der Ehrgeiz packt, lege ich dem Vogel noch ein Würmchen in den Schnabel.

In Landschaftscollagen (ab S. 111) lasse ich gern stilisierte Vögel am Himmel kreisen. Dafür wählt man am besten Vögel mit eindeutigen Merkmalen, z. B. Schwalben, die an ihrem langen, geteilten Schwanz erkennbar sind, oder Adler mit ihrer weißen Brust und großen Flügelspannweite. Vögel bilden einen zusätzlichen Blickpunkt und geben einer Collage eine räumlichere Wirkung und mehr Dynamik.

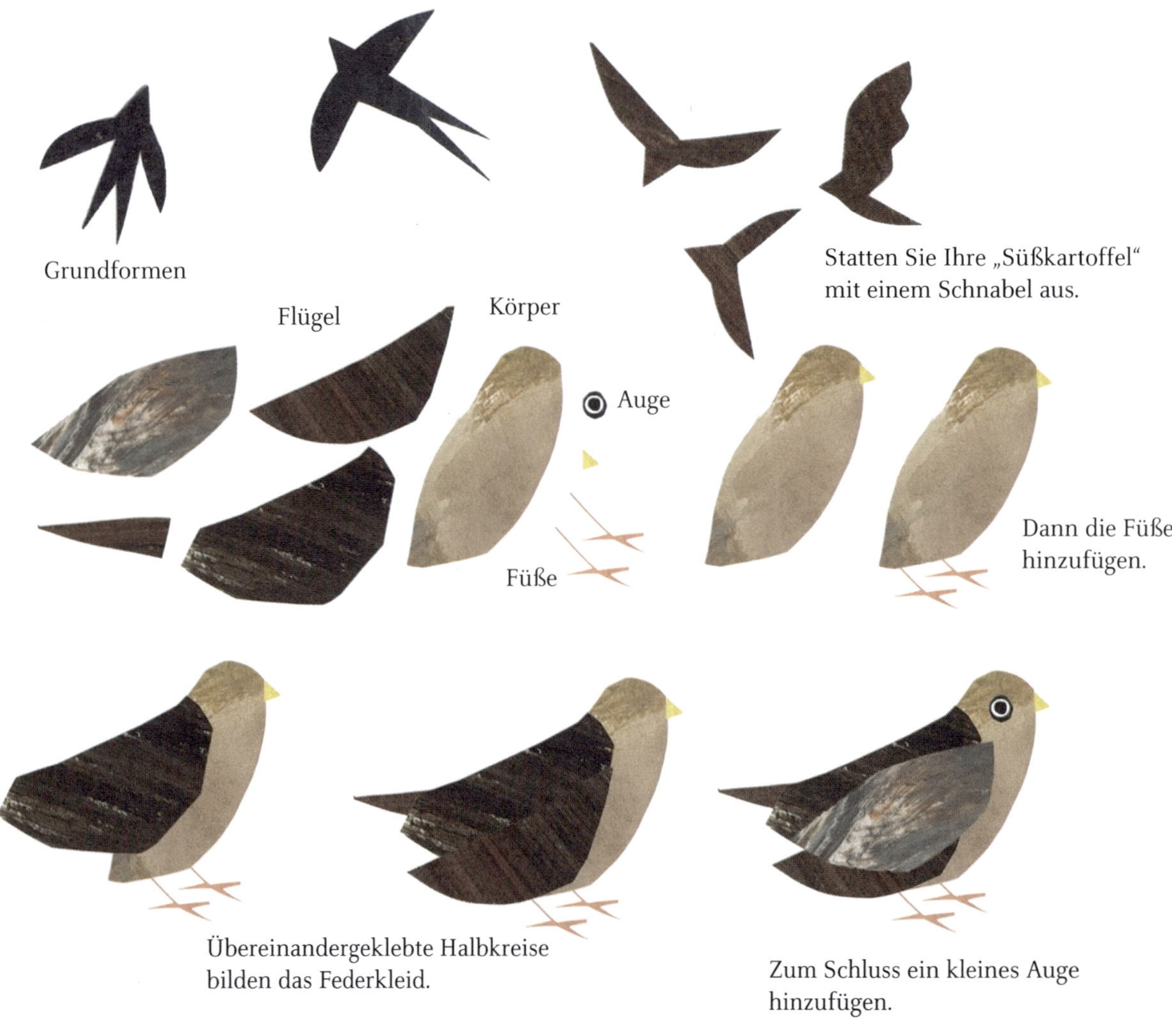

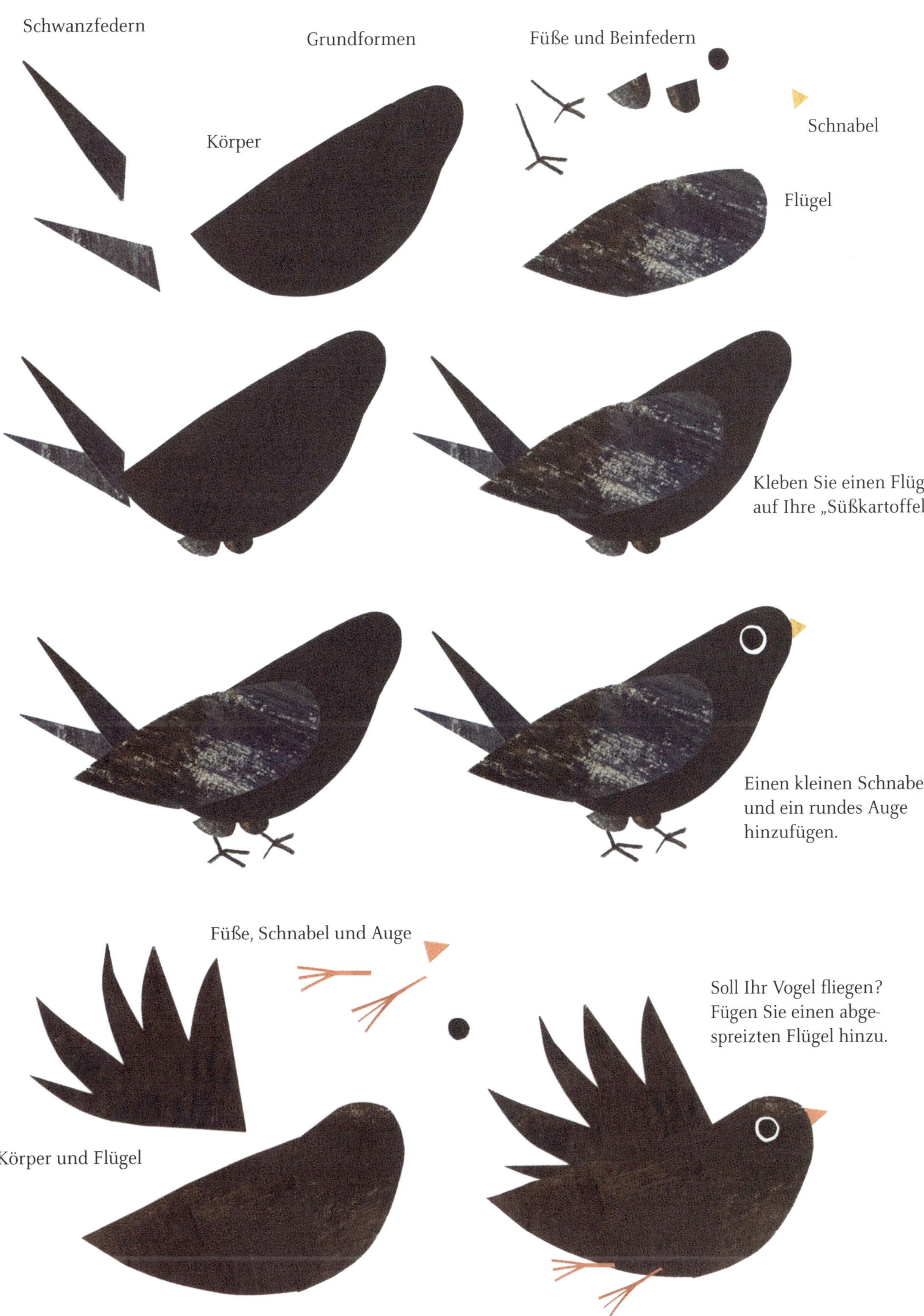
Schwanzfedern
Grundformen
Füße und Beinfedern
Körper
Schnabel
Flügel
Kleben Sie einen Flügel auf Ihre „Süßkartoffel".
Einen kleinen Schnabel und ein rundes Auge hinzufügen.
Füße, Schnabel und Auge
Soll Ihr Vogel fliegen? Fügen Sie einen abgespreizten Flügel hinzu.
Körper und Flügel

VOGELVARIANTEN

Hier habe ich Beispiele zusammengestellt, die zeigen, wie man mit farbigen und strukturierten Papieren die arttypische Physiognomie verschiedener Vogelarten herausarbeiten kann. Die Körperformen entstehen durch Übereinanderschichten verschiedener Papiere. Anschließend werden besondere Merkmale hinzugefügt, wie z. B. die rote Brust des Rotkehlchens oder der gelbe Schnabel der Amsel. Für die Flügel der Taube und des Sittichs habe ich aus einer alten Vogelzeitschrift ein Federkleid ausgeschnitten und verwertet. Ente und Amsel erhielten außerdem wasserblaue Papierovale zum Baden.

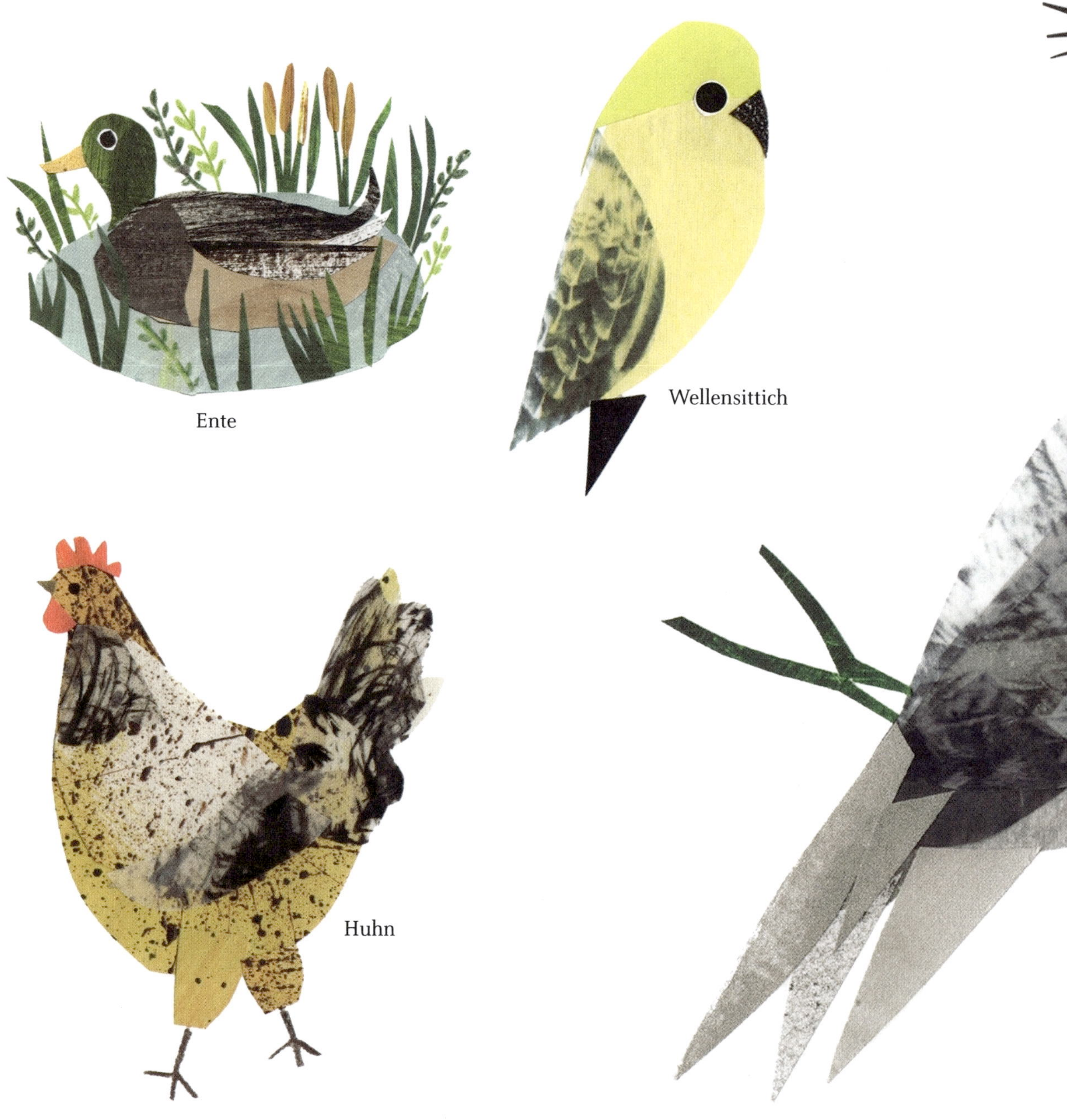

Ente

Wellensittich

Huhn

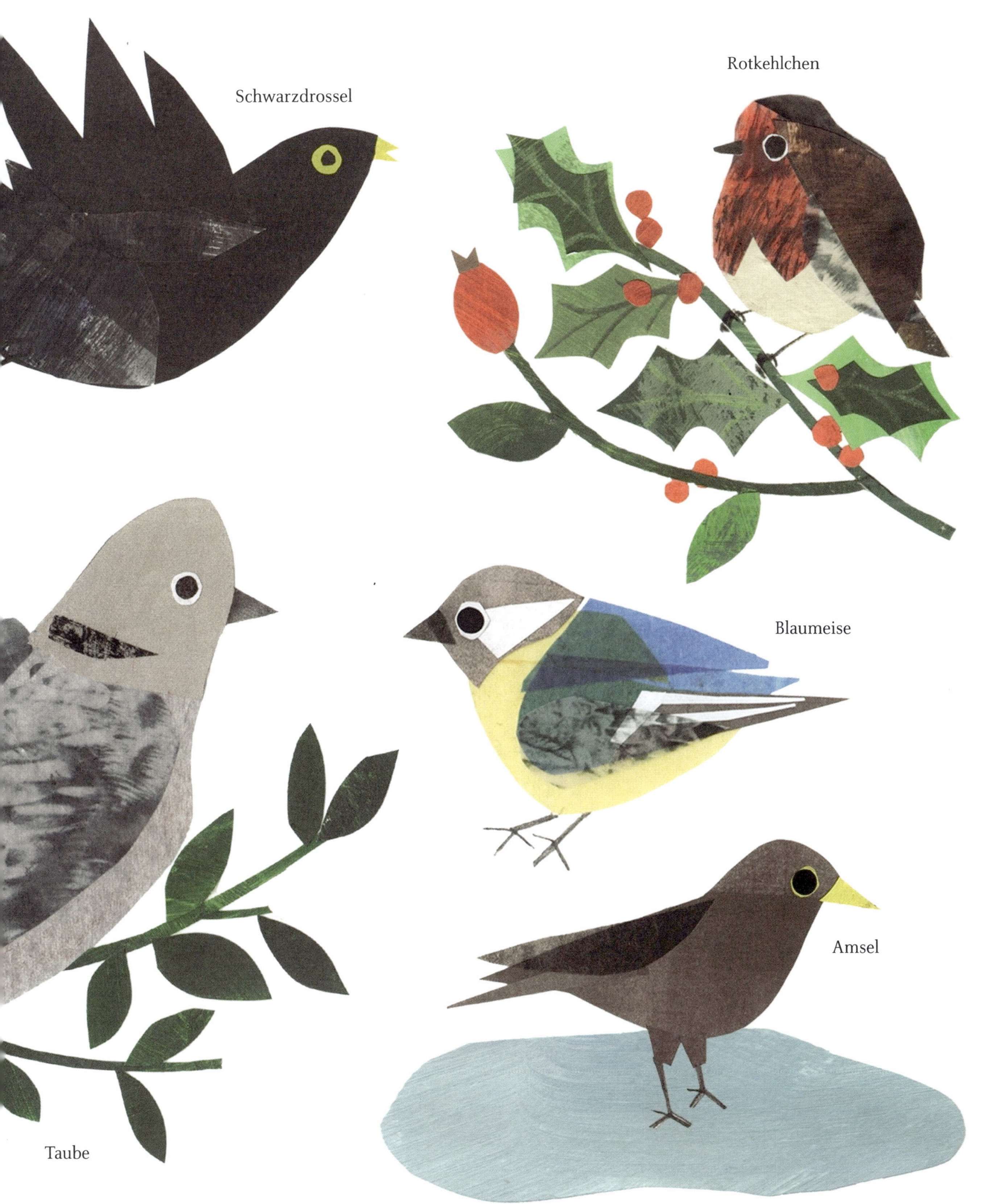
Schwarzdrossel
Rotkehlchen
Blaumeise
Amsel
Taube

SCHRITT FÜR SCHRITT: ROTKEHLCHEN

Rotkehlchen liebe ich besonders. Sie sind einfach zu collagieren und durch ihre rote Brust unverwechselbar. Verwenden Sie die hier gezeigten Grundformen in anderen Farbkombinationen, und Sie haben in Nullkommanichts eine ganze Vogelmenagerie beisammen!

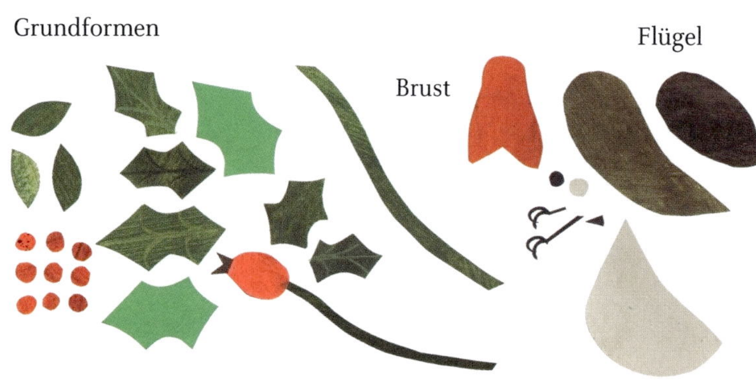

1. Beginnen Sie mit einem Ast: groß genug, damit der ziemlich plumpe kleine Vogel bequem Platz darauf findet, und leicht krumm, wie von der Natur vorgesehen. Für die winterlichen Stechpalmenblätter und -zweige brauchen Sie unterschiedliche Grüntöne sowie ein wenig rotes Papier für die Beeren.

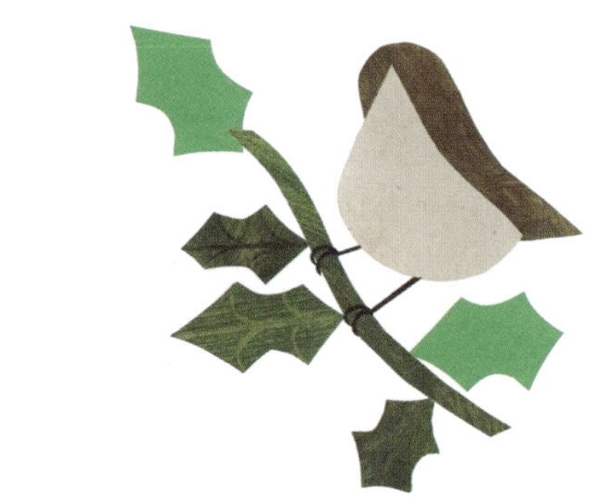

2. Schneiden Sie eine „Süßkartoffel" aus braunem Papier für den Vogelrücken und einen Halbkreis aus hellerem Braun oder Grau für den Bauch. Zwei feine schwarze Papierstreifen ergeben die Beinchen und Füße, mit denen sich der Vogel am Zweig festkrallt.

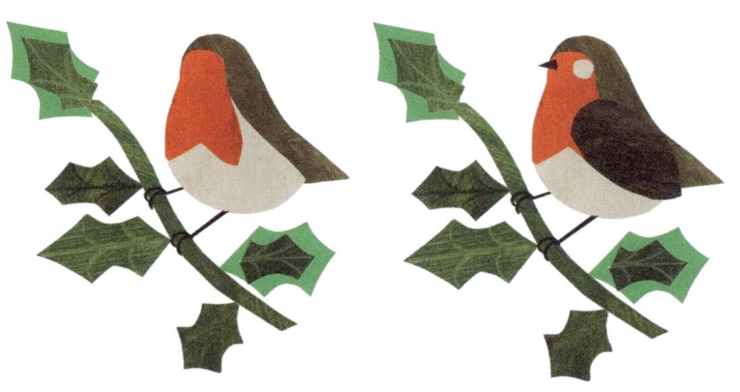

3. Nun folgt die charakteristische rote Brust aus rotem Papier (die Form erinnert an den oberen Teil einer russischen Matrioschkapuppe). Anschließend aus etwas dunklerem braunem Papier einen abgerundeten Flügel ausschneiden. Zum Schluss einen weißen Kreis für das Auge aufkleben.

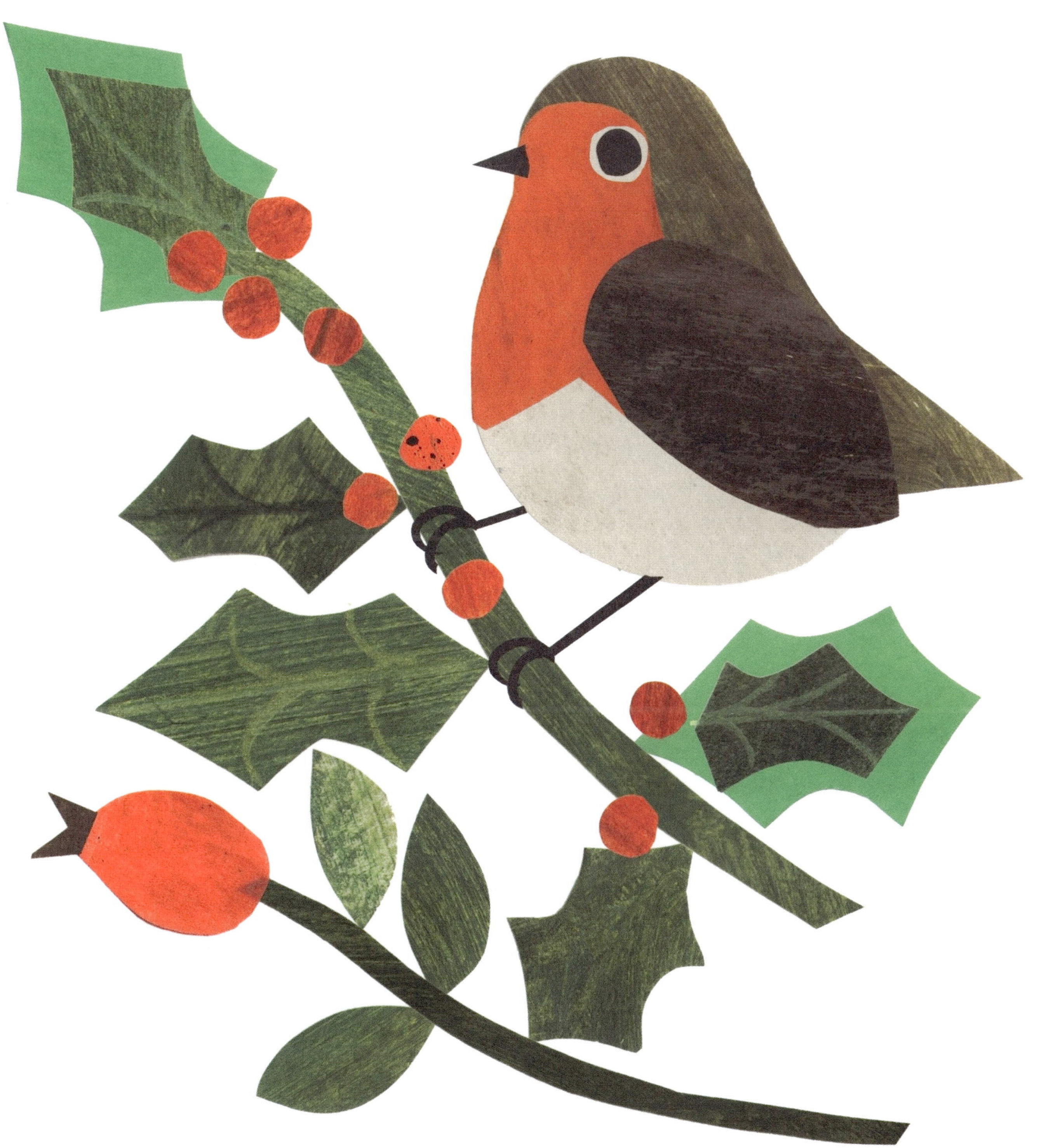

4. Vervollständigen Sie Ihre Collage, indem Sie eine schwarze Pupille in den weißen Kreis kleben und mit Bunt- oder Kreidestiften Adern und andere Details auf die Blätter zeichnen. Ein Hagebuttenzweig macht sich gut als weihnachtliche Ergänzung.

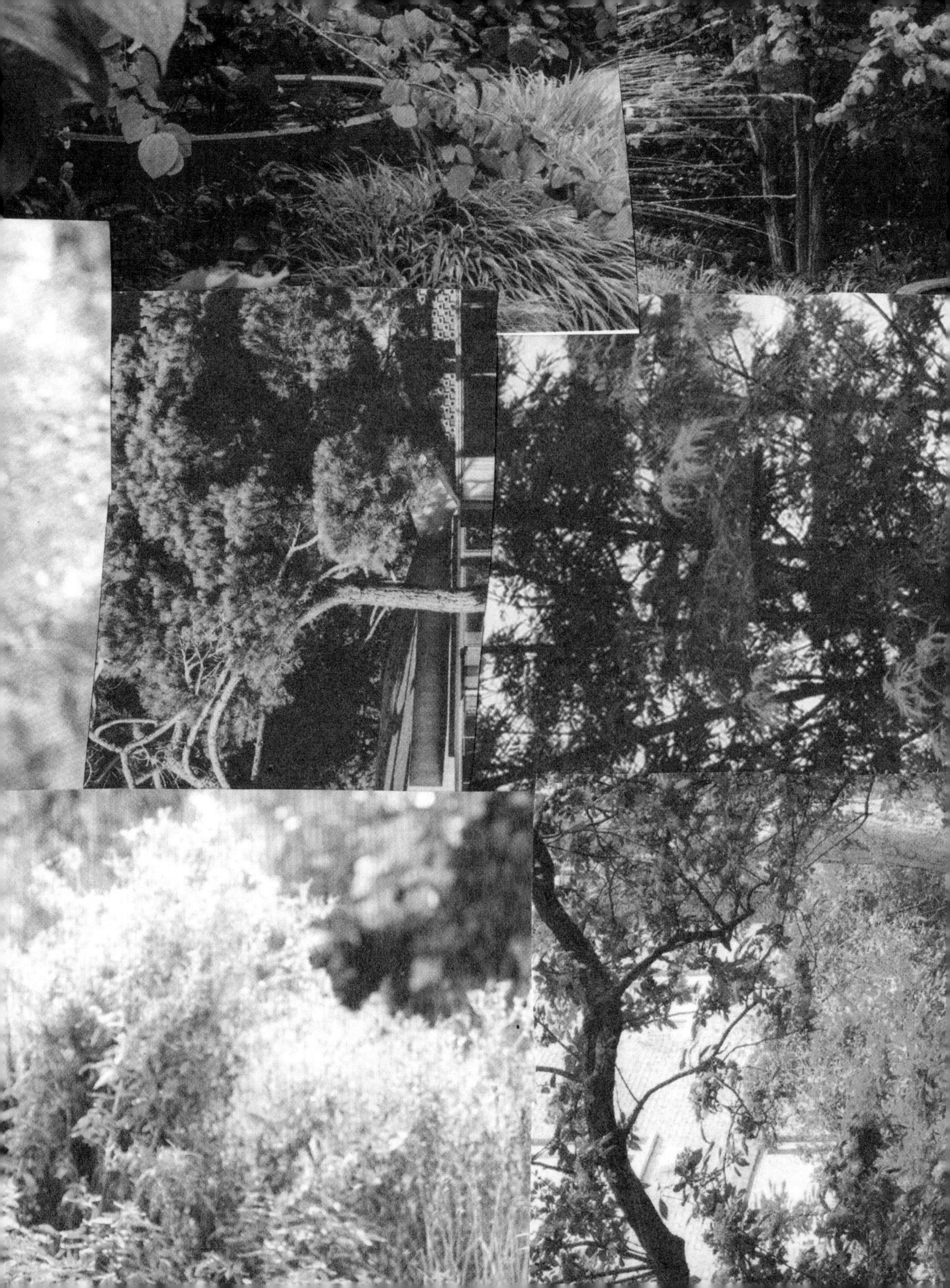

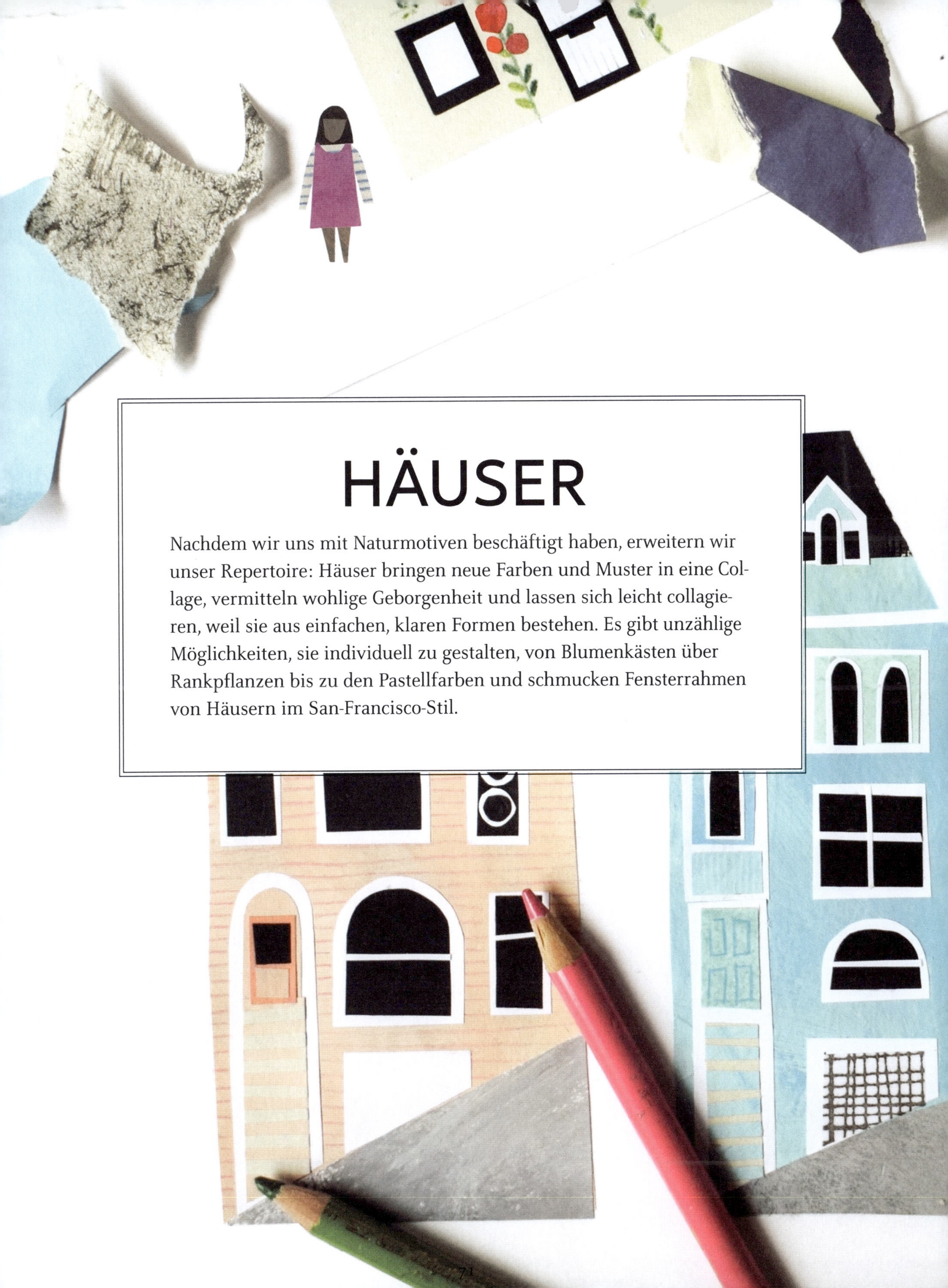

HÄUSER

Nachdem wir uns mit Naturmotiven beschäftigt haben, erweitern wir unser Repertoire: Häuser bringen neue Farben und Muster in eine Collage, vermitteln wohlige Geborgenheit und lassen sich leicht collagieren, weil sie aus einfachen, klaren Formen bestehen. Es gibt unzählige Möglichkeiten, sie individuell zu gestalten, von Blumenkästen über Rankpflanzen bis zu den Pastellfarben und schmucken Fensterrahmen von Häusern im San-Francisco-Stil.

HAUSTYPEN

Häuser gibt es in zahlreichen Formen, Größen und Stilen. Ein paar Beispiele – von hübschen, hoch aufragenden Stadthäusern im amerikanischen Stil bis zum rosenumrankten, reetgedeckten englischen Cottage – sehen Sie auf dieser Doppelseite. Manche sind umgeben von herrlichen Bäumen, andere haben Blumenkästen voller Petunien und Geranien. Ebenso vielfältig sind die architektonischen Details, etwa ein Windfang, Erker, bunte Glas- oder viktorianische Schiebefenster. Besonders malerisch finde ich alte englische Reihenhäuser. Dafür zeichne ich zunächst mit weißem Stift Mauerfugen auf den gewählten Untergrund und füge dann Einzelheiten wie etwa eine Regenrinne hinzu. Weil die Fenster so etwas wie die Augen eines Hauses sind, achte ich auf eine interessante Gestaltung der Fensterrahmen oder setze Blumenkästen auf die Simse. In meinen Collagen kann ich meine Traumtüren verwenden und mit so viel Buntglas ausstatten, wie ich will. Solchen kleinen Details gilt meine besondere Liebe. Folgen Sie bei der Gestaltung Ihrer Häuser ganz Ihrem eigenen Empfinden – und bevor Sie sich versehen, haben Sie schon einen ganzen Straßenzug geschnitten.

Pastellfarbenes Stadthaus
im San-Francisco-Stil

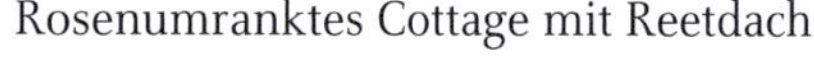

Rosenumranktes Cottage mit Reetdach

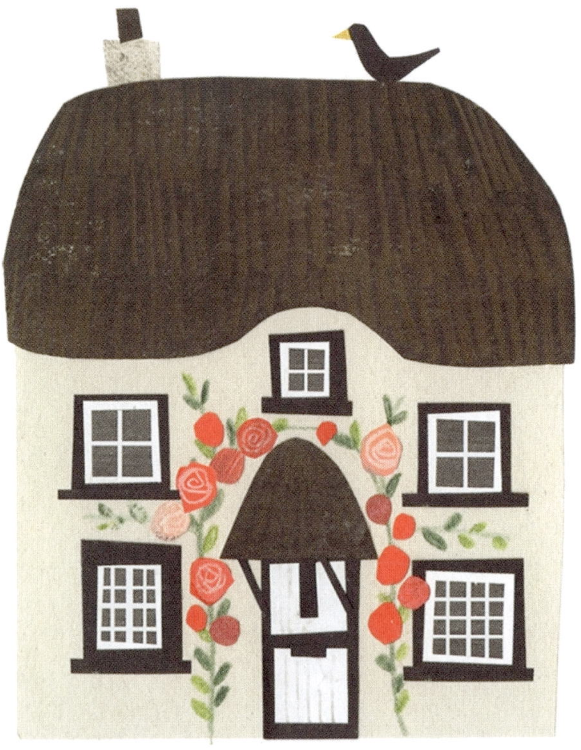

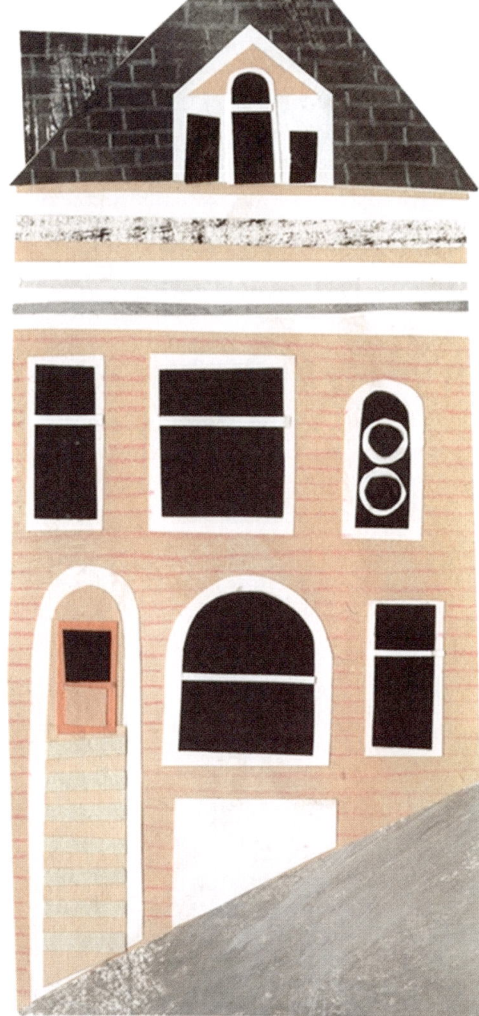

Pastellfarbenes Stadthaus
im San-Francisco-Stil

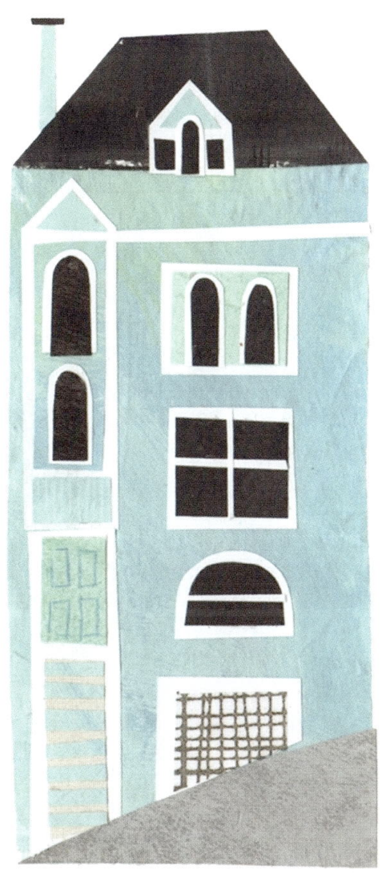

Londoner Apartment mit Blumenkästen

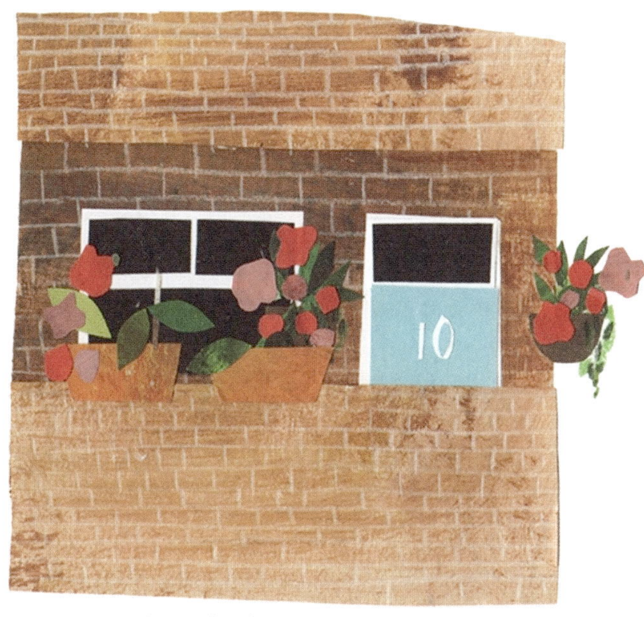

Viktorianische Reihenhäuser mit
Vorgärten und Blumenkästen

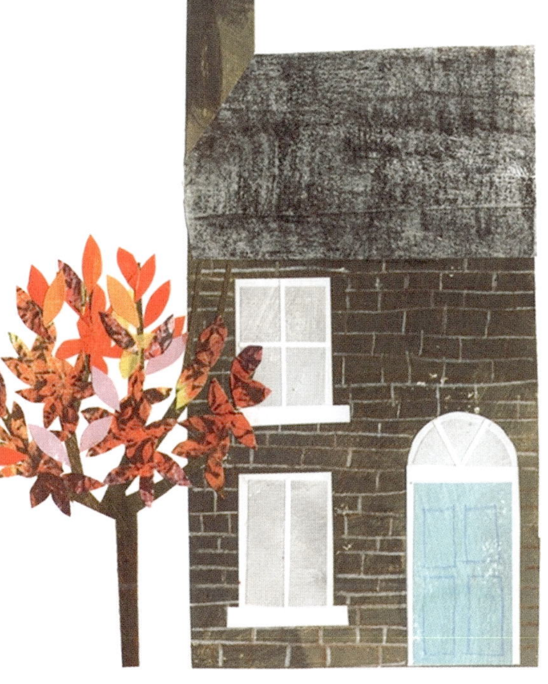

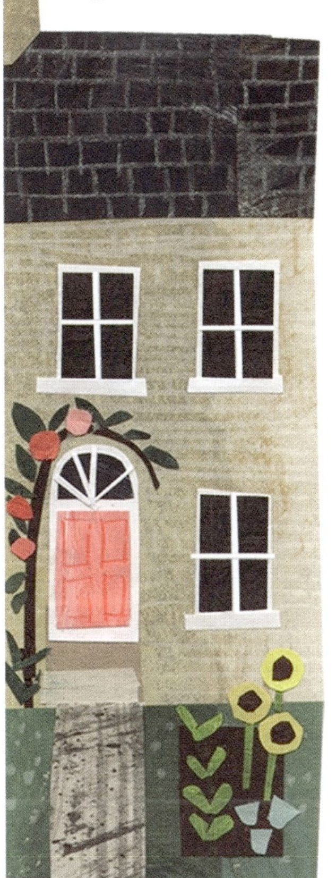

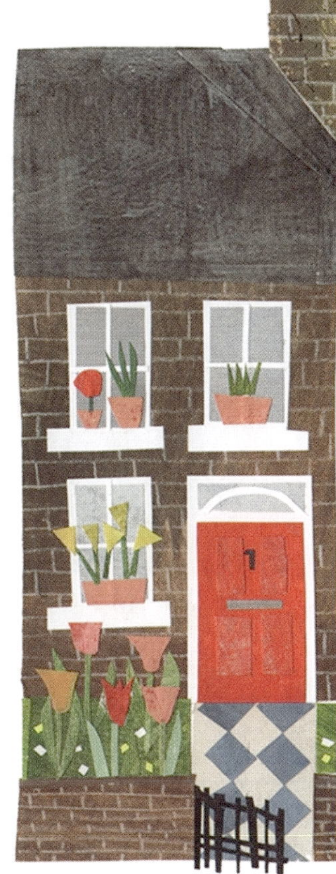

EIN ZUHAUSE

Für meine Collagen stehen oft Häuser Pate, in denen ich selbst gewohnt oder Freunde und Verwandte besucht habe. Meine Erinnerungen an das Haus, in dem ich groß wurde – an meinen Vater, wie er hier und da etwas ausbesserte, an meine Mutter beim Aufhängen einer Blumenampel voller Stiefmütterchen oder beim Schwatz mit der Nachbarin, an unseren Kater Bertie, der auf dem Sims auf Streicheleinheiten oder Leckerli wartete – fließen in meine Arbeit ein und vermitteln ein Gefühl des Zuhauseseins. Beginnen Sie damit, Ihr Haus in einfache Grundelemente zu zerlegen, etwa in ein rotbraunes Rechteck für die Fassade und ein dunkleres Quadrat oder Dreieck für das Dach. Schon durch wenige Änderungen der Grundformen lassen sich viele unterschiedliche Haustypen darstellen.

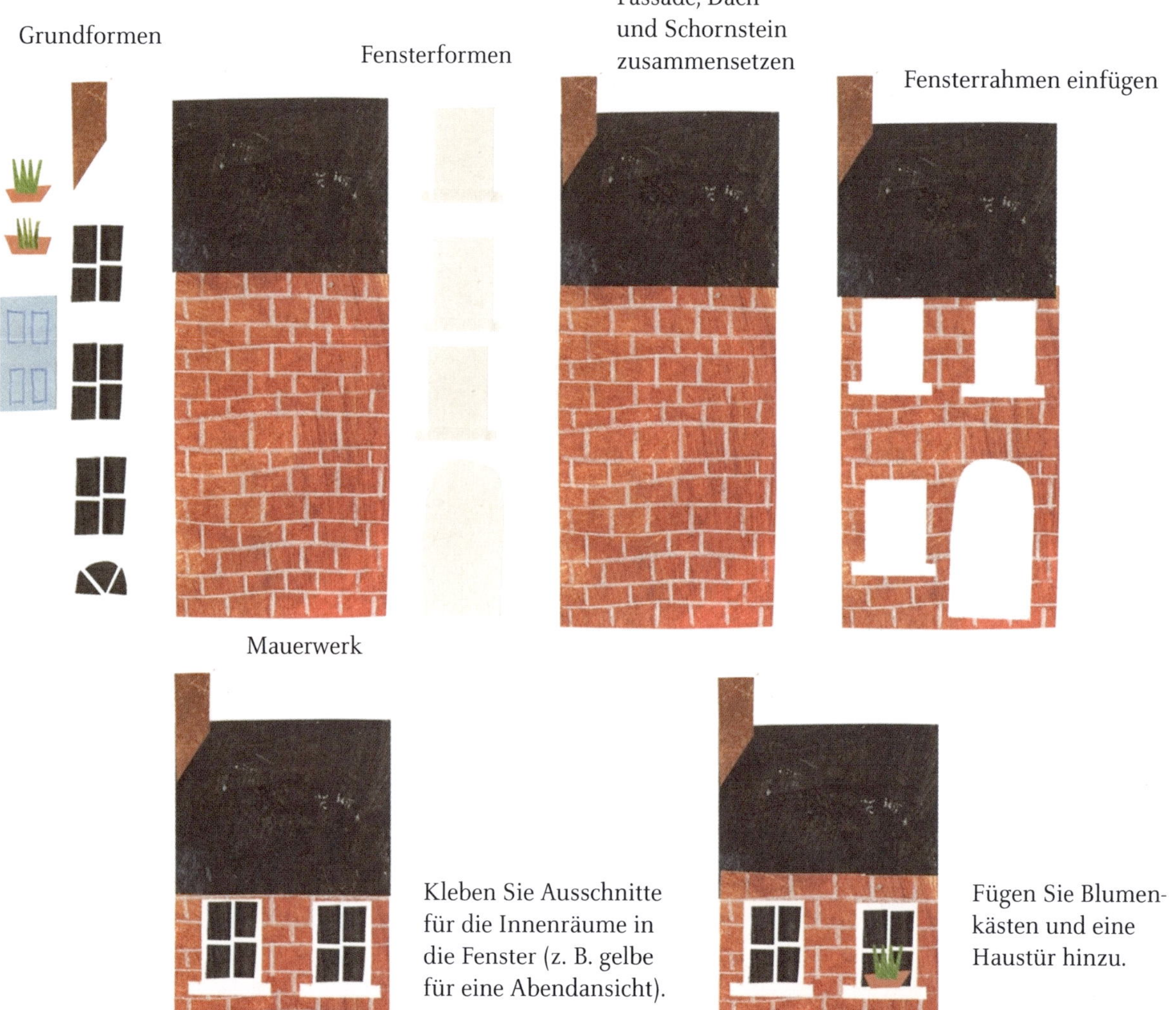

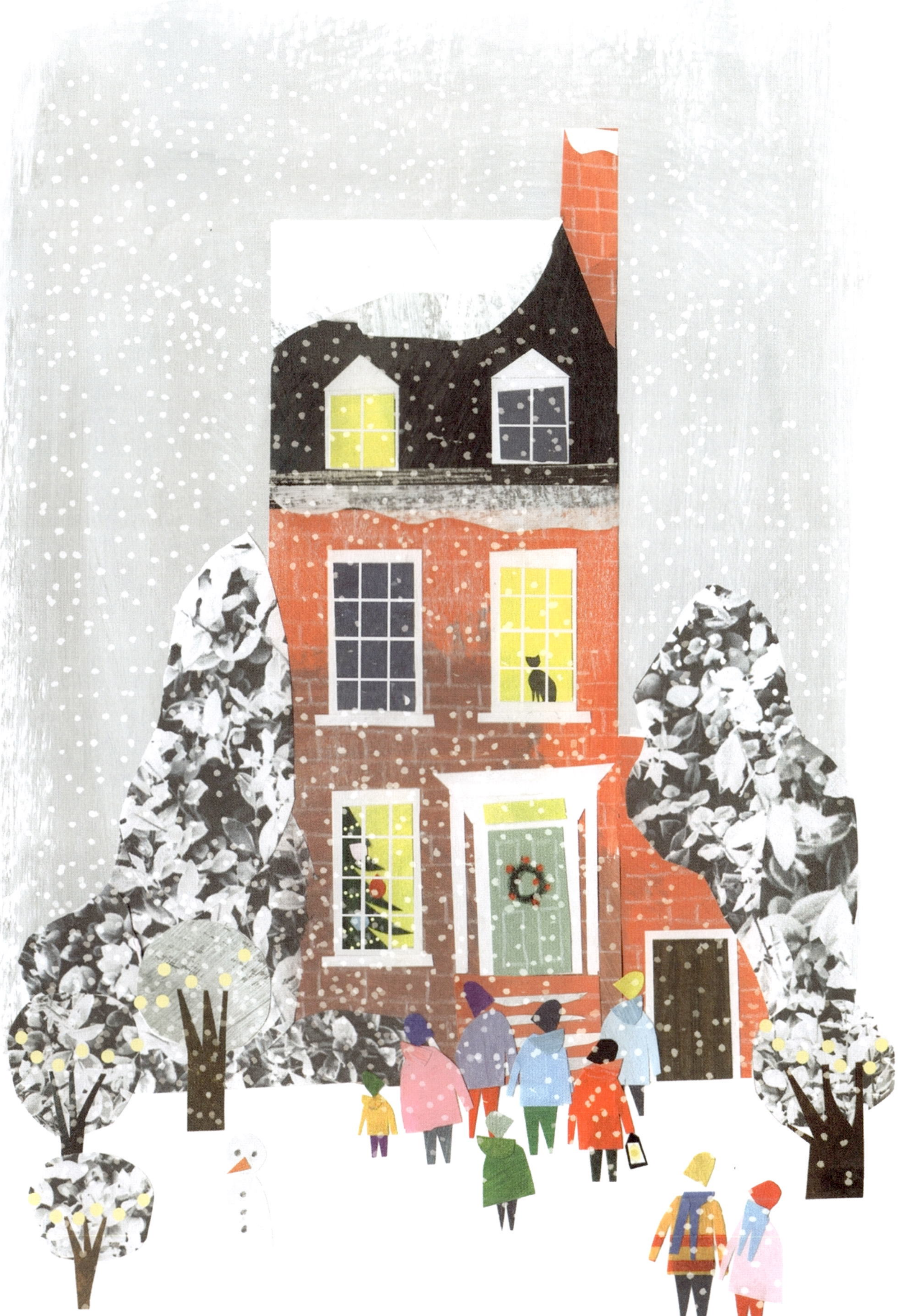

SCHRITT FÜR SCHRITT: HAUS IM WINTER

In unserer großen Familie hatte die Weihnachtszeit immer etwas Zauberhaftes. Ein festliches Leuchten umgab alles, und von draußen sah man den Weihnachtsbaum durch eines der Fenster funkeln. Diese Stimmung versuchen wir nun in einer Collage einzufangen.

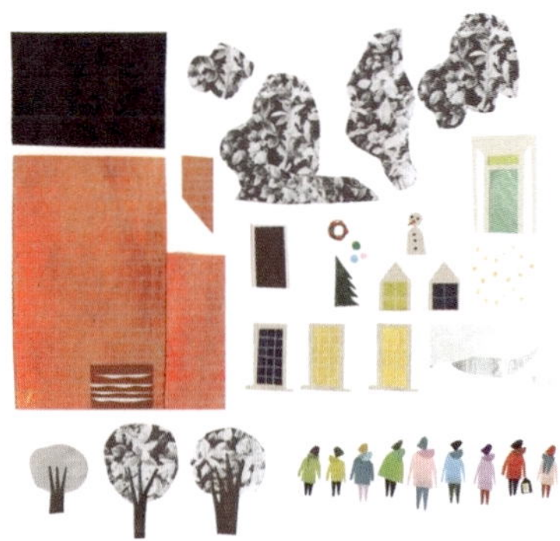

1. Wählen Sie ein grau bemaltes Papier als Hintergrund, um das Dämmerlicht eines Winternachmittags zu vermitteln. Ich habe dafür weiße Gouache mit einem winzigen Tupfer Schwarz gemischt und leicht „wolkig" aufgetragen, damit es natürlicher wirkt. Schneiden Sie aus terrakottafarbenem Papier ein großes Rechteck für das Haus, ein kleineres für den Geräteschuppen und ein ganz kleines für den Schornstein aus. Zeichnen Sie die Mauerfugen mit Buntstift auf.

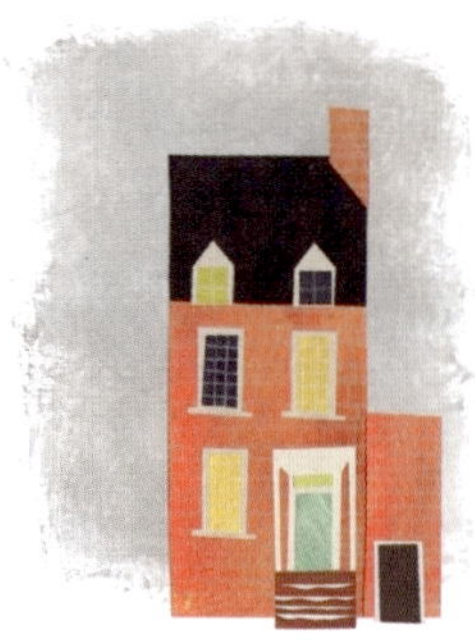

2. Platzieren Sie das mittelgroße Rechteck für den Schuppen neben dem großen. Ein schwarzes Rechteck wird zum Dach. Die Dachziegel können Sie ganz nach Ihren Vorstellungen mit weißem Stift einzeichnen. Setzen Sie den Schornstein in eine Ecke. Seine schräge Kante deutet die Dachschräge an.

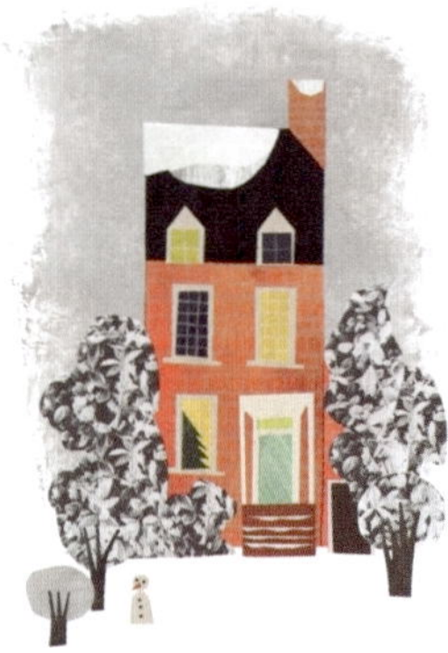

3. Schmale weiße Papierstreifen ergeben Tür- und Fensterrahmen und Pfosten. Kleben Sie blaue und gelbe Vierecke in die Fenster, und zeichnen Sie mit Stift oder Pinsel Sprossen hinein.

4. Um der Szene eine winterliche Stimmung zu geben, werden weiße Rechtecke mit geschwungener Unterseite als Schneehauben auf Dach und Schornstein gesetzt.

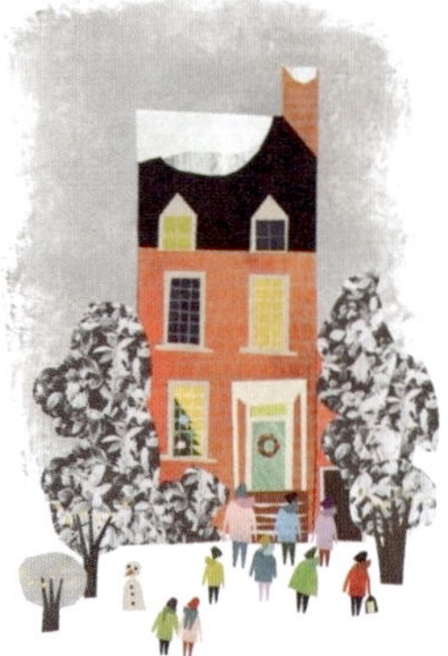

5. Nun wenden wir uns den Bäumen zu: Schneiden Sie aus einem Bogen Papier oder einem Foto mit Blattmuster Baumkronen aus. Gabelförmige Stückchen aus braunem Papier ergeben die Stämme. Gruppieren Sie die Bäume rings um das Haus. Ins Fenster habe ich einen halben Weihnachtsbaum geklebt (dazu am besten einen Cutter verwenden und die Sprossen erst nach dem Aufkleben des Weihnachtsbaums aufmalen).

6. Abschließend fügen wir noch ein paar weihnachtliche Details hinzu, etwa einen einfachen Schneemann vor dem Haus, Lichterketten in den Bäumen oder einen Kranz an der Eingangstür. Bevölkern Sie die Szenerie, indem Sie bunte Mäntel, Hosen und Mützen in unterschiedlichen Farben und Größen ausschneiden und aufkleben.

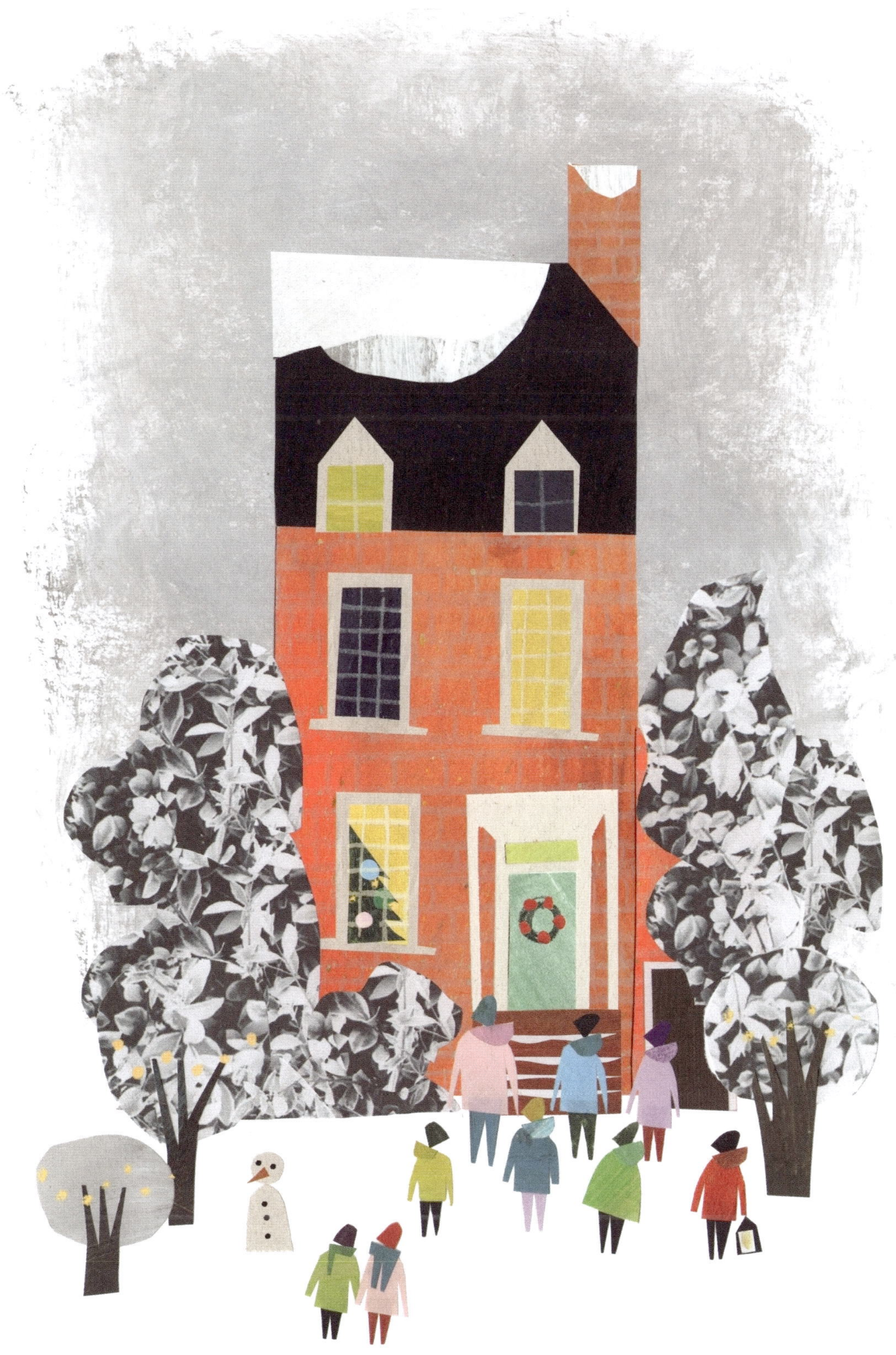

GEBÄUDEVARIANTEN

Für einige Projekte werden Sie keine individuell gestalteten Einfamilienhäuser, sondern andere Gebäude benötigen, vielleicht eine Skyline aus Wolkenkratzern oder Strandhütten. Auch in diesem Fall gehen Sie nach der beschriebenen Methode vor, lassen jedoch die Details weg und konzentrieren sich ganz auf die äußere Form.

Hier kommt Ihre Restesammlung zum Einsatz, in der Sie manchen überraschenden Fund machen werden. Für eine Skyline beispielsweise spiele ich gern mit kontrastierenden Strukturen. Bei meiner Ansicht von Canary Wharf, einem Londoner Bürogebäudekomplex, habe ich klare geometrische Formen verwendet und mit Farbstiften Fenster angedeutet.

Bäume und Büsche können einer solchen Collage mehr räumliche Tiefe verleihen und eine Reihe gemusterter Rechtecke im Handumdrehen in ein Geschäftsviertel oder einen Platz verwandeln. In großen, mächtigen Bäumen lassen sich gut Baumhäuser für kleine Abenteurer unterbringen.

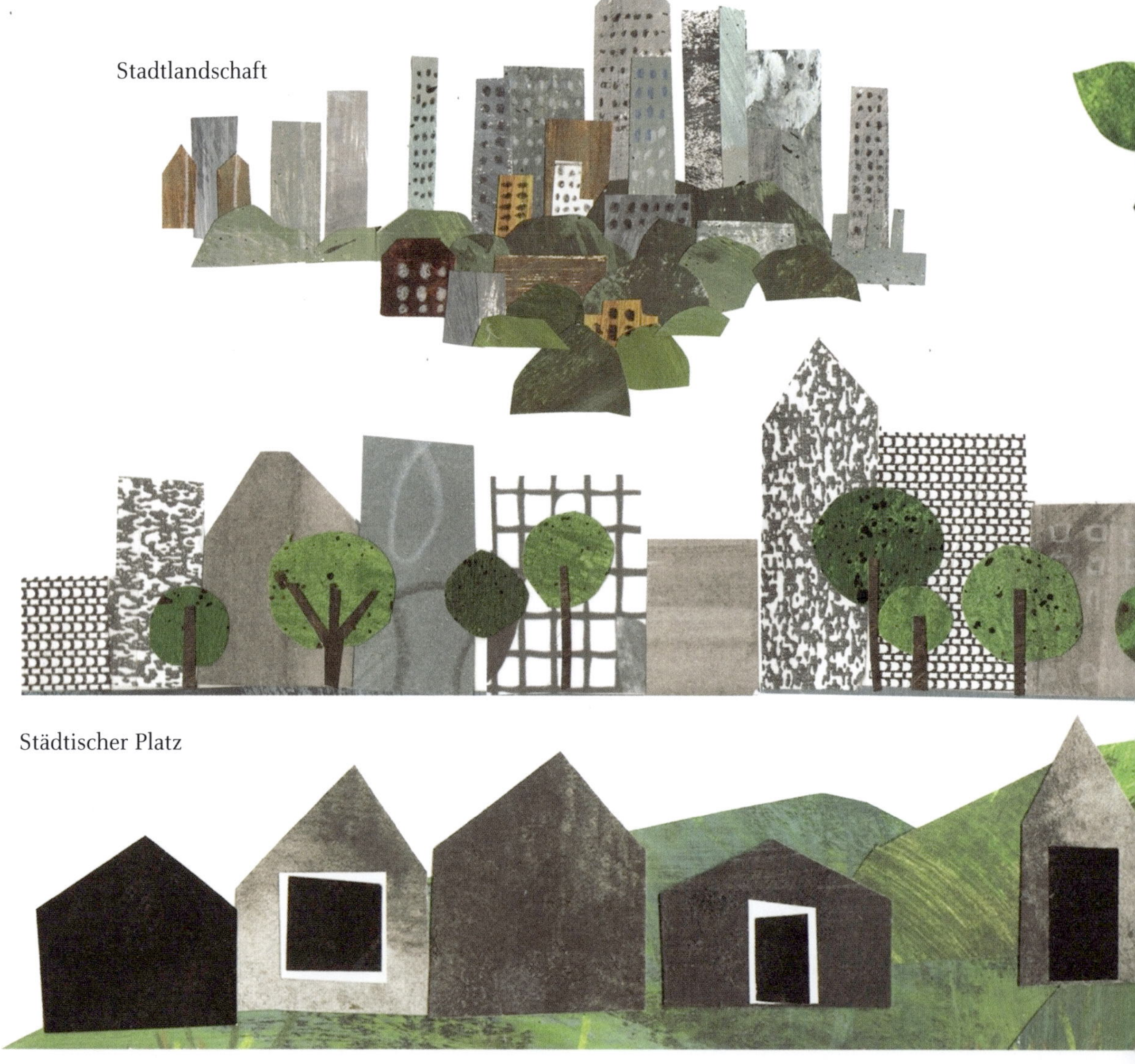

Stadtlandschaft

Städtischer Platz

Strandhütten

Tipp:

Hier kommen Ihre gesammelten Schnipsel zur Geltung. Auch alte Zeitungen und Zeitschriften sind eine Fundgrube für interessantes Papier, das sich bestens für Gebäude eignet.

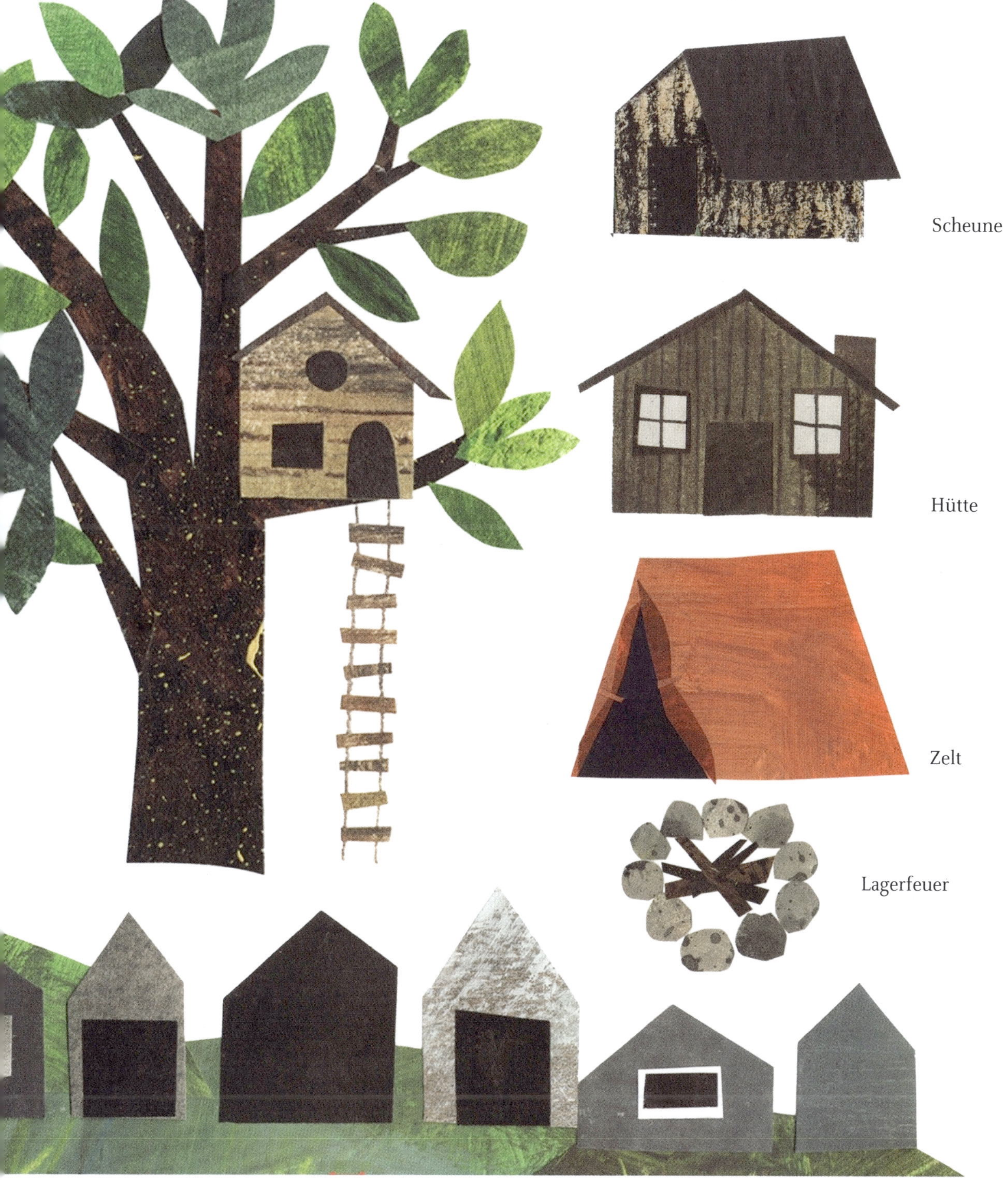

Scheune

Hütte

Zelt

Lagerfeuer

HAUSHALTSGEGENSTÄNDE

Ich stamme aus einer Familie von Schatzsammlern und bin in dem Glauben aufgewachsen, ein Haus sei kein richtiges Zuhause ohne all den Kram, der darin Platz findet. Meine Familie sammelte wunderschöne und einzigartige Möbel und Haushaltsgegenstände, doch es gibt auch etliche Dinge, die sich in der einen oder anderen Variante in fast jedem Haushalt finden.

Vielleicht haben Sie eine Lieblingstasse oder ein Service, das nur an Feiertagen benutzt wird? Eine Kaffeekanne, die aus dem Schrank geholt wird, wenn enge Freunde zu Besuch kommen? Denken Sie beim Entwerfen häuslicher Szenen an solche in Ehren gehaltene Stücke, denn genau solche Details machen Ihr Werk einzigartig und persönlich. Auf dieser Doppelseite finden Sie, aus einfachen Formen zusammengesetzt, eine kleine Sammlung von Objekten, die aus meinem Haus stammen könnten.

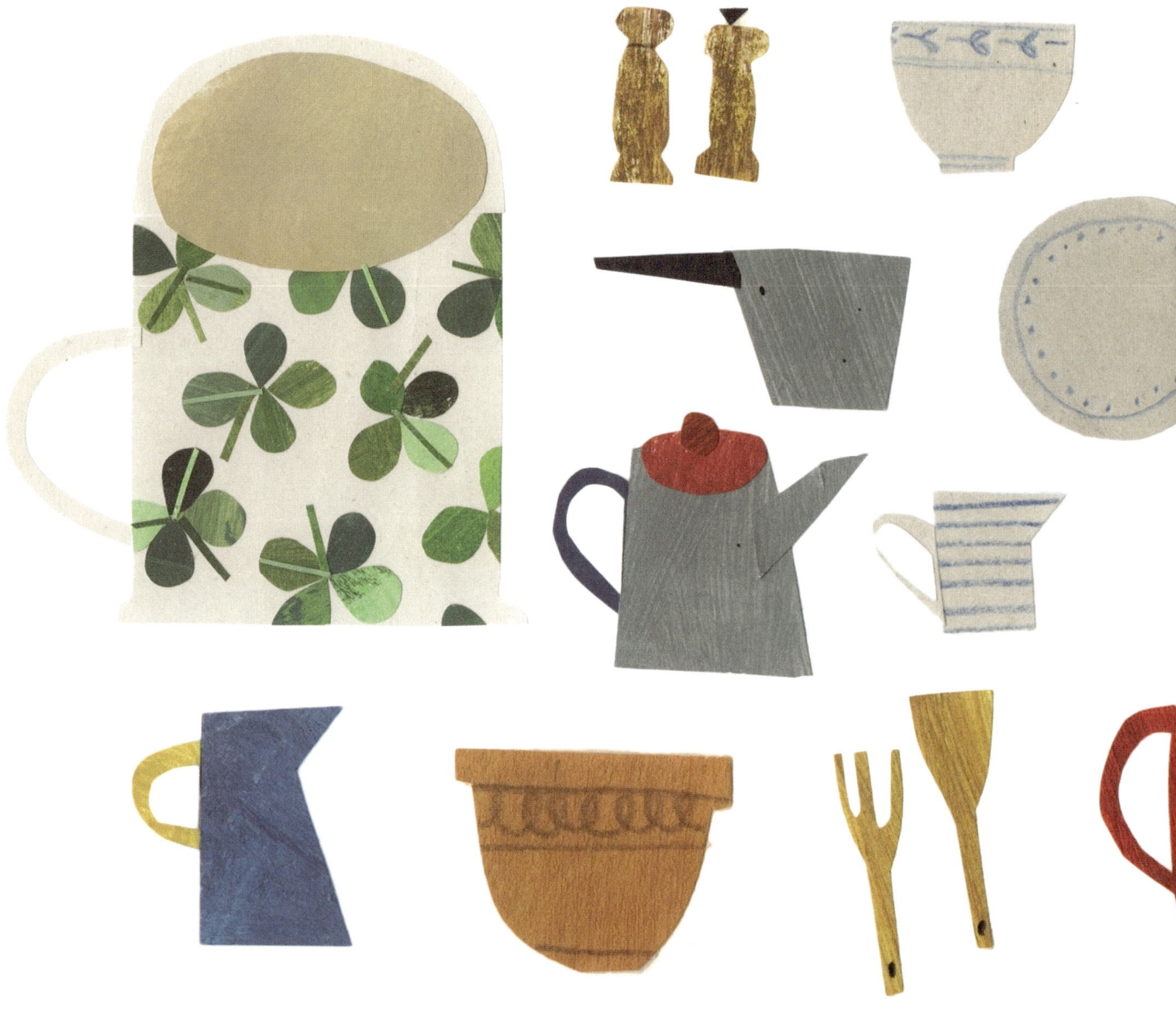

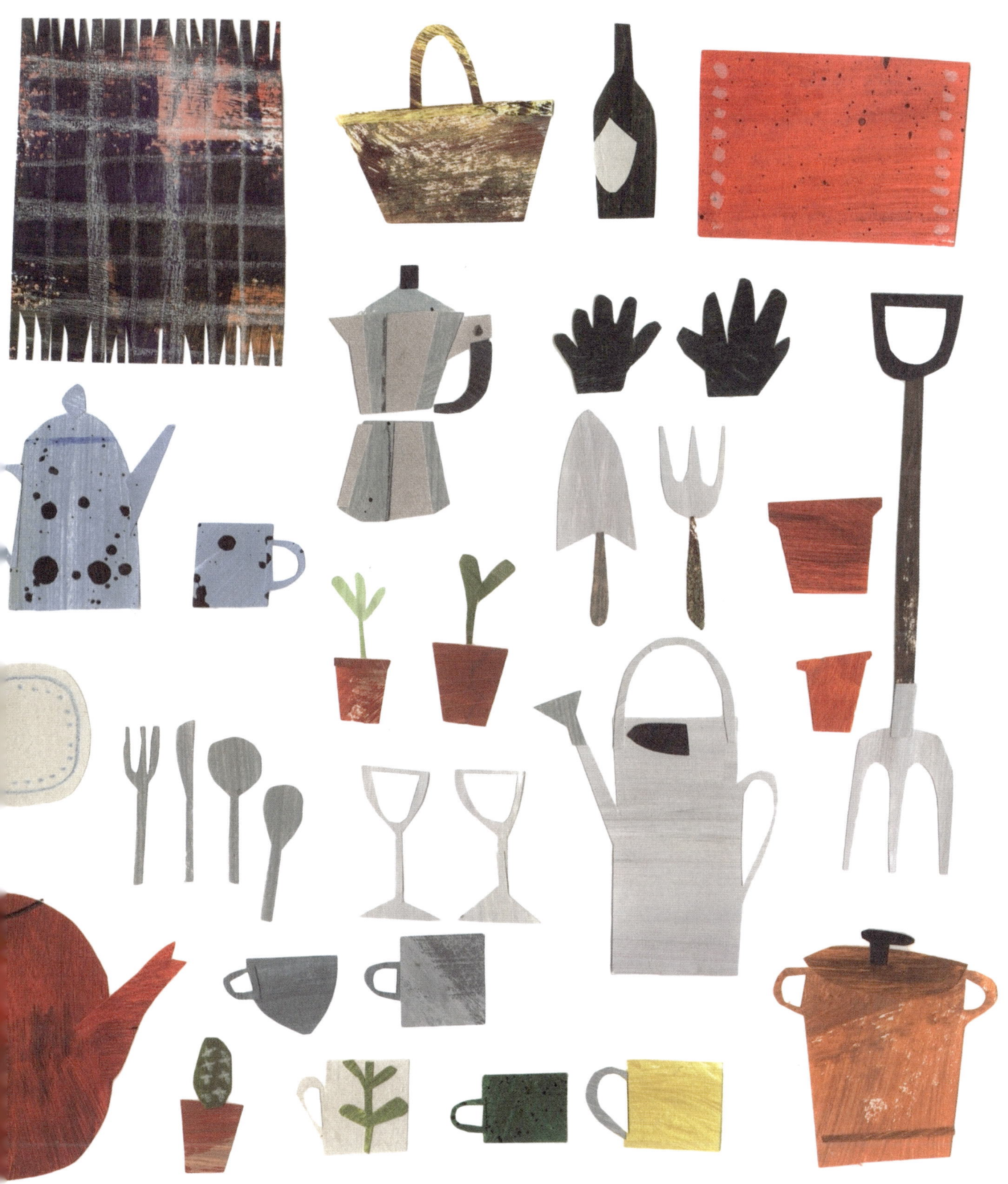

WILLKOMMEN DAHEIM!

Viele Alltagsgegenstände (wie meine bunten Becher, von denen ich mehr habe, als Sie sich vorstellen können) lassen sich mit kleinen Papierschnipseln oder interessanten Resten darstellen.

Das Frühstück ist und bleibt meine Lieblingsmahlzeit, für die ich am liebsten meine über die Jahre gesammelten Einzelstücke aus altem Porzellan oder Steingut nutze. Im Frühling genieße ich das Frühstück immer besonders, wenn es morgens wieder heller ist und eine Vase mit ersten Blumen meinen Tisch schmückt. Warum stellen Sie nicht einige der hier gezeigten Elemente zusammen, um einen schönen Moment Ihres Lebens in Szene zu setzen? Unten sehen Sie ein Festmahl bei Kerzenlicht, mit Rosenkohl, Kartoffeln, Sauce und Rotwein, Stechpalmenzweigen und zwei Knallbonbons.

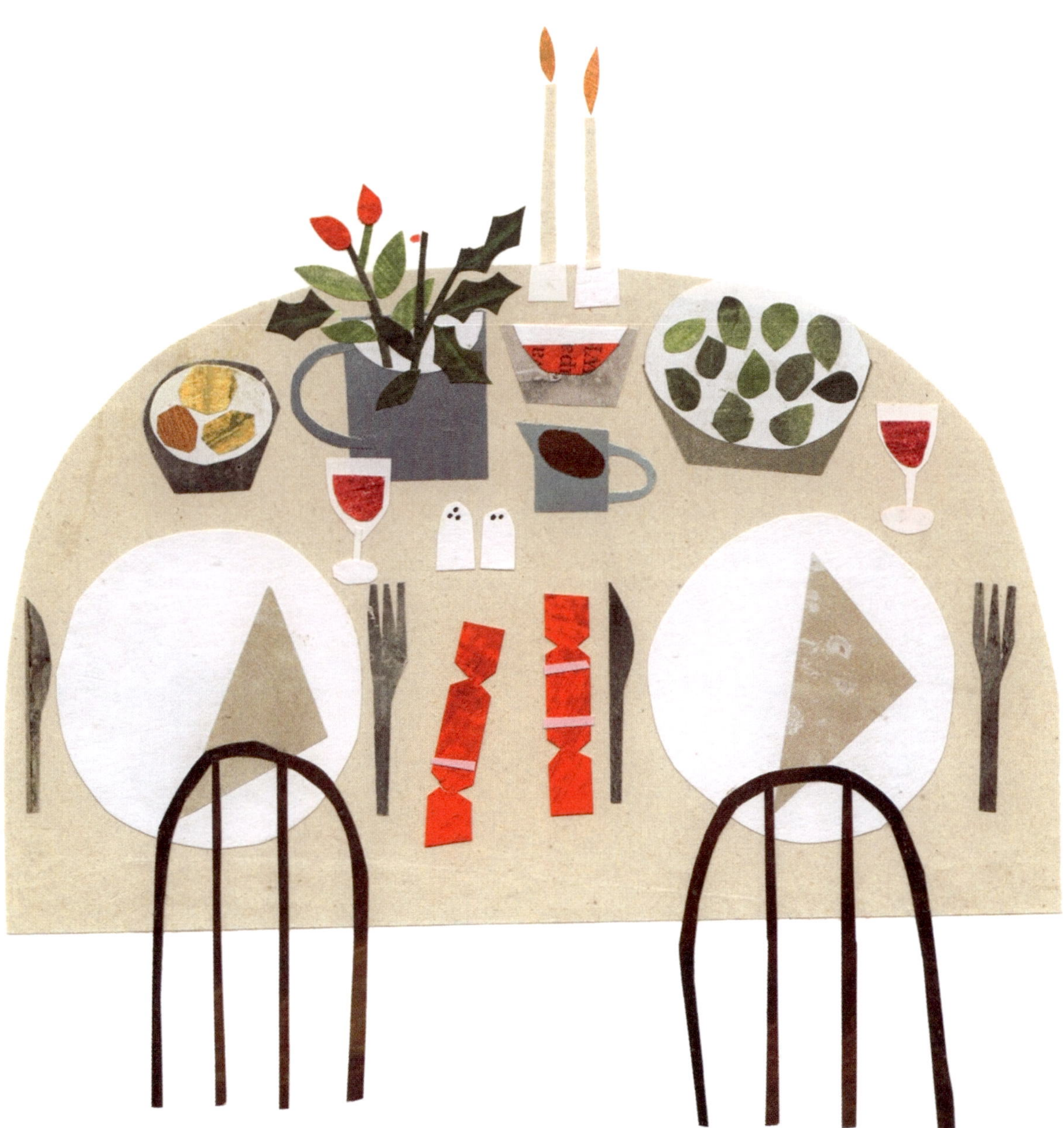

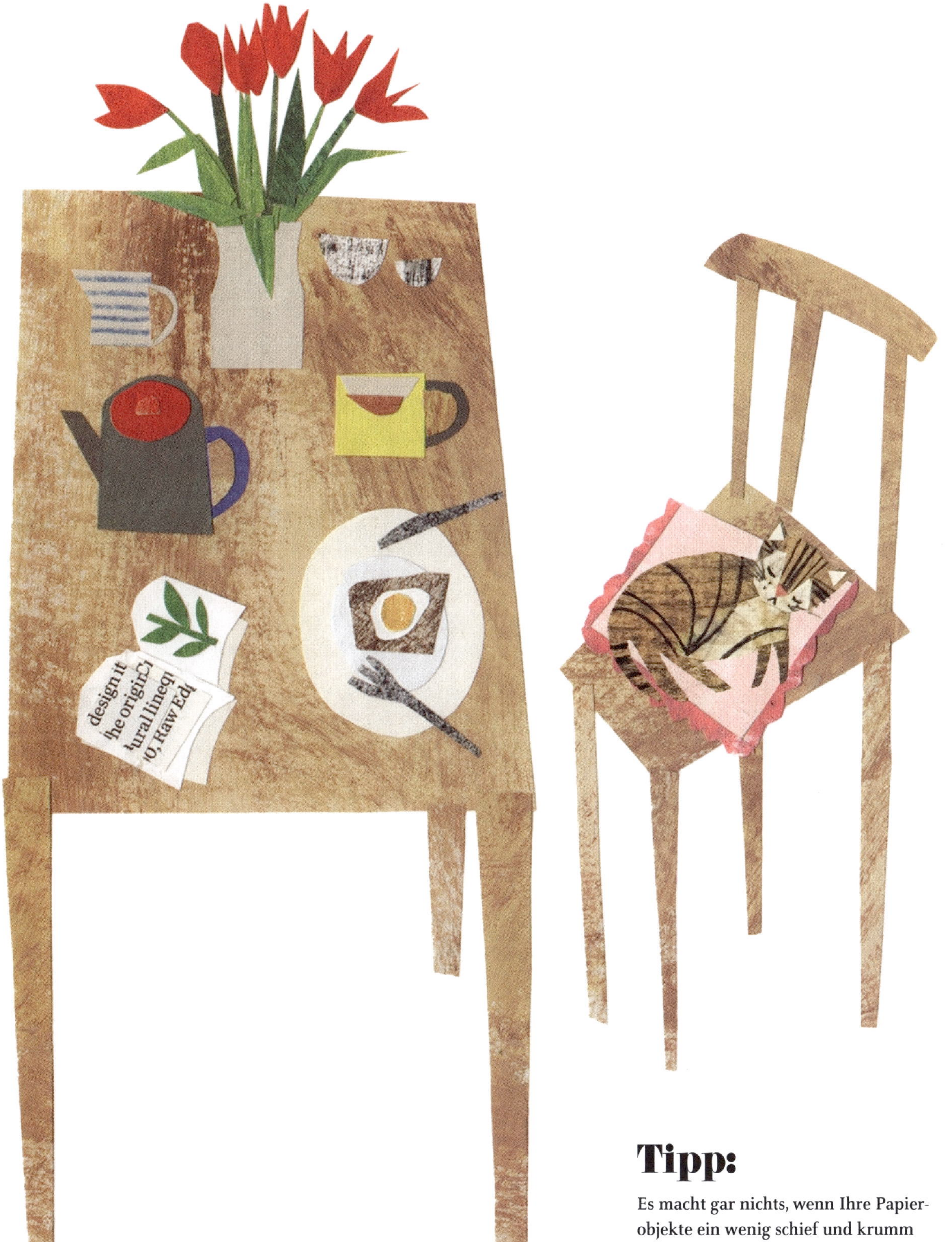

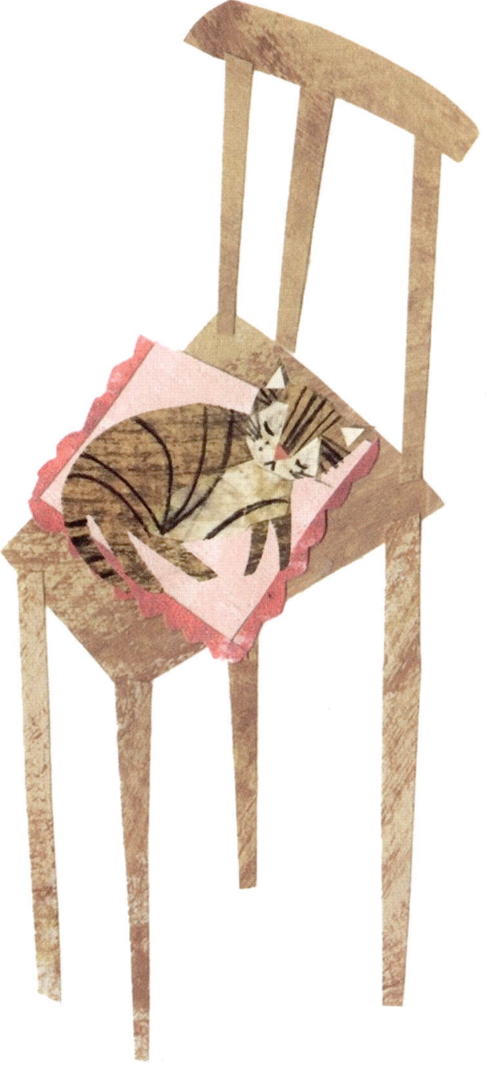

Tipp:

Es macht gar nichts, wenn Ihre Papierobjekte ein wenig schief und krumm geraten oder sich verziehen. Wer das vermeiden will, hält die Formen, Umrisse und Verzierungen so schlicht wie möglich.

SCHRITT FÜR SCHRITT: FRÜHSTÜCK

Das Frühstück ist für mich die schönste Zeit des Tages: Es ist schön, es in Gesellschaft einzunehmen – man schmiedet gemeinsam Pläne für den Tag, und alles erscheint möglich –, aber es ist ebenso schön, allein bei einer Kanne Tee durch ein Garten- oder Design-Magazin zu blättern. Meine Collage zeigt eine für mich typische Morgenszene. Und wie sieht Ihr Frühstückstisch aus?

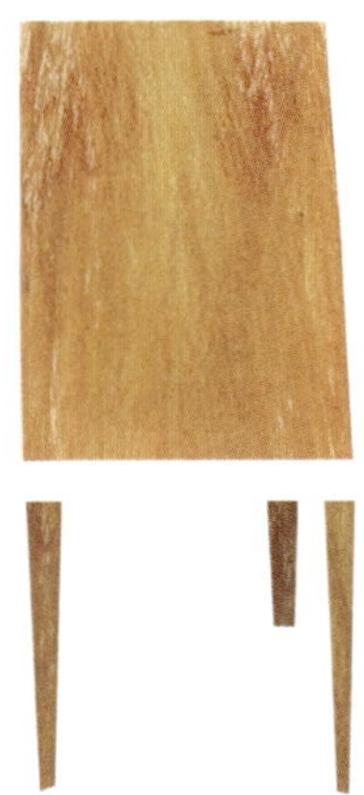

1. Ein goldbraunes Rechteck wird zur Tischplatte. Leicht aus der Vogelperspektive präsentiert, bietet Ihr Tisch später Platz für diverse Objekte. Fügen Sie an der Vorderseite Beine hinzu. Ein kleineres drittes Bein sorgt für eine räumliche Wirkung.

2. Setzen Sie auf dieselbe Weise einen Stuhl zusammen, ebenfalls in leichter Aufsicht.

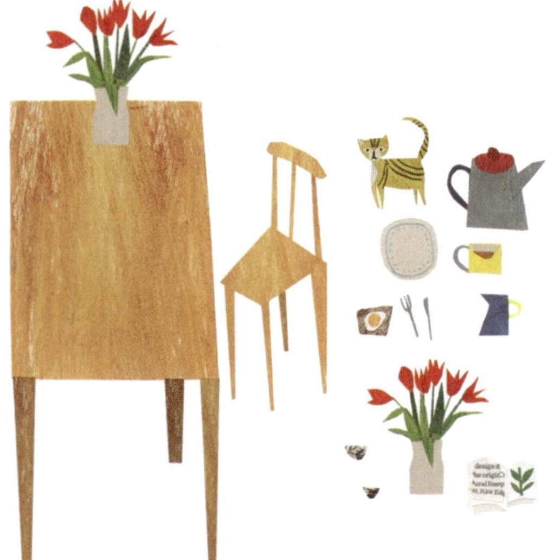

3. Nun überlegen Sie, was auf Ihrem Frühstückstisch stehen soll. Auf meinem finden sich jederzeit frische Blumen, deshalb habe ich hier ein paar simple Tulpenkelche in leuchtendem Rot ausgeschnitten.

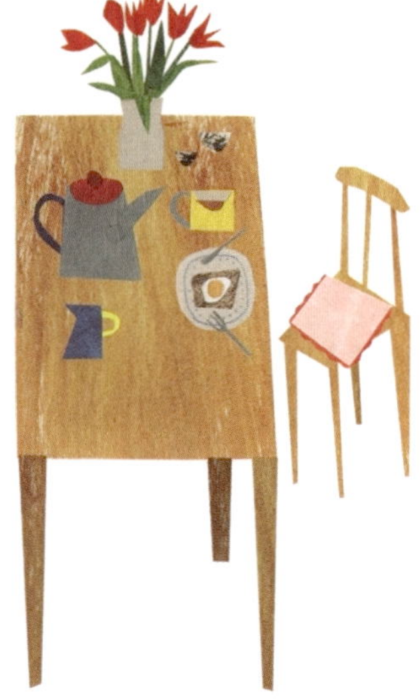

4. Nun das Wichtigste: das Frühstück! Suchen Sie sich aus der Sammlung auf S. 80–81 aus, was Sie auf Ihrem Tisch haben möchten. Setzen Sie Tasse und Kanne aus einfachen Formen zusammen. Dank der gewählten Perspektive ist sogar ein Spiegelei möglich. Ein Stuhlkissen wäre auch nett, oder?

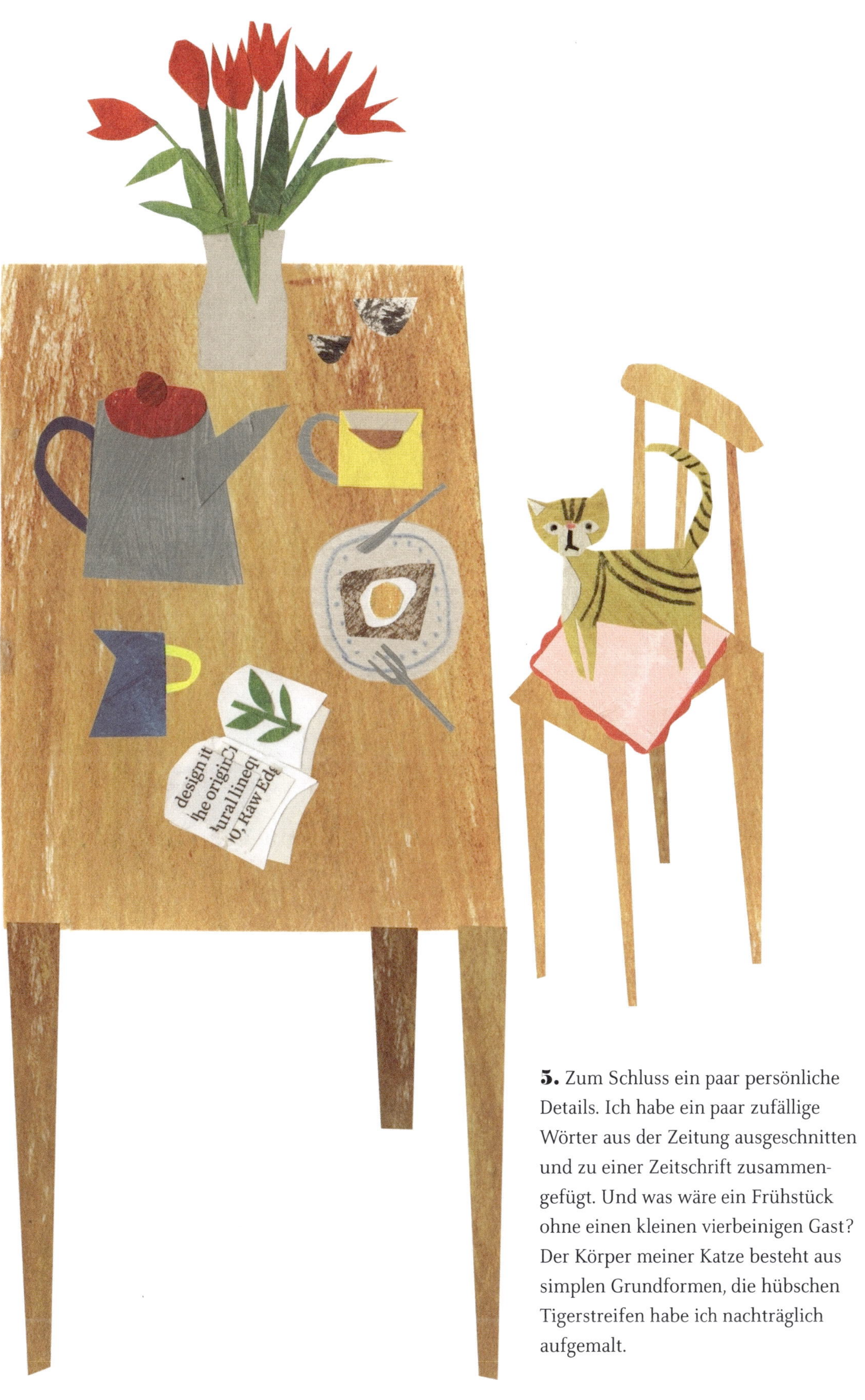

5. Zum Schluss ein paar persönliche Details. Ich habe ein paar zufällige Wörter aus der Zeitung ausgeschnitten und zu einer Zeitschrift zusammengefügt. Und was wäre ein Frühstück ohne einen kleinen vierbeinigen Gast? Der Körper meiner Katze besteht aus simplen Grundformen, die hübschen Tigerstreifen habe ich nachträglich aufgemalt.

SCHÖNES IN BECHERN

Nachdem Sie eine Reihe von Motiven aus Grundformen collagiert und sich hoffentlich jede Menge Inspiration geholt haben, ist es an der Zeit, diese Grundtechniken auf ein paar andere Projekte anzuwenden. Wir beginnen mit hübschen Blumen in reizvollen Gefäßen. Da meine Mutter eine leidenschaftliche Gärtnerin ist, hatte ich das Glück, umgeben von herrlichen Blumenarrangements aufzuwachsen: Im Sommer gab es kaum ein Küchengefäß in unserem Haus, das nicht als Vase für prächtige Blumensträuße zweckentfremdet worden wäre.

Meine kleinen Blumenarrangements aus Papier bewahren ihren Zauber rund ums Jahr. Außerdem sind sie einfach nachzumachen: Orientieren Sie sich an einem Becher oder Krug, den Sie schön finden, und setzen Sie Ihre Lieblingsblumen hinein – Blüten oder Zweige, ganze Pflanzen oder auch einen Kaktus. Natürlich sind Tassen, herkömmliche Vasen und andere Gefäße genauso geeignet wie diese Becher.

Winterliches Arrangement mit Hagebutten, Misteln und Beeren

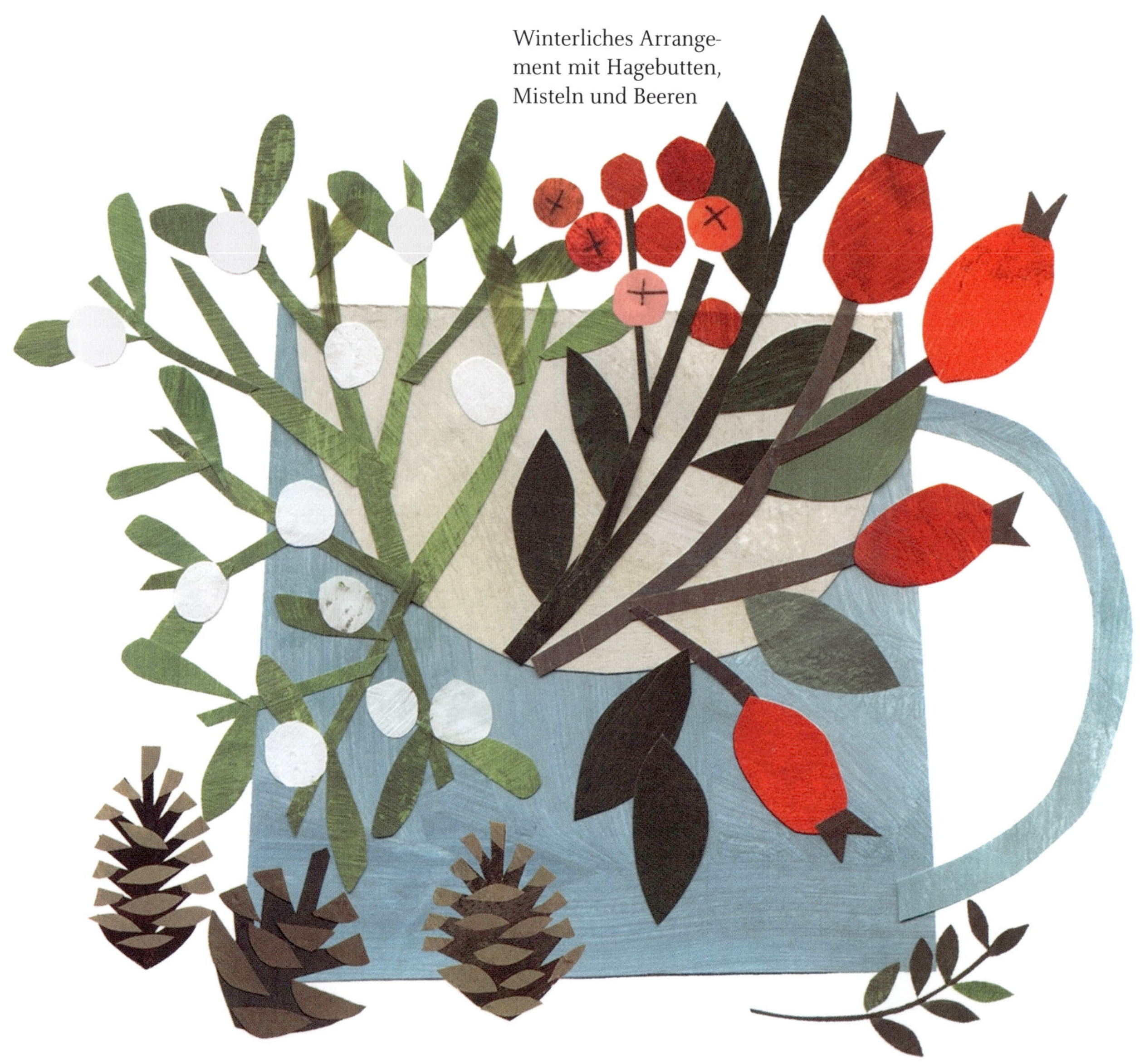

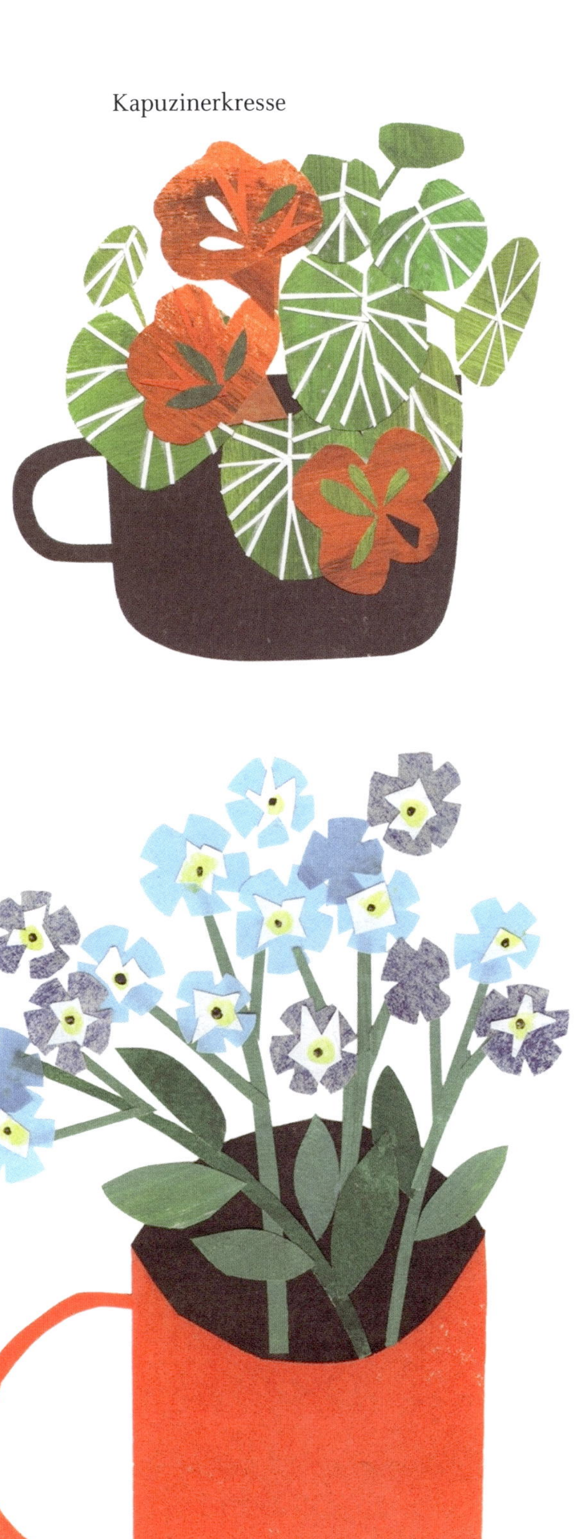

Kapuzinerkresse

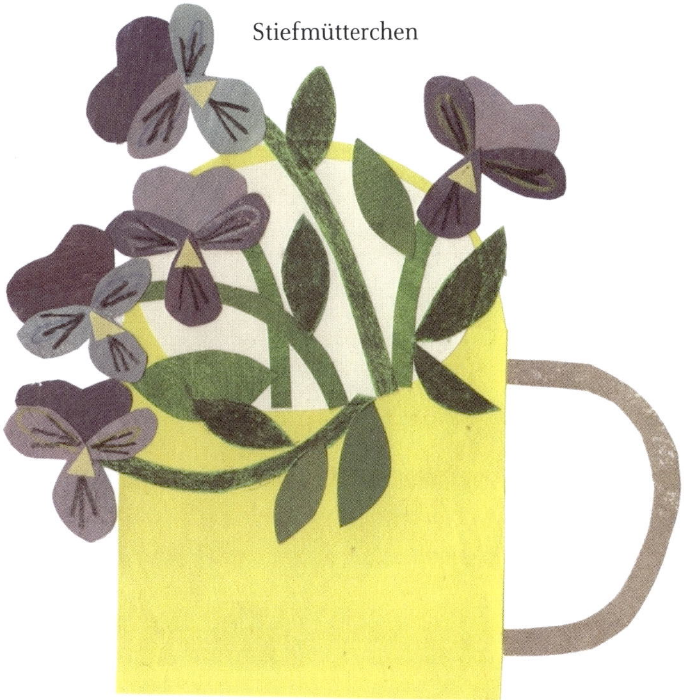

Vergissmeinnicht

Stiefmütterchen

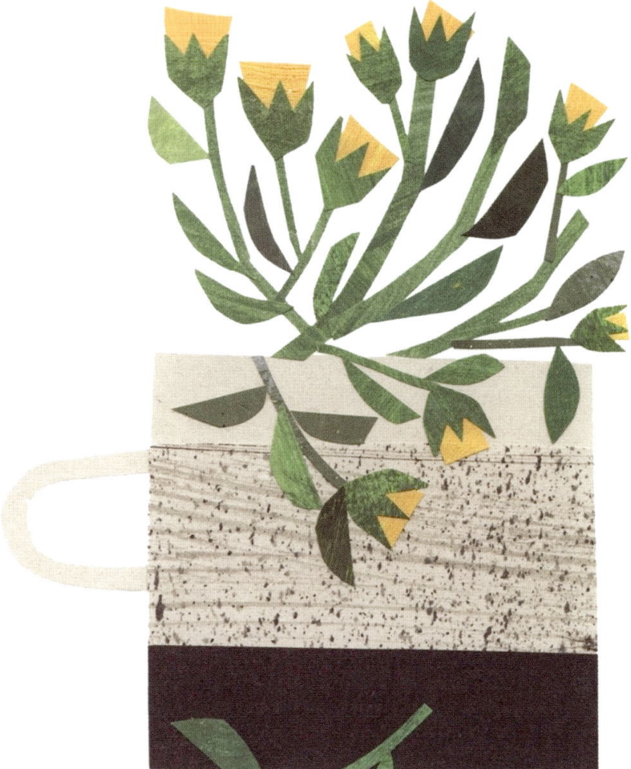

Gelbe Gänseblümchen

SCHRITT FÜR SCHRITT: KRUG MIT BLUMEN

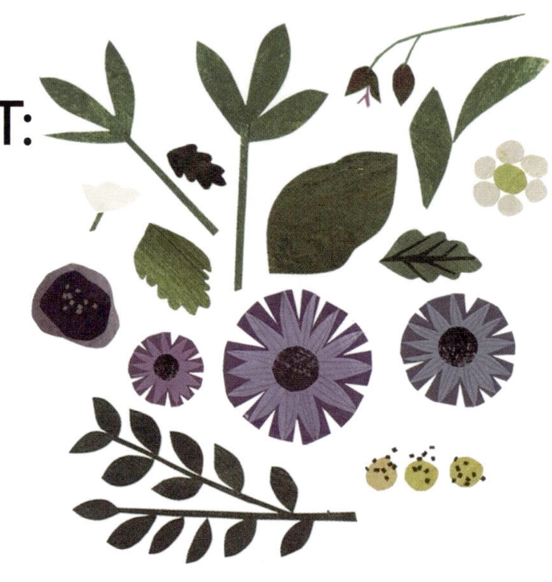

Meine Mutter ist eine wahre Künstlerin, wenn es darum geht, Blumen in Krügen zu arrangieren. Ich kann da nicht mithalten, finde aber viel Vergnügen an meinen Papierversionen.

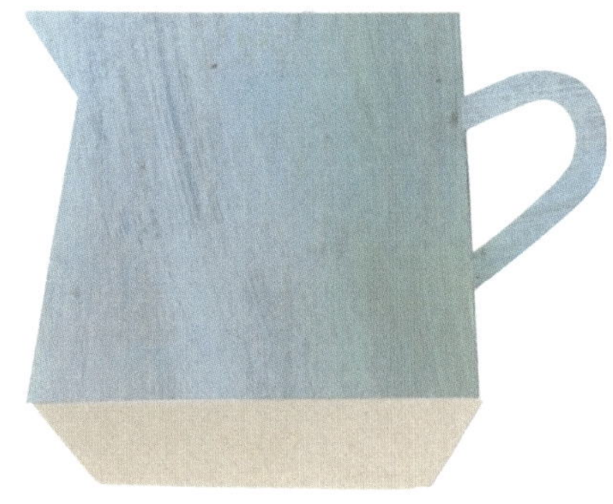

1. Wählen Sie ein Gefäß. Mein blaugrüner Krug ist einem alten Krug nachempfunden, den ich von einer Reise ans Meer mitgebracht habe. Statt eines changierenden Papiers kann man auch ein gleichmäßig gefärbtes Papier verwenden und dezent bemalen.

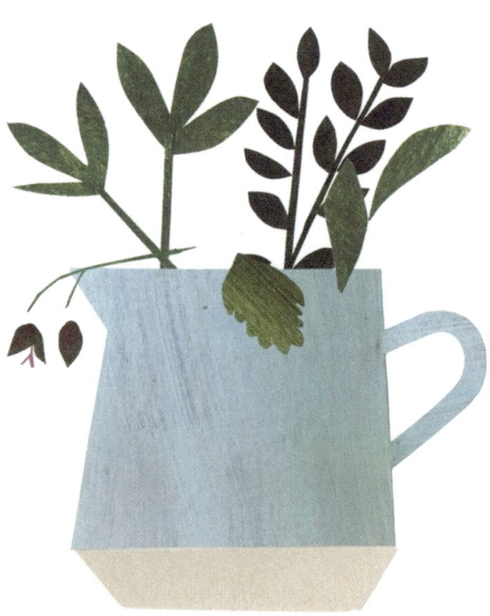

2. Aus Papier in mehreren Grüntönen Blätter und Zweige ausschneiden. Durch die Verwendung unterschiedlicher Formen und Nuancen wirkt das Motiv räumlicher. Ich habe die Pflanzenteile angeordnet wie in einem echten Blumenstrauß: die höheren nach hinten.

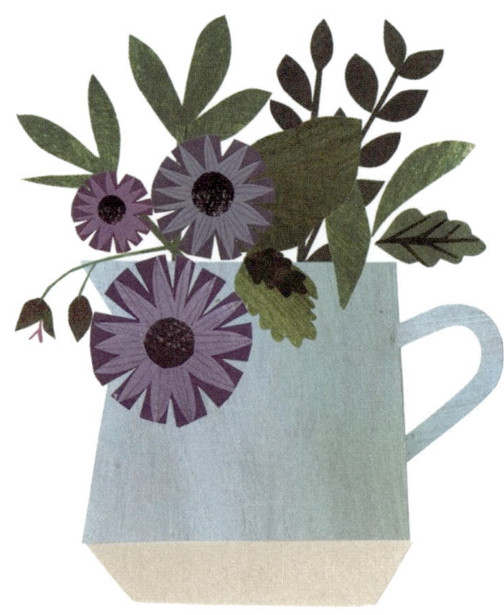

3. Blau mit Lila und Grün ist eine meiner Lieblingsfarbkombinationen. Schneiden Sie größere und kleinere Kreise aus Papier in kontrastierenden Farben aus. Setzen Sie die kleineren Kreise jeweils in die Blütenmitte. Durch das Herausschneiden von Zacken ergeben sich die Blütenblätter. Wer mag, malt ein paar Details auf. Füllen Sie Lücken mit Blattwerk.

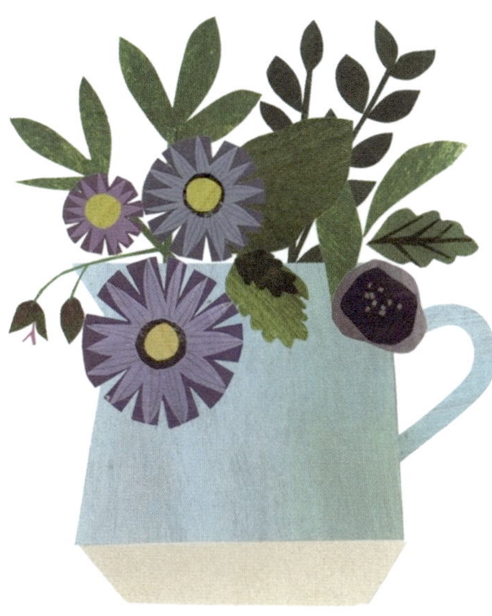

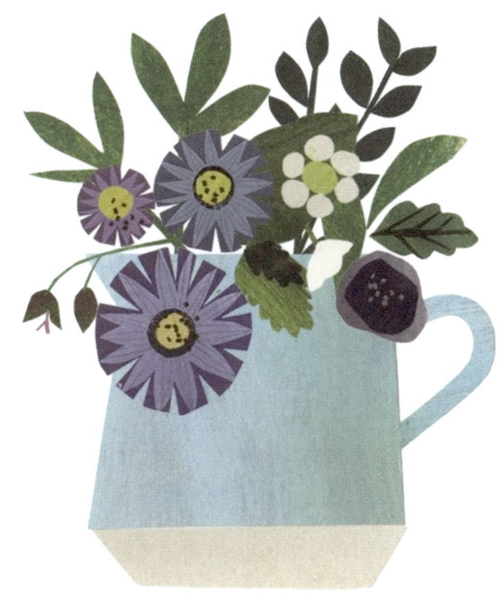

4. Oft wirken Blumen in ungerader Zahl ausgewogener, also habe ich mich für drei große Blüten als Blickfang entschieden, die in dem schlichten Krug bestens zur Geltung kommen. Als Kontrastfarbe für die Blütenmitte habe ich Orange gewählt und zum Ausgleich rechts noch eine lilafarbene Blüte hinzugefügt.

5. Abschließend geben wir noch ein paar einfache Gänseblümchen dazu, die sich gut von dem Blattgrün abheben und zugleich den grünen Farbblock aufbrechen. Der letzte Schliff: ein paar schwarze Punkte, in die Mitte der blauen Blüten getupft.

Voilà! Ein Krug voller Sommerblumen, die nicht verwelken! Und wie sieht Ihr Lieblingsgefäß mit Ihren ganz persönlichen Lieblingsblumen aus?

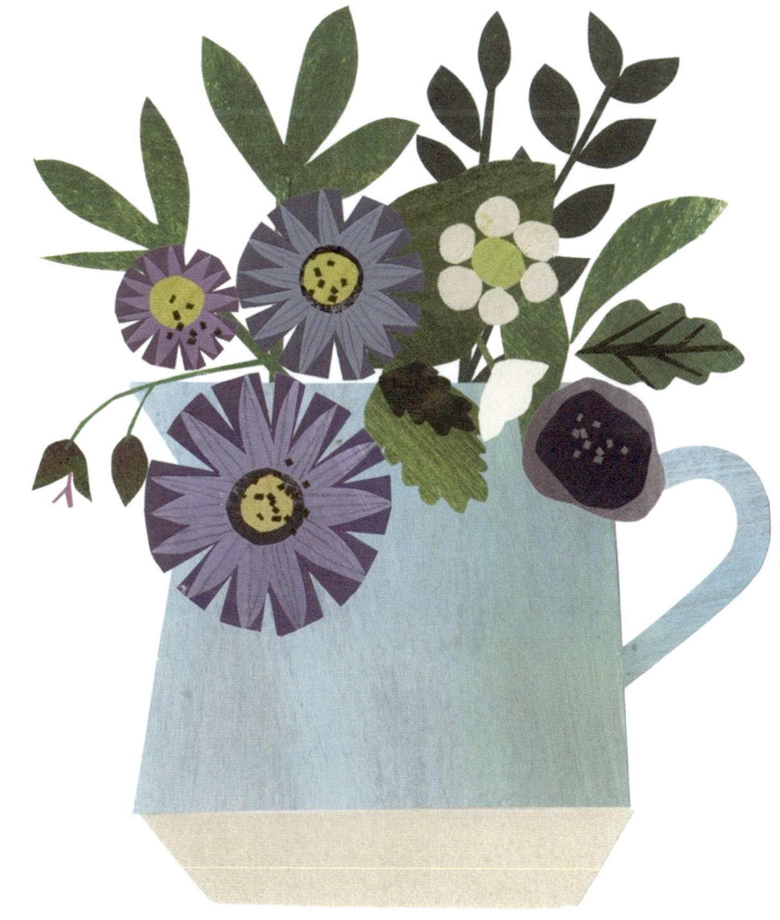

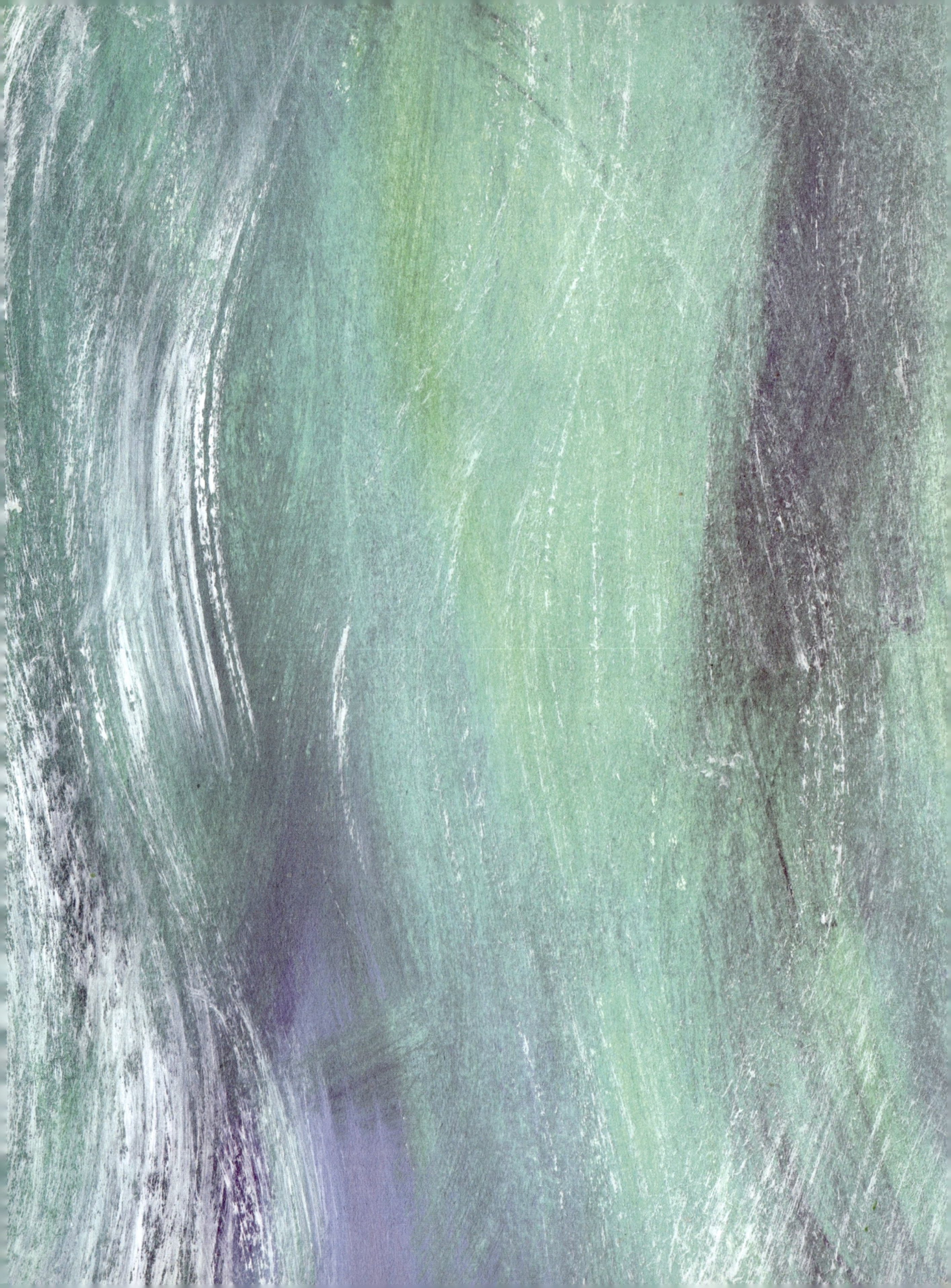

MENSCHEN

Vögel, Schmetterlinge und Teekessel geben einer Collage individuelle Noten, aber menschliche Figuren runden sie erst richtig ab. Dabei kommt es nicht darauf an, alles bis ins letzte Detail darzustellen: Wenige Elemente genügen, um einen Menschen zu charakterisieren. Ich beginne meist mit einem kleinen Kreis für den Kopf, einem langgezogenen Halbkreis für den Körper, einem eingeschnittenen Dreieck für die Beine und schmalen Streifen für die Arme, wobei ich für Kleidung und Haut entsprechend farbiges Papier verwende. Dann überlege ich mir eine Frisur und vielleicht einen Hut. Schieben Sie die Teile hin- und her: Stimmen die Proportionen? Schneiden Sie Beine in Bogenform aus, um eine Figur gehen zu lassen, oder fügen Sie einen Arm hinzu, der zu winken scheint.

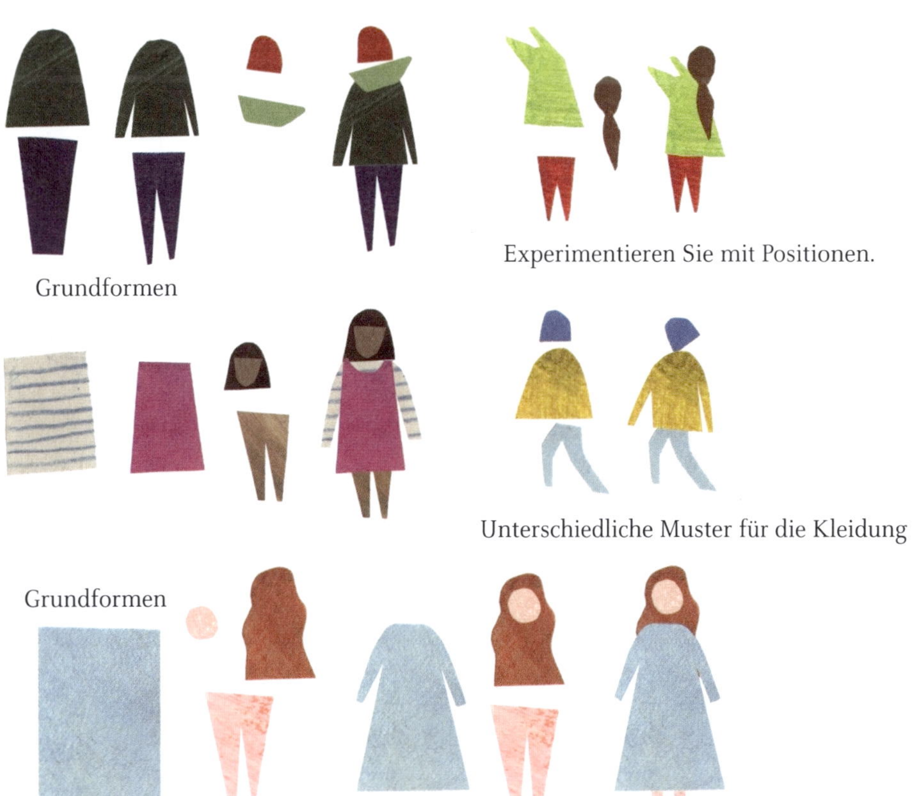

Grundformen

Experimentieren Sie mit Positionen.

Unterschiedliche Muster für die Kleidung

Grundformen

MENSCHEN UND TIERE

Nicht nur menschliche Figuren erwecken eine Szenerie zum Leben: Hunde, Katzen und andere Tiere sind großartige Nebendarsteller. Und warum geben Sie Ihren Hauptdarstellern nicht etwas zu tun? Spazieren gehen, Rad fahren, klettern – was immer Sie selbst in Ihrer Freizeit gerne machen!

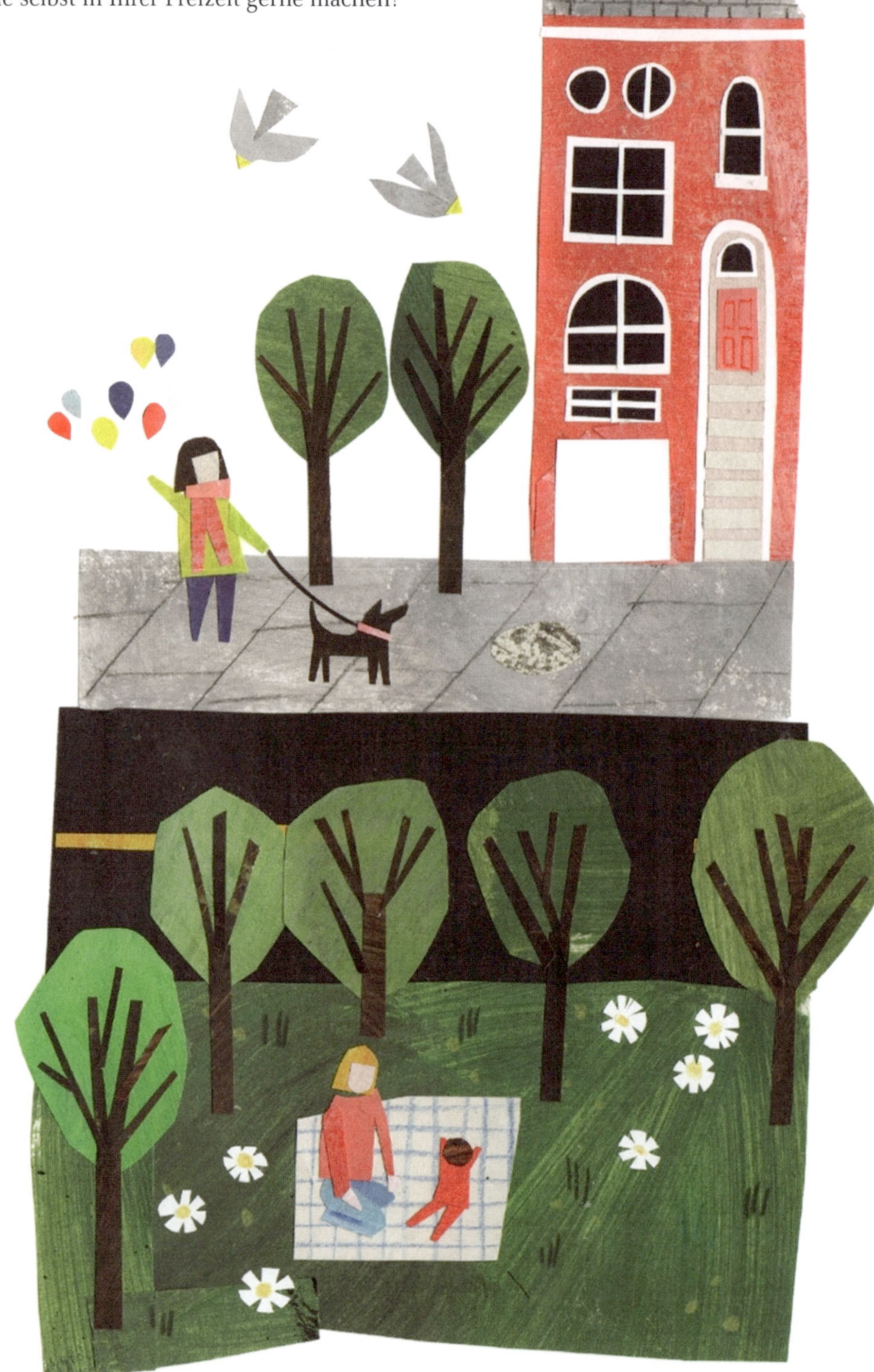

Tipp:

Verkomplizieren Sie Ihre Figuren nicht. Meine Interpretationen sind manchmal geradezu grob. Halten Sie sich an einfache Formen, und beschränken Sie sich auf wenige typische Merkmale, Muster oder Accessoires, die Ihnen helfen, mit Ihrer Collage eine Geschichte zu erzählen.

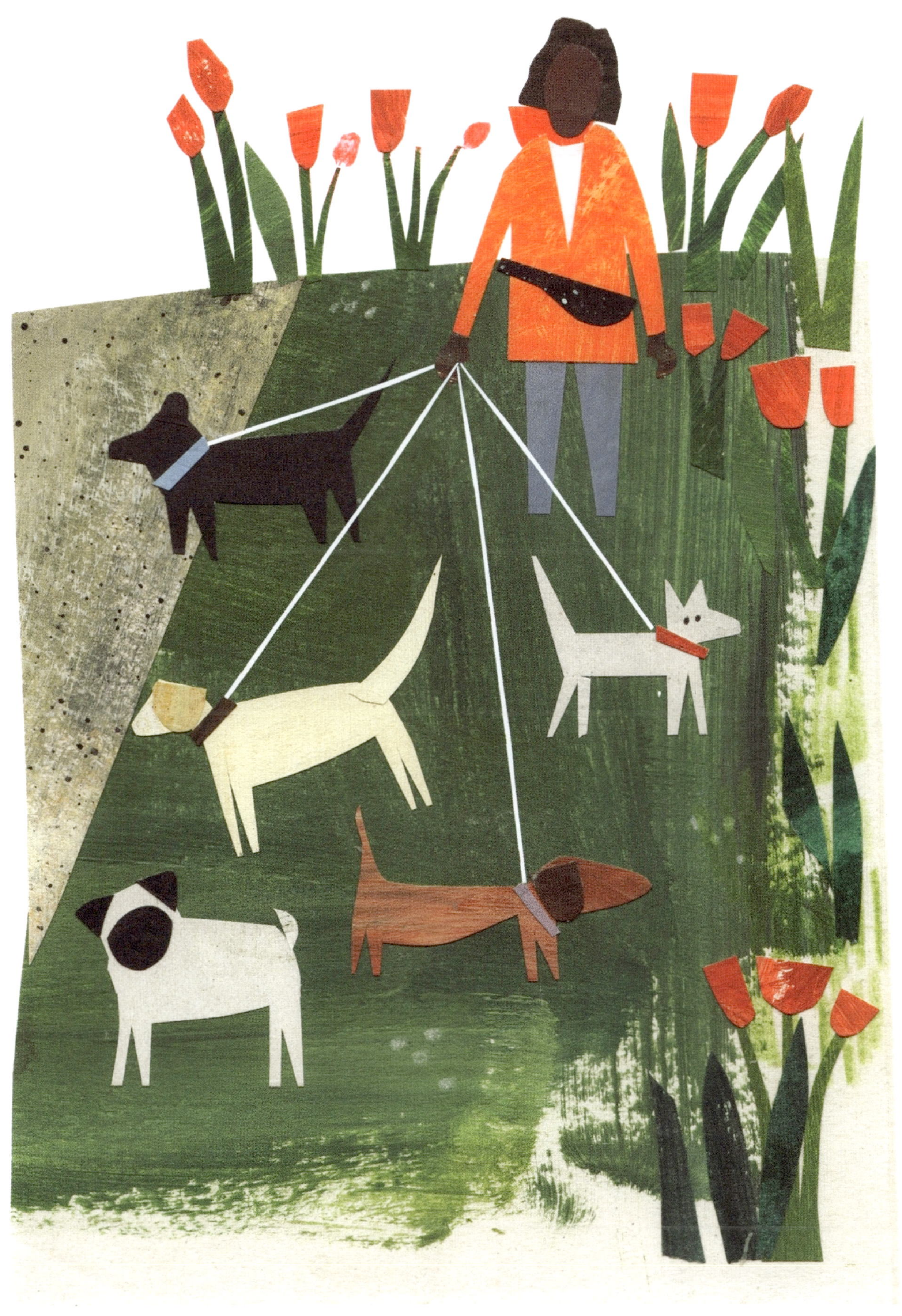

SCHRITT FÜR SCHRITT: HUNDEWIESE

Ich habe zwar keinen Hund, beobachte aber gern Hunde mit ihren Besitzern im Park. So verschieden sie sind, alle strahlen eine selbstvergessene Freude aus. Besonders gern sehe ich zu, wenn Hundeausführer von mehreren Vierbeinern diverser Rassen und Größen mitgezogen werden. Hier habe ich versucht, eine solche Szene Schritt für Schritt in eine Collage umzusetzen.

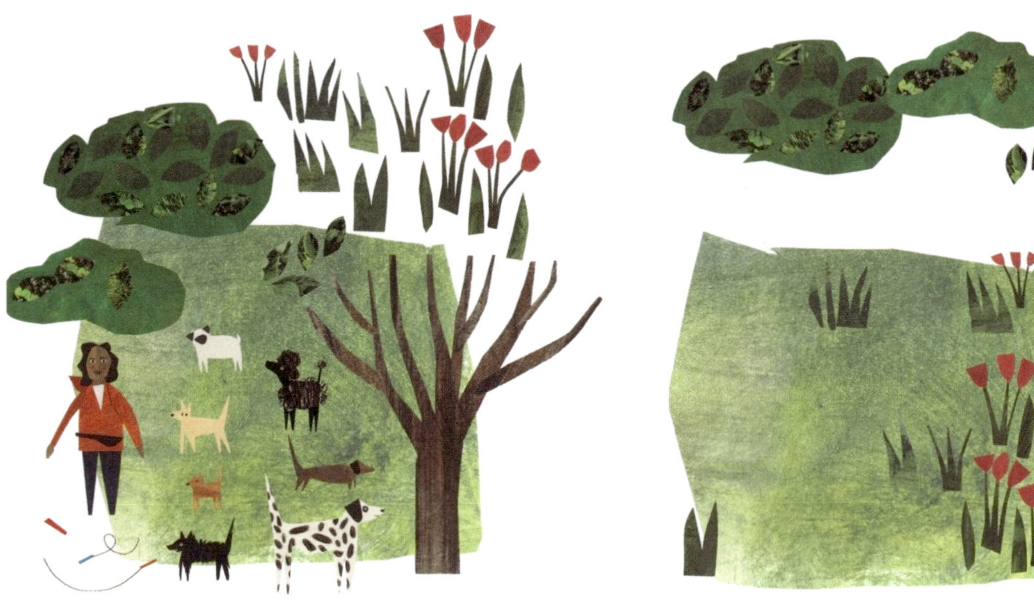

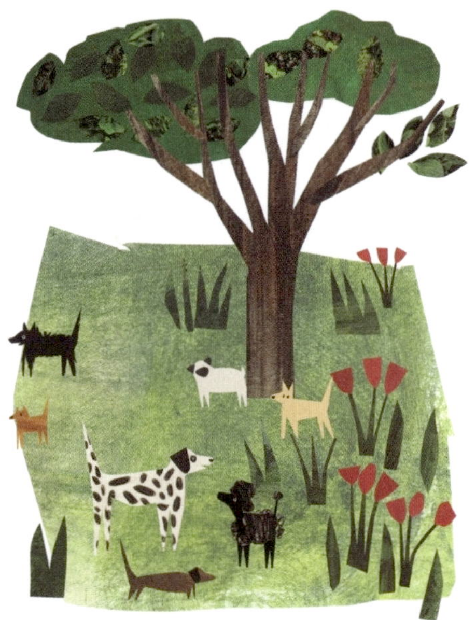

1. Da die Szene im Park spielt, beginnen wir mit einem ungefähr quadratischen Stück grasgrünen Papiers, dazu kommen Blumenstängel und Gräser in dunklerem Grün. Halten Sie das Ganze einfach, denn die Hunde sind hier die Hauptdarsteller. Ich habe hohe Grashalme in verschiedenen Grüntönen und leuchtend rote Halbkreise für die Tulpenkelche zugeschnitten. Große grüne, wolkenförmige Schnipsel bilden das Laubwerk der Bäume.

2. Nun zu den Hunden. Wählen Sie jede Rasse, die Ihnen gefällt – die Körperformen sind immer ähnlich: ein Rechteck mit vier Beinen, einem keilförmigen Kopf, Ohren und einem Schwanz. Sie haben also große Auswahl – nutzen Sie diese schöne Gelegenheit, Frauchen oder Herrchen eines edlen Dalmatiners oder eleganten Pudels zu werden!

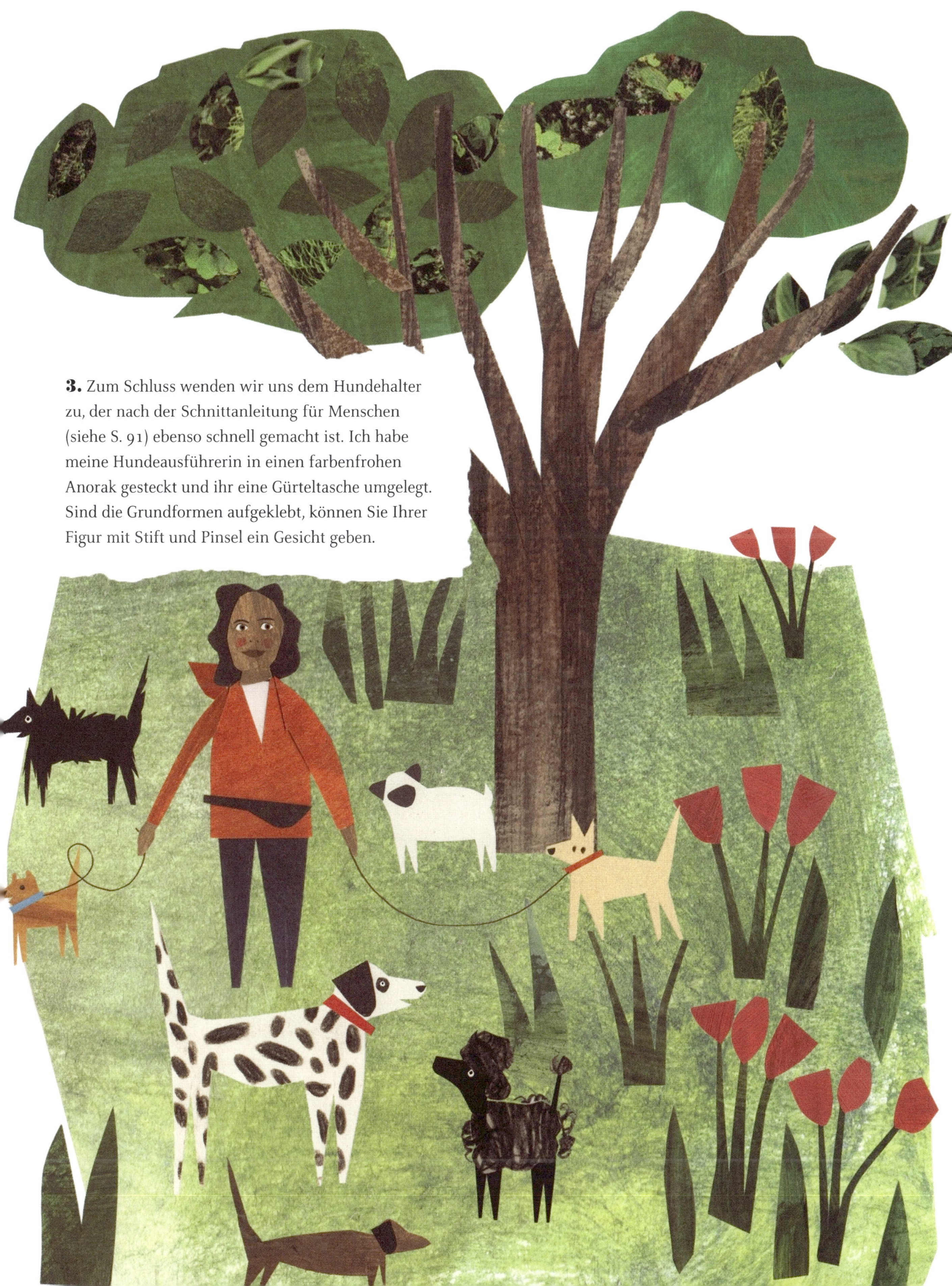

3. Zum Schluss wenden wir uns dem Hundehalter zu, der nach der Schnittanleitung für Menschen (siehe S. 91) ebenso schnell gemacht ist. Ich habe meine Hundeausführerin in einen farbenfrohen Anorak gesteckt und ihr eine Gürteltasche umgelegt. Sind die Grundformen aufgeklebt, können Sie Ihrer Figur mit Stift und Pinsel ein Gesicht geben.

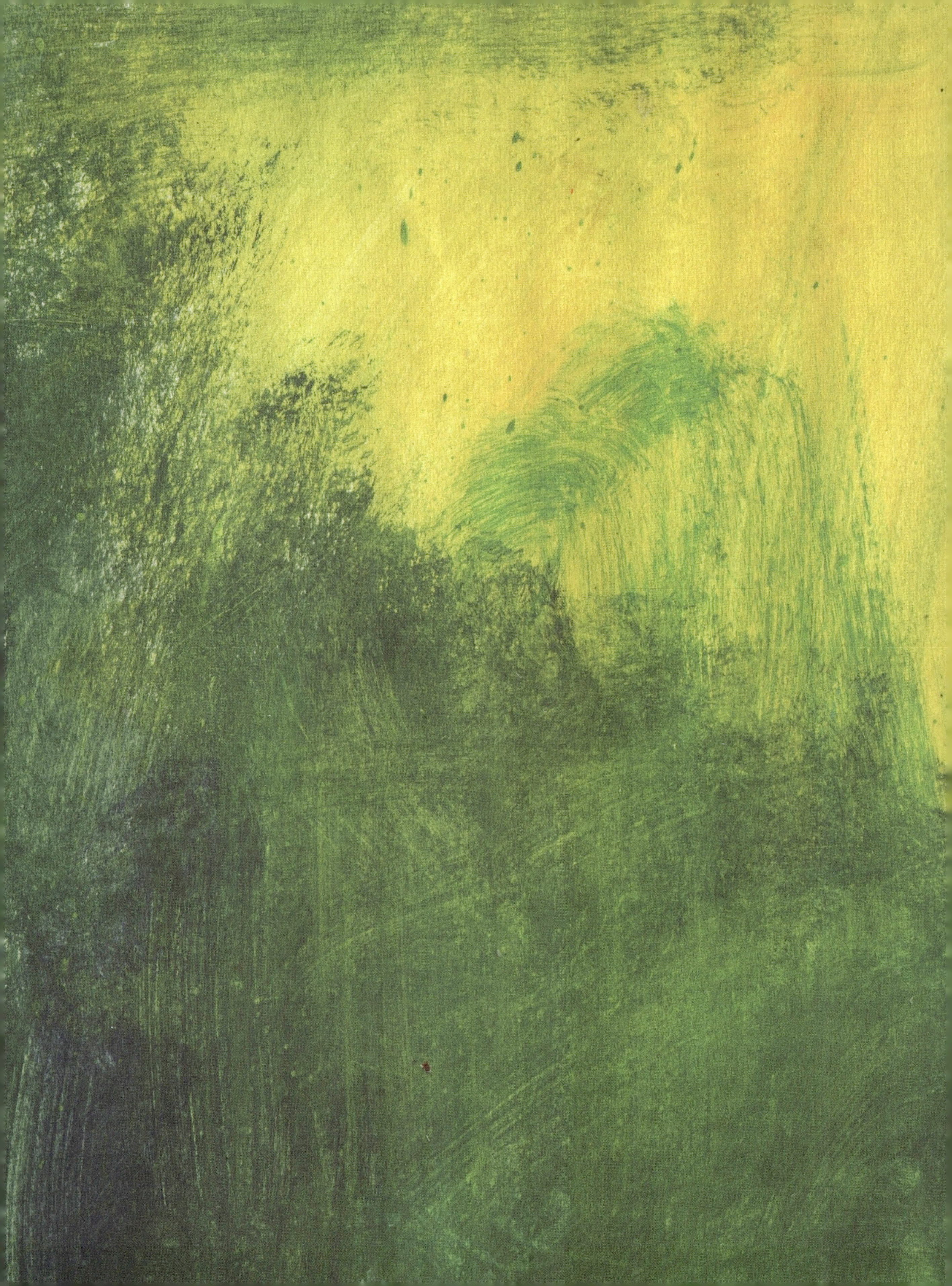

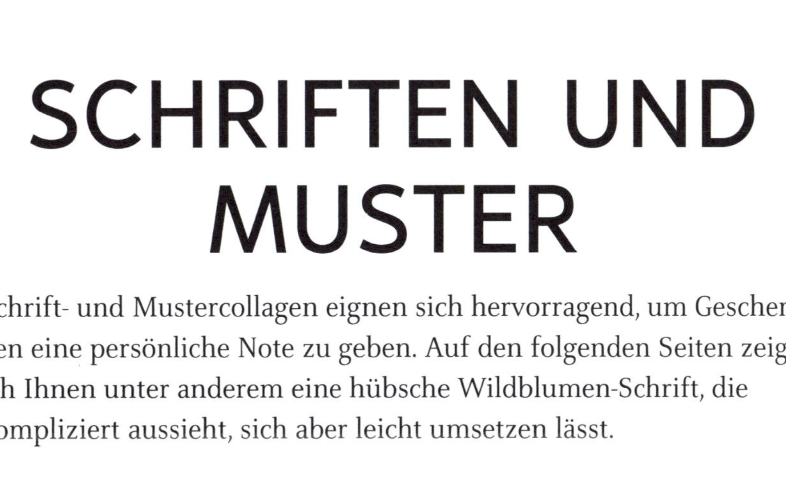

SCHRIFTEN UND MUSTER

Schrift- und Mustercollagen eignen sich hervorragend, um Geschenken eine persönliche Note zu geben. Auf den folgenden Seiten zeige ich Ihnen unter anderem eine hübsche Wildblumen-Schrift, die kompliziert aussieht, sich aber leicht umsetzen lässt.

WILDBLUMEN-SCHRIFT

Zeichnen Sie zunächst mit Bleistift alle Buchstaben, die Sie benötigen, auf dem Papier vor. Schneiden Sie dann Stiele und Halme in unterschiedlichen Grüntönen zu, die Sie auf Ihren und rund um Ihre Buchstaben arrangieren. Wichtig ist, dass die Grüntöne ein breites Spektrum von hell bis dunkel abdecken – das lässt Ihre Lettern plastisch und lebendig erscheinen.

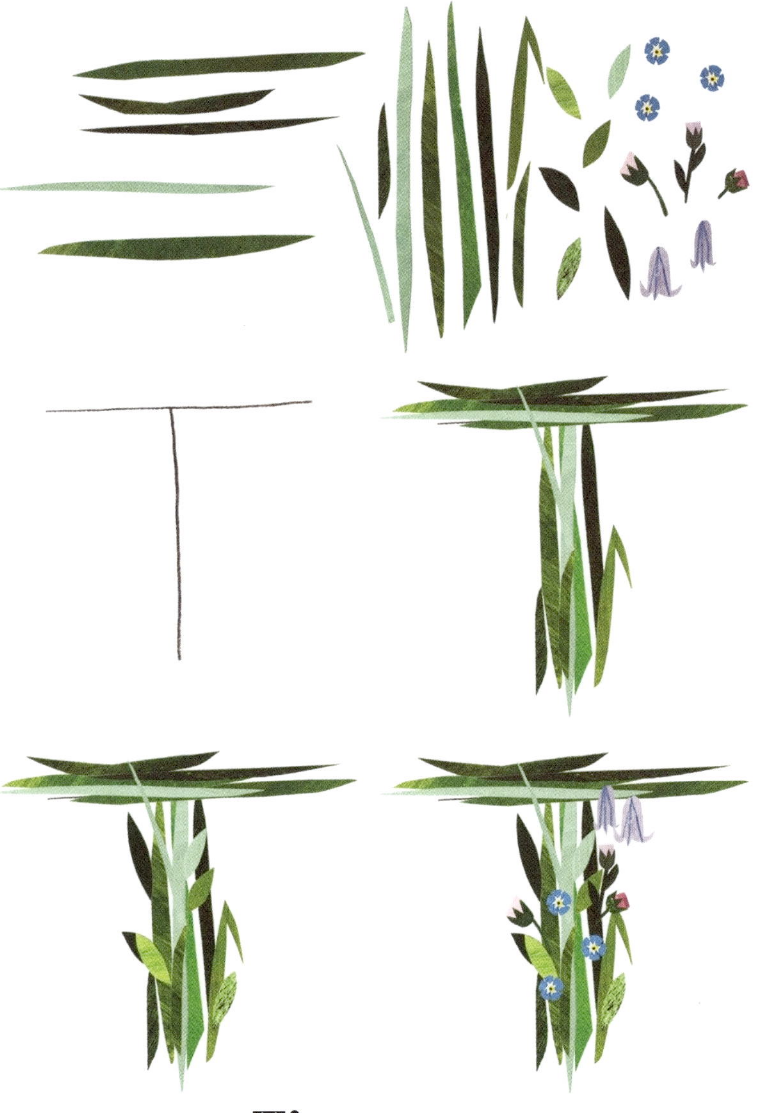

Steht der Korpus des Buchstabens, werden Blätter in verschiedenen Formen und Größen hinzugefügt. Spielen Sie auch hier wieder mit unterschiedlichen Schattierungen. Anschließend ist es an der Zeit, sich über die Blumen Gedanken zu machen. Ich habe Wildblumen gewählt, weil ich die Art mag, wie sie sich im wirren Grün einer Wiese behaupten.

Achten Sie auf eine ausgewogene Anordnung. Die Buchstaben wirken klarer, wenn die verschiedenen Elemente und Farbschattierungen gleichmäßig verteilt sind. Spielen Sie mit den Varianten, schieben Sie die Einzelteile hin und her, bevor Sie ans Kleben gehen.

Tipp:

Schichten Sie wie bei einer Blumencollage unterschiedliche Blatt- und Blütenfarbtöne behutsam übereinander, aber achten Sie auf eine durchdachte und gleichmäßige Verteilung.

Mein Wildblumenalphabet ist leider noch nicht vollständig, da die Buchstaben aus vielen Details bestehen. Aber auch mit weniger Aufwand lassen sich attraktive Schmucklettern kreieren. Für meine Weihnachtskarten habe ich letztes Jahr Buchstaben aus Stechpalmen- und Hagebuttenzweigen entworfen.

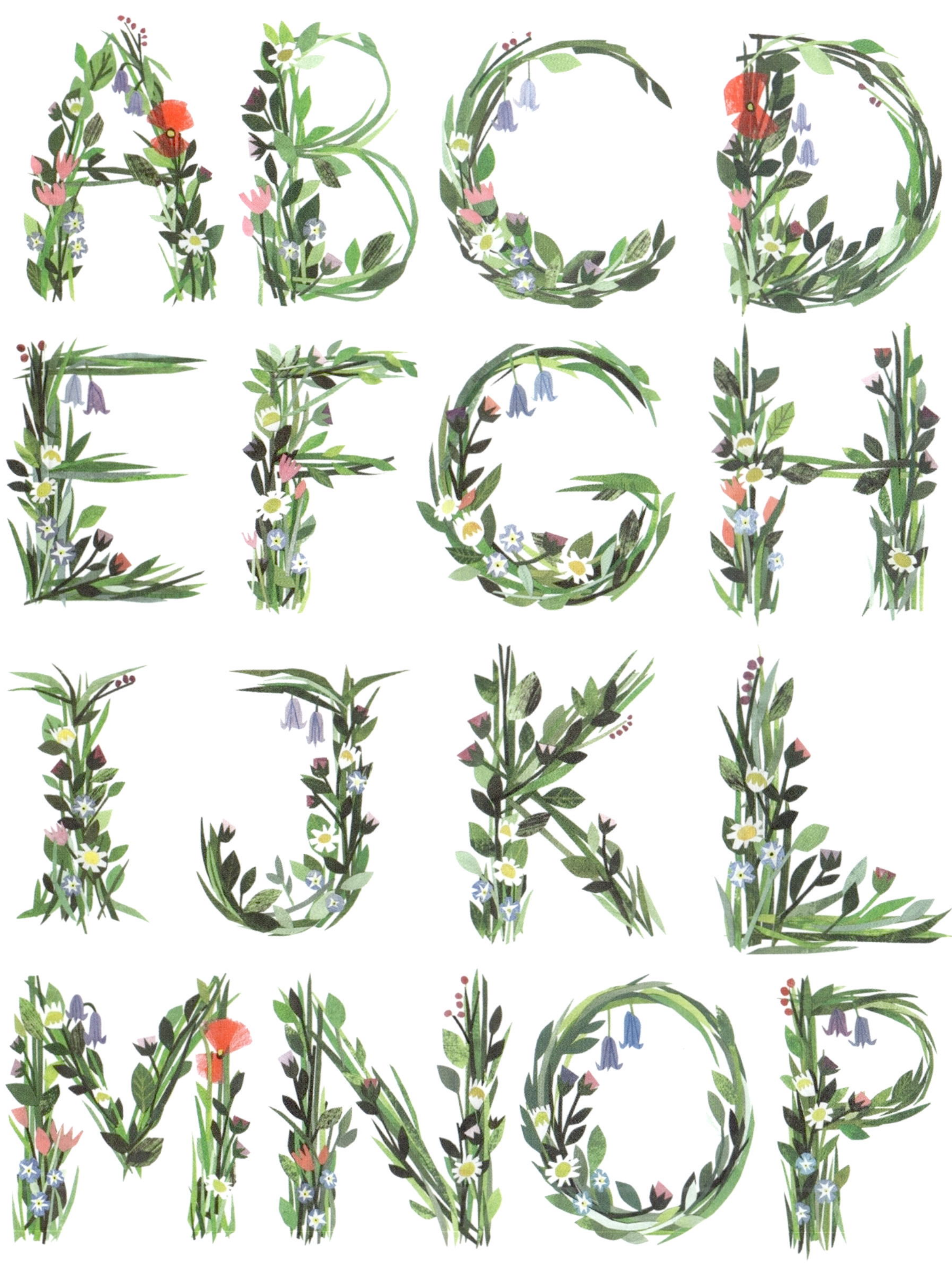

HAPPY TRAILS: „MACHT'S GUT!"

Lettering lässt sich auch nutzen, um fertige Collagen aufzupeppen. Für meine Collage „Happy Trails" beispielsweise habe ich eine Schrift aus Grashalmen kreiert, die wunderbar zum Thema passt. Kleine Zweige oder Laub hätten sich natürlich ebenso gut geeignet – hier sind der Fantasie keine Grenzen gesetzt. Wichtig ist, dass die Materialien, die Sie für Ihre Schrift verwenden, das Thema Ihrer Collage aufgreifen. Aus diesem Grund habe ich die unten abgebildeten Lettern zum Thema Lagerfeuer aus braunem und gesprenkeltem orangegelbem Papier kreiert. Ob eine Campingszene, wie hier, ein Parkspaziergang oder ein Ausflug in den Zoo: Die Möglichkeiten, eine Collage durch Schmuckbuchstaben noch lebendiger wirken zu lassen, sind unendlich.

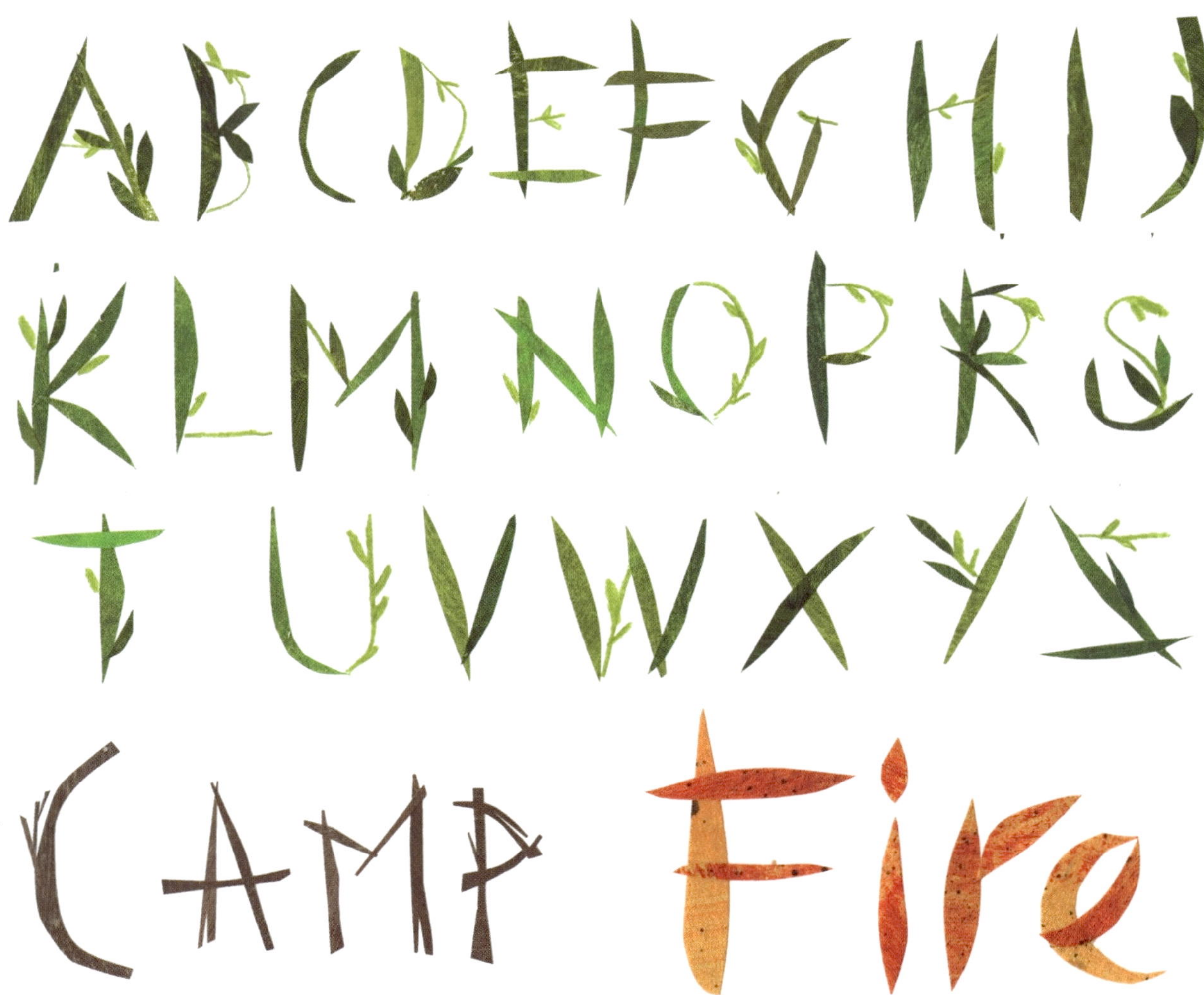

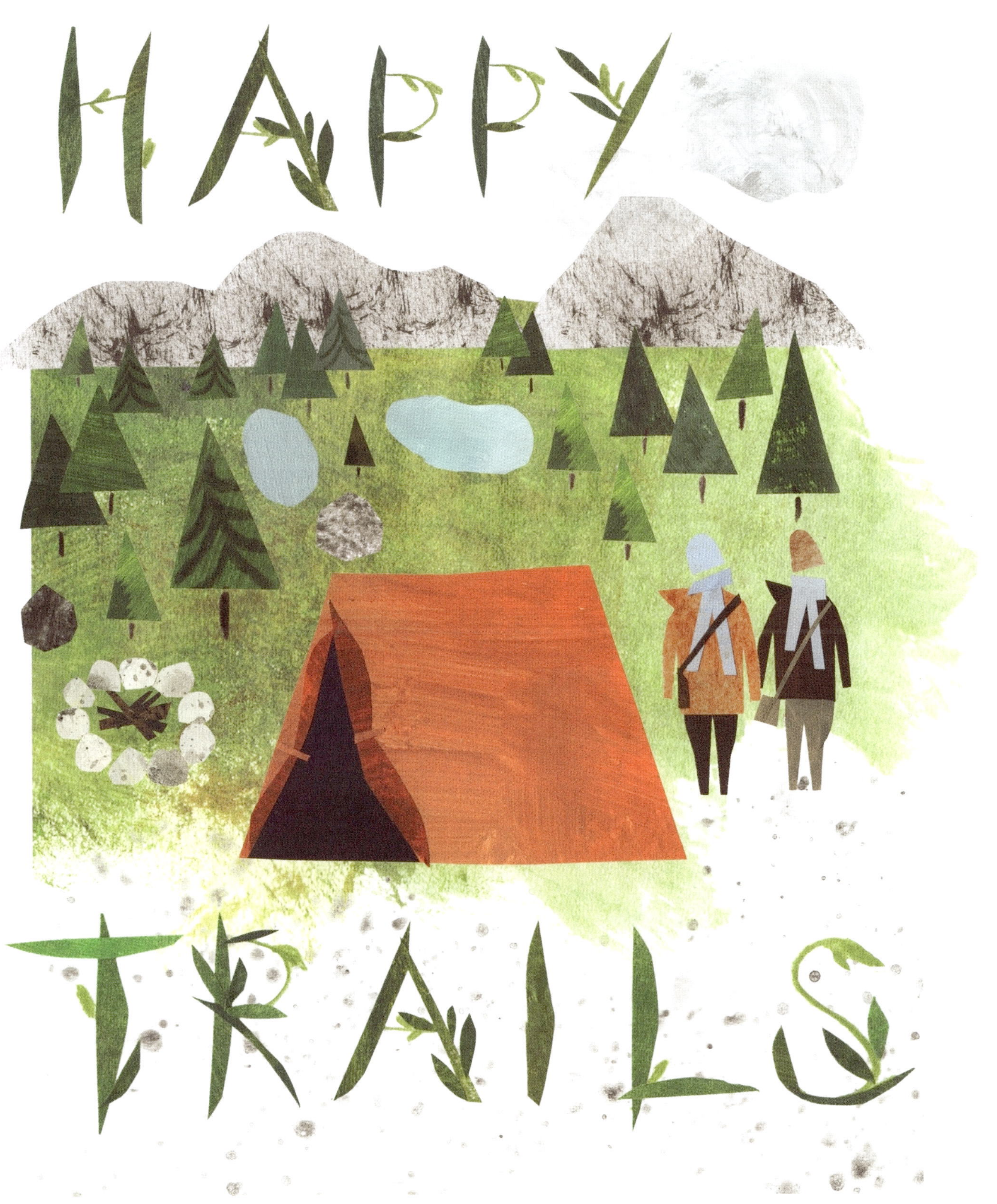
HAPPY
TRAILS

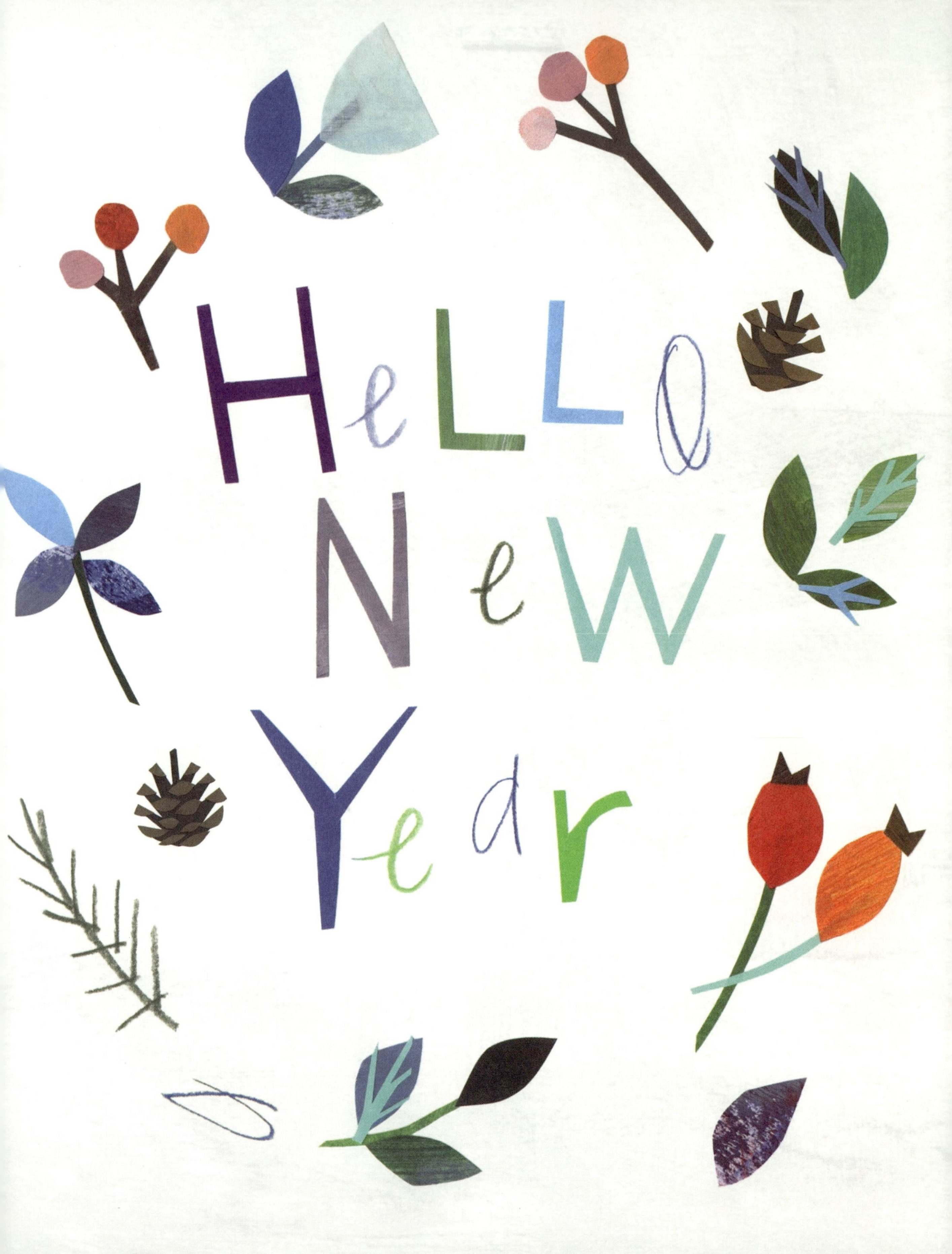
HeLLo
NeW
Year

EINFACHE SCHRIFTEN

In meine Collagen integriere ich gern schlichte bunte Buchstaben. Das ist nicht so einfach, wie es aussieht – vor allem die Herausforderung, alle Buchstaben in annähernd derselben Größe zurechtzuschneiden, ist nicht zu unterschätzen. Hinzu kommt, dass manche Lettern sich besonders schwer zuschneiden lassen. Dann greife ich manchmal zu einer Notlösung und füge sie handschriftlich ein. Mein Credo: Ja zur Improvisation! Schriftzüge mit einzelnen handgezeichneten Lettern können sehr charmant wirken.

Einfache Schriften eignen sich auch gut, um damit ein Zitat oder Gedicht zu gestalten. Fügt man noch einige dekorative Elemente hinzu, hat man im Nu eine hübsch illustrierte Botschaft. Die Buchstaben zeichnet man am besten in Spiegelschrift auf die Rückseite eines Rechtecks aus farbigem Papier und schneidet sie dann aus. Natürlich können Sie auch direkt drauflosschneiden – dies verlangt allerdings einige Geschicklichkeit, und das Ergebnis wird nicht gleich perfekt aussehen. Doch wer will schon Perfektion? Oft sind es gerade die Abweichungen, die durch ihre Originalität bestechen.

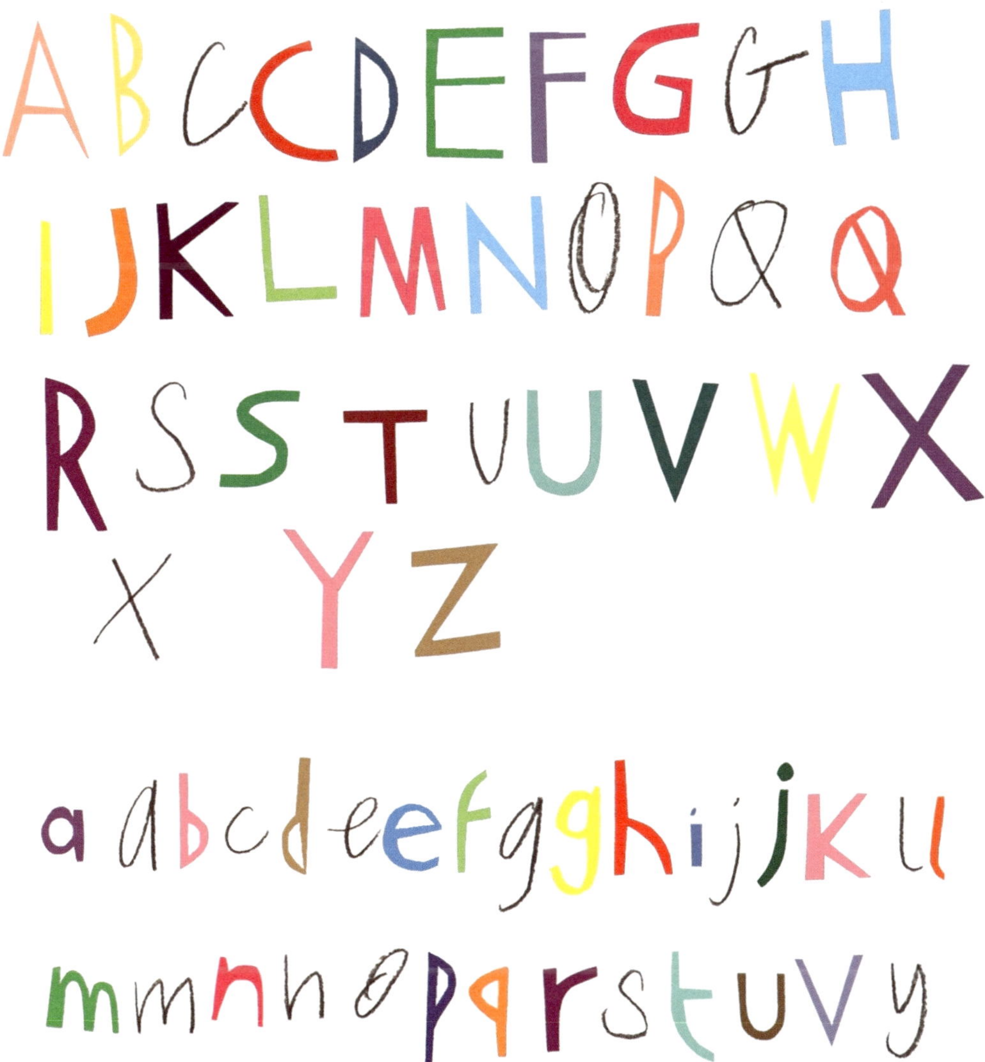

RAPPORTMUSTER

Nachdem wir verschiedene Collagethemen ausführlich behandelt haben, zeige ich Ihnen hier, wie man aus all diesen Motiven reizvolle Muster kreiert. Mit individuellen Allover- oder Rapportmustern lassen sich einzelne Objekte, aber auch ganze Wände verschönern. Die Herstellung an sich ist nicht schwierig, aber es ist relativ knifflig, eine funktionierende, gut ausbalancierte Verteilung hinzubekommen. Anfangs ist die Versuchung oft groß, alle Motive in ähnlicher Ausrichtung zu platzieren oder ähnliche Formen und Farben zu gruppieren, statt sie gleichmäßig zu streuen. Treten Sie also hin und wieder einen Schritt zurück, um Ihr Werk aus der Distanz zu betrachten. Vor allem aber gilt: Lassen Sie sich Zeit, verschieben Sie die Elemente immer wieder, und platzieren Sie sie in unterschiedlichen Winkeln zueinander.

Für ein Rapportmuster müssen die Motive akkurat vervielfältigt werden, was per Hand fast nicht möglich ist. Ich verwende dazu Bildbearbeitungsprogramme. Wer das ausprobieren möchte, aber mit solchen Programmen nicht vertraut ist, findet im Internet unzählige kostenfreie Tutorials und Webseiten, die sich mit Mustergestaltung befassen.

Allerdings muss ich gestehen, dass ich exakte Rapportmuster meist nur als Auftragsarbeit erstelle; ich mag freie Muster lieber, deren Elemente durchaus kleine Unterschiede aufweisen dürfen, aber einer bestimmten Farbpalette folgen. Mit einzelnen auffälligeren Motiven wie Vögeln oder Schmetterlingen sorge ich dafür, dass das Muster interessant bleibt.

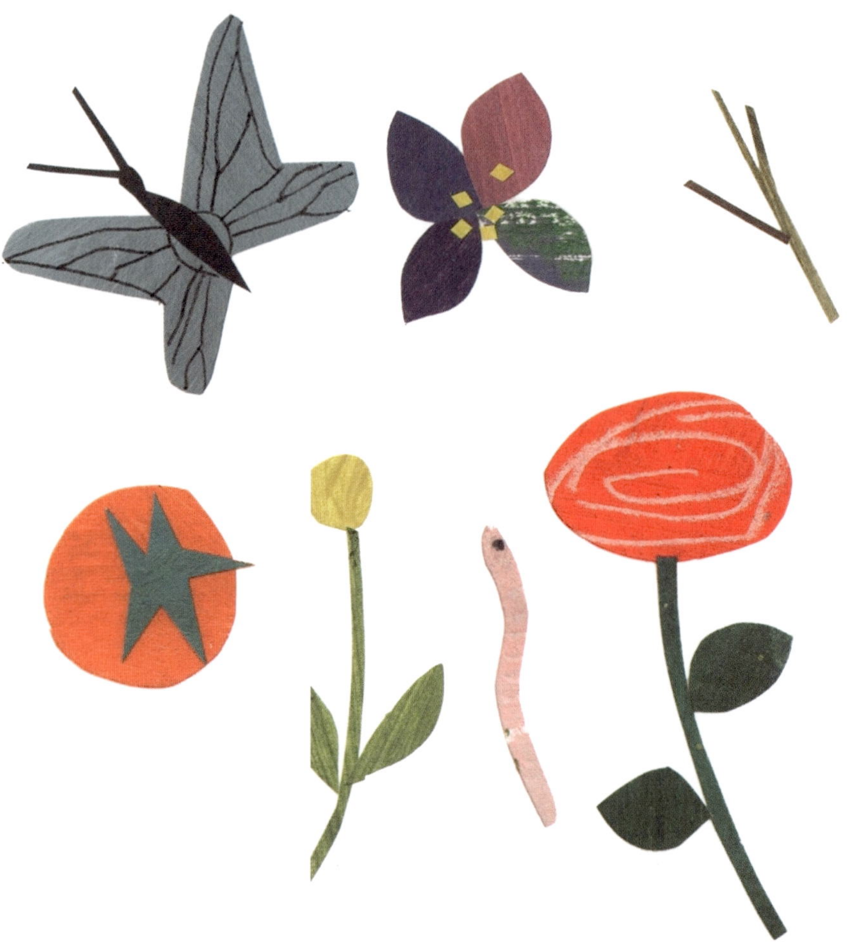

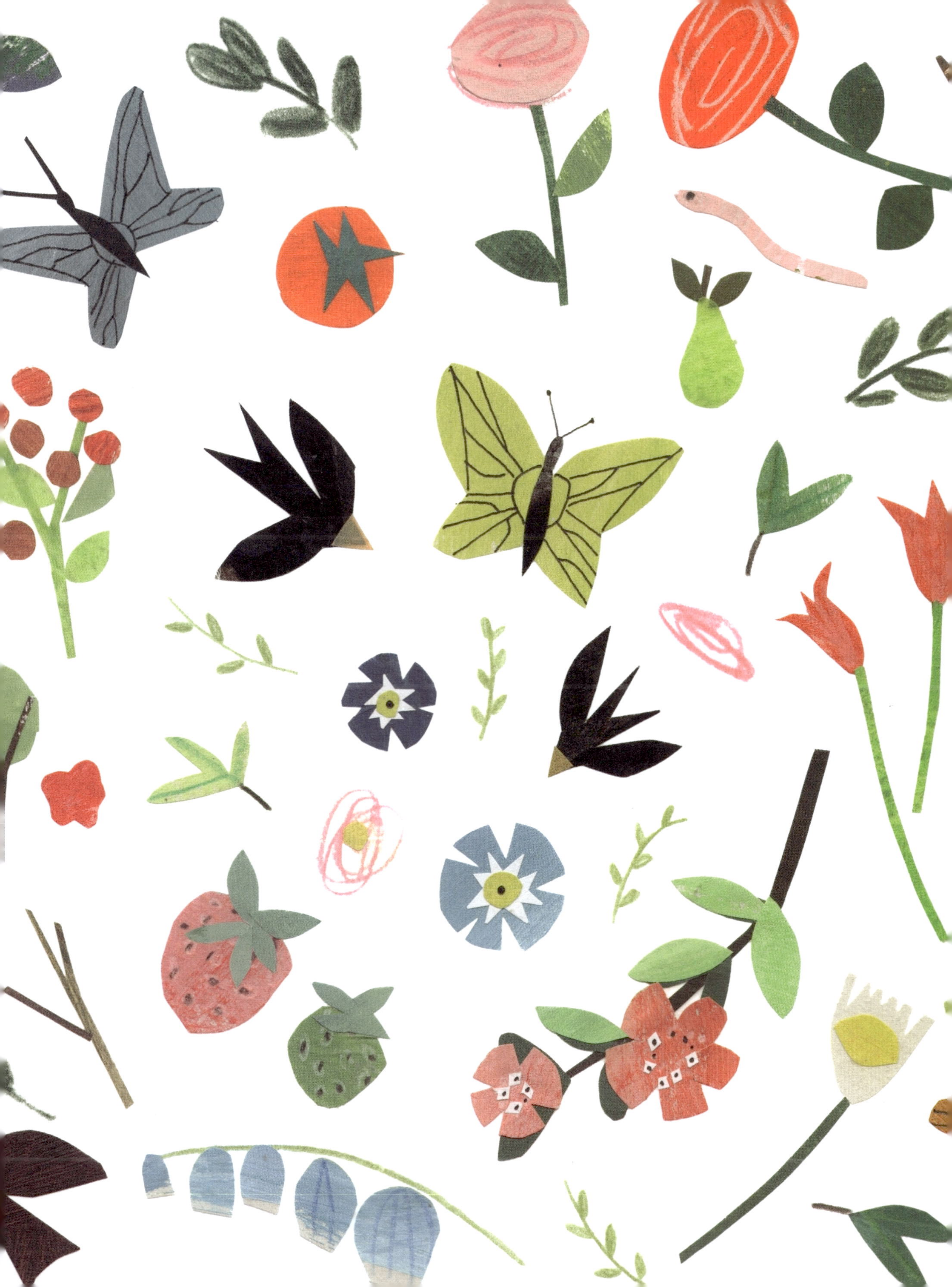

BLATTMUSTER

Am liebsten gestalte ich meine Muster nach Vorlagen aus der Natur. Auch wenn ich gern komplexe Szenerien zu einem bestimmten Thema kreiere – die Essenz eines Ortes oder einer Jahreszeit lässt sich ebenso gut durch ein schlichtes Muster wiedergeben. Hier sehen Sie ein Blattmuster, das mit den bereits beschriebenen Techniken entstanden ist. Damit es nicht zu monoton wirkt, habe ich eine Vielzahl von Blättern in unterschiedlichen Formen und Farbschattierungen verwendet.

Tipp:

Wenn Sie ein Allover-Muster ohne die Unterstützung digitaler Bildbearbeitungsprogramme erstellen, sollten Sie zuerst sämtliche Elemente ausschneiden und auf dem Trägerpapier arrangieren. Lassen Sie sich Zeit, und kleben Sie erst, wenn Sie mit der Wirkung zufrieden sind.

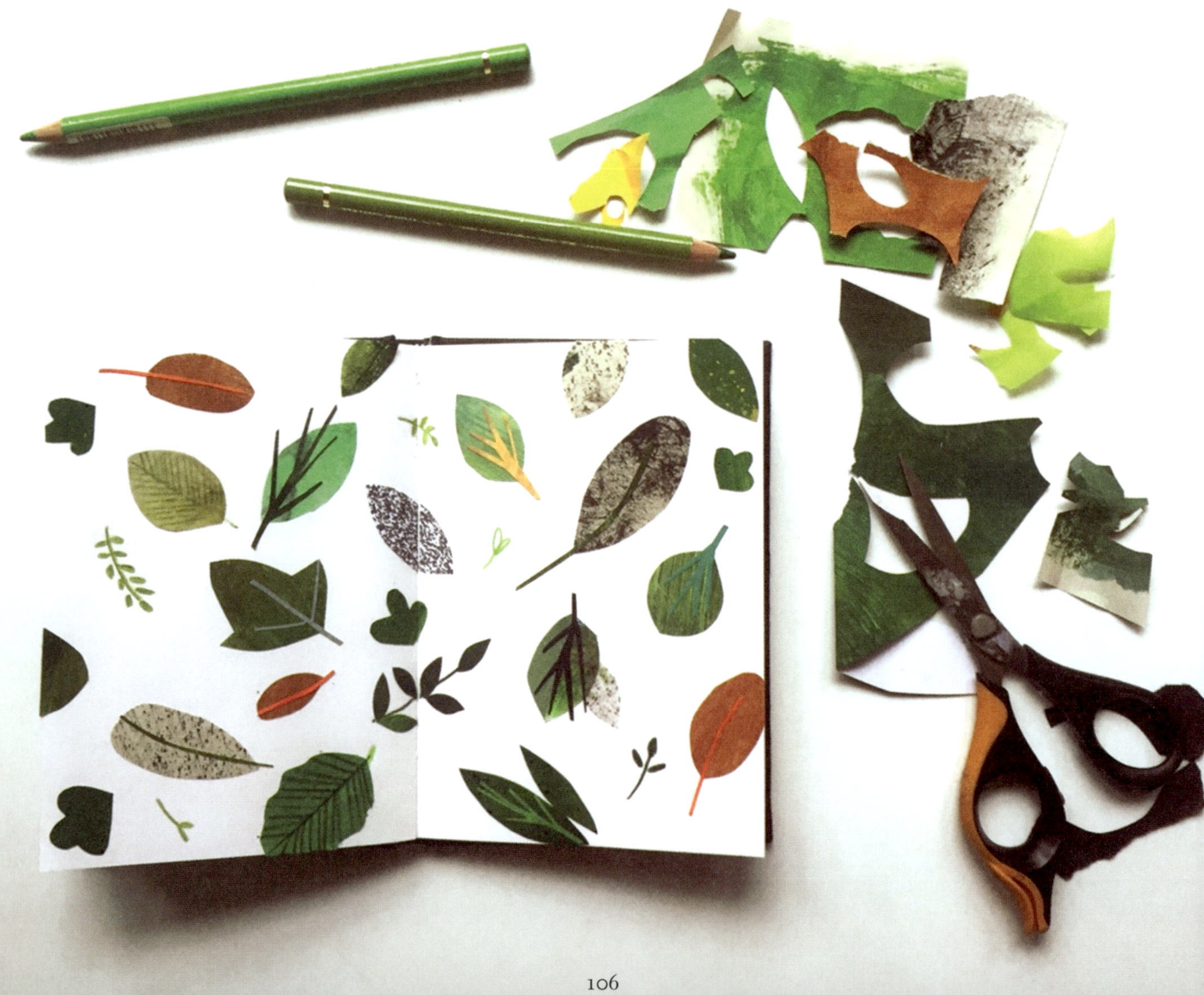

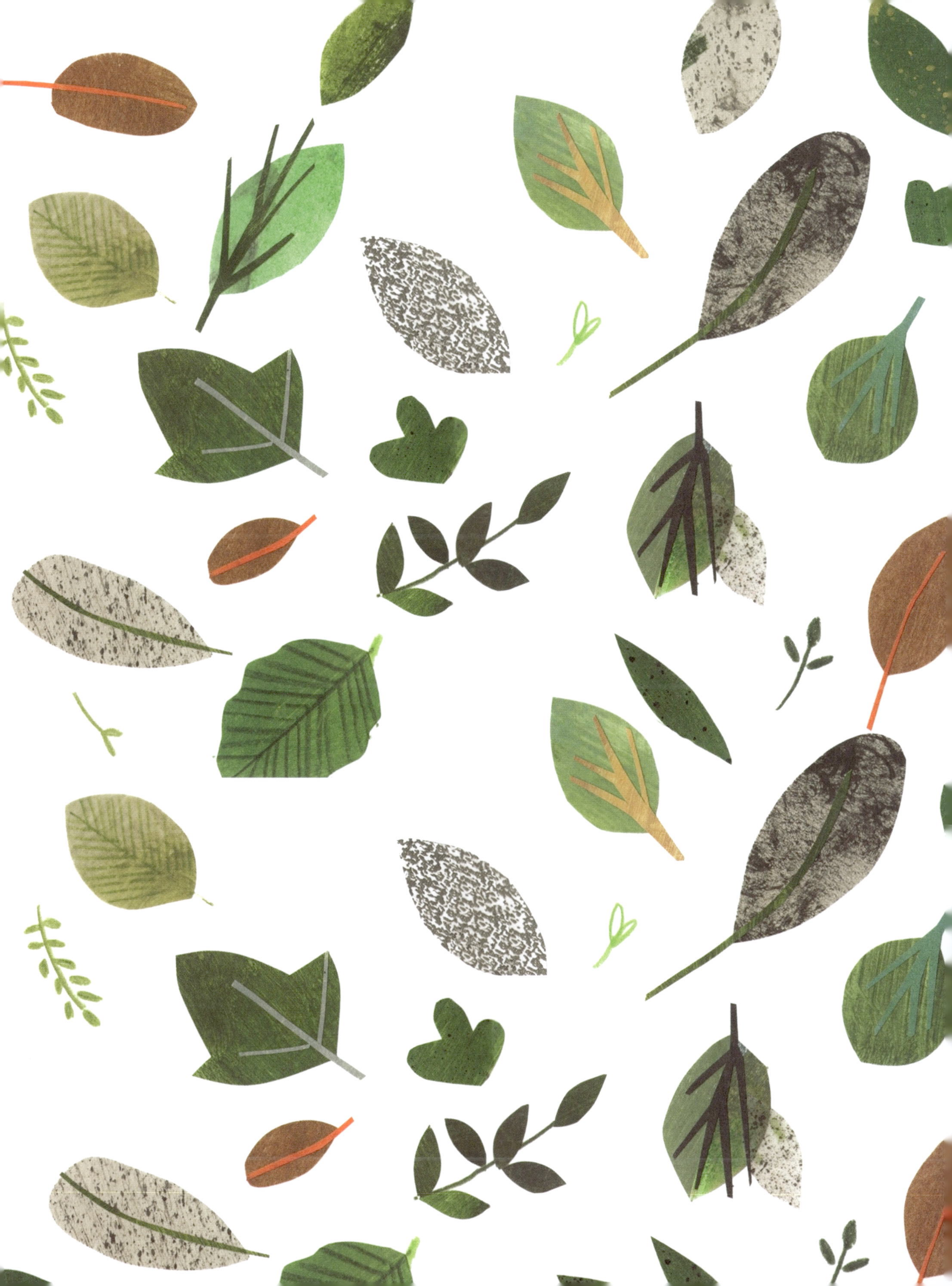

SCHRITT FÜR SCHRITT: DSCHUNGEL

Ich war noch nie in einem tropischen Regenwald, doch die Gewächshäuser von Kew Gardens bei London beherbergen zahllose exotische Pflanzen aus aller Welt. Hier habe ich versucht, die Essenz des Dschungels einzufangen.

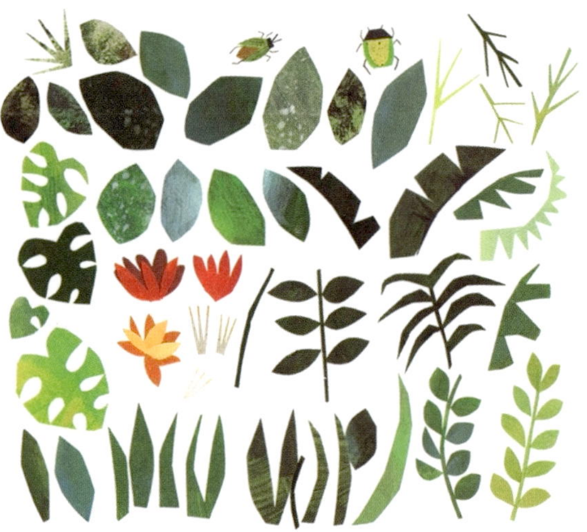

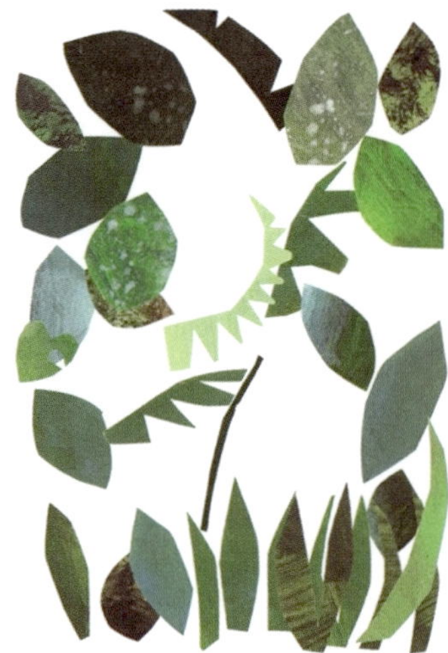

1. Tragen Sie Papier in allen erdenklichen Grüntönen zusammen: von gelbgrünen über erbsengrüne bis hin zu dunkelgrünen Nuancen. Schneiden Sie daraus unterschiedlich geformte Blätter zu, und arrangieren Sie sie so, dass ein Großteil Ihres Trägerpapiers bedeckt ist.

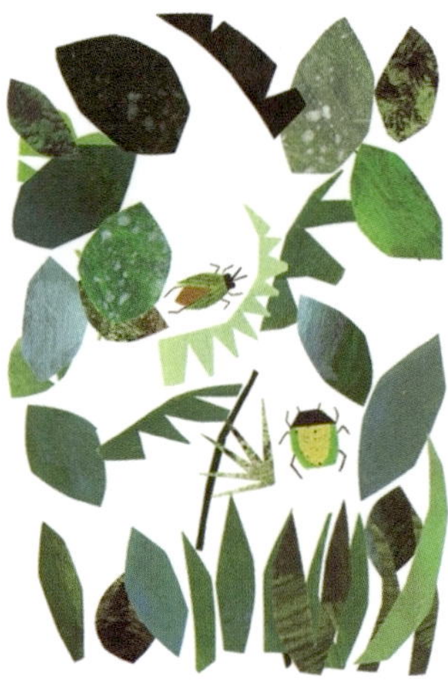

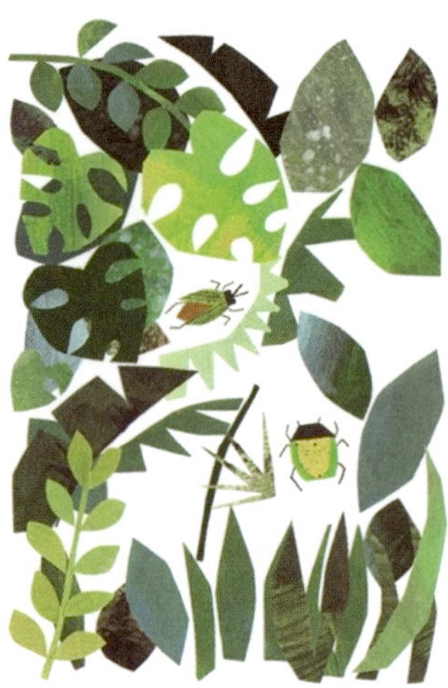

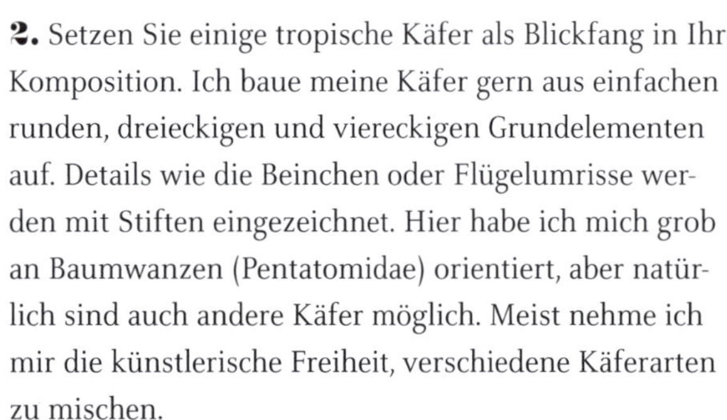

2. Setzen Sie einige tropische Käfer als Blickfang in Ihre Komposition. Ich baue meine Käfer gern aus einfachen runden, dreieckigen und viereckigen Grundelementen auf. Details wie die Beinchen oder Flügelumrisse werden mit Stiften eingezeichnet. Hier habe ich mich grob an Baumwanzen (Pentatomidae) orientiert, aber natürlich sind auch andere Käfer möglich. Meist nehme ich mir die künstlerische Freiheit, verschiedene Käferarten zu mischen.

3. Bauen Sie Ihre Collage schichtweise auf, indem Sie hellere über dunklere Elemente setzen und umgekehrt. Fügen Sie einige Blätter des Fensterblatts inklusive Stielen und Blattadern hinzu, um noch mehr Formenvielfalt in Ihr Dschungeldekor zu bringen. Schließen Sie nach und nach die Lücken, aber lassen Sie hier und da noch etwas Weiß durchscheinen – das sorgt für Kontrast und lässt Ihren Dschungel plastischer wirken.

4. Zum Schluss werden einige tropische Blumen eingefügt. Die Formen können schlicht sein, Hauptsache, die Farben leuchten. Platzieren Sie die Blumen in der unteren Bildhälfte, so als würden sie durchs Unterholz nach oben wachsen. Kleben Sie als letzte Lage ein paar dunklere Blätter auf, um dem Ganzen das geheimnisvolle Flair eines schattigen Urwalds zu verleihen.

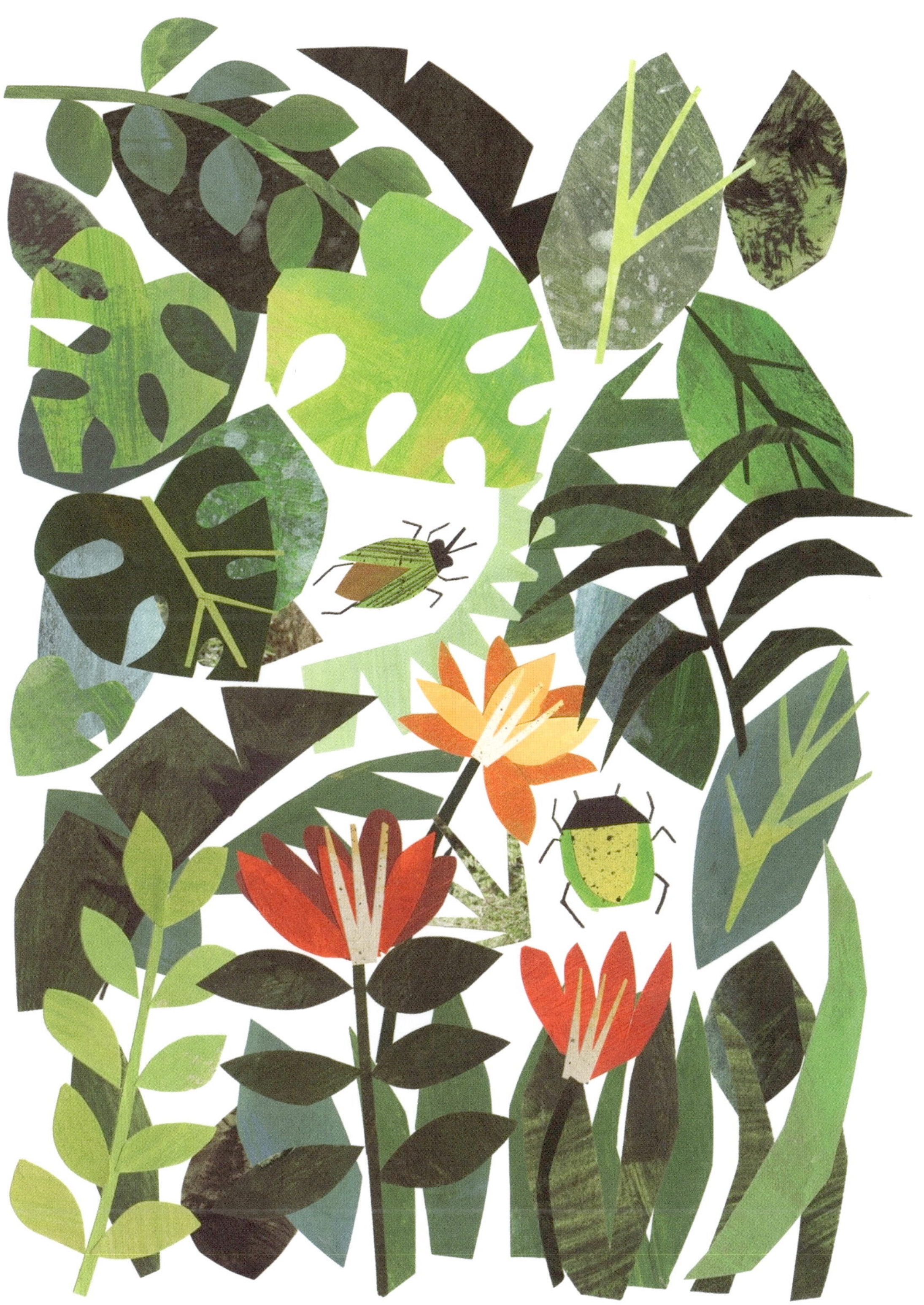

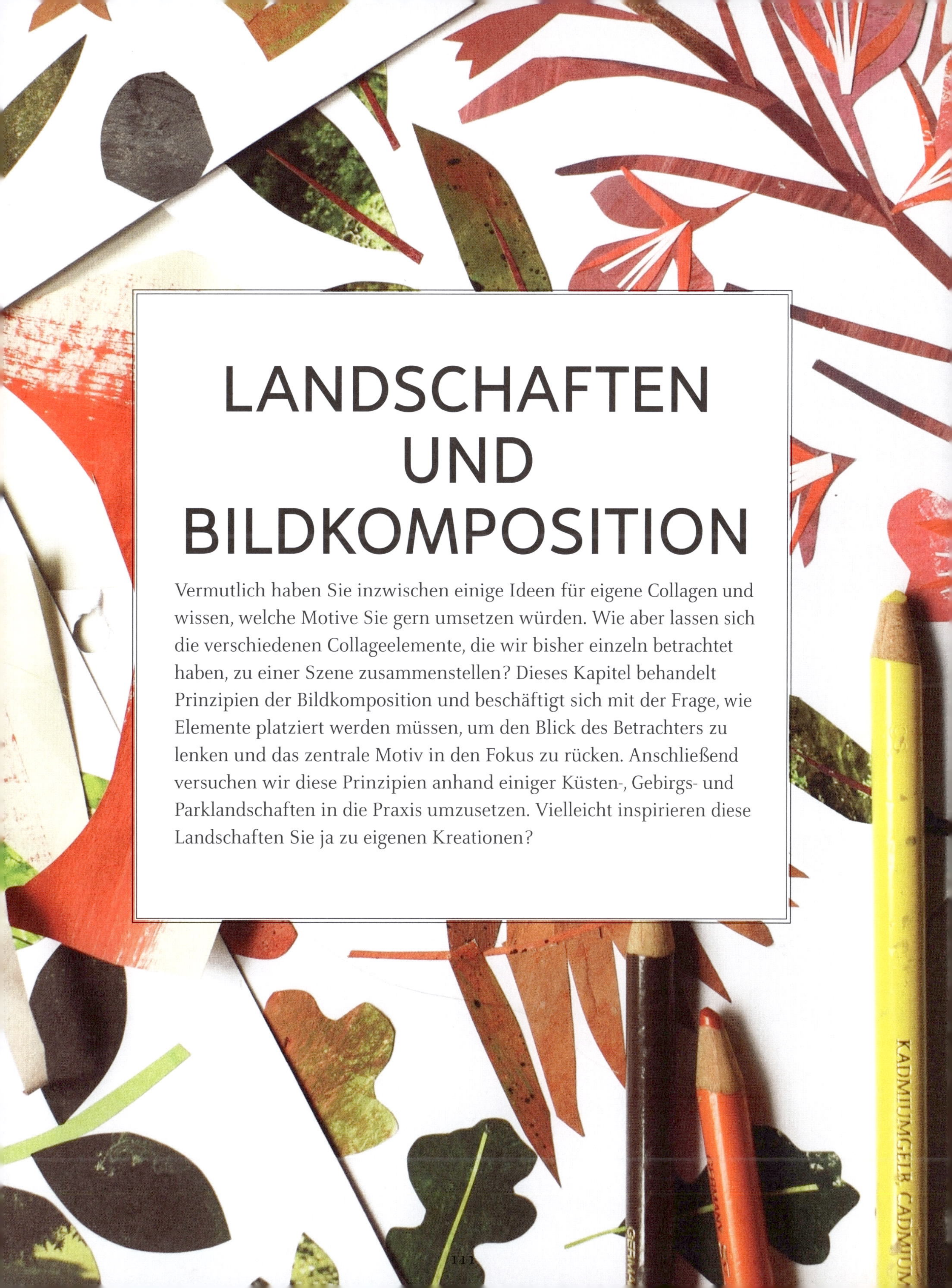

LANDSCHAFTEN UND BILDKOMPOSITION

Vermutlich haben Sie inzwischen einige Ideen für eigene Collagen und wissen, welche Motive Sie gern umsetzen würden. Wie aber lassen sich die verschiedenen Collageelemente, die wir bisher einzeln betrachtet haben, zu einer Szene zusammenstellen? Dieses Kapitel behandelt Prinzipien der Bildkomposition und beschäftigt sich mit der Frage, wie Elemente platziert werden müssen, um den Blick des Betrachters zu lenken und das zentrale Motiv in den Fokus zu rücken. Anschließend versuchen wir diese Prinzipien anhand einiger Küsten-, Gebirgs- und Parklandschaften in die Praxis umzusetzen. Vielleicht inspirieren diese Landschaften Sie ja zu eigenen Kreationen?

GRUNDLAGEN DER BILDKOMPOSITION

Vor allem am Anfang ist es hilfreich, sich beim Erstellen einer Bildszene an den Regeln der Bildkomposition zu orientieren – was nicht bedeutet, dass Sie sich sklavisch daran halten müssen. Jeder hat seinen eigenen Blick auf die Dinge, deshalb hat das Ergebnis fast immer seinen Reiz, ob es nun den Regeln entspricht oder nicht.

Drittel-Regel: Unterteilen Sie Ihr Bild gedanklich durch zwei waagerechte und zwei senkrechte Linien in neun gleichgroße Segmente. Die Drittel-Regel besagt, dass das zentrale Motiv bzw. die Hauptelemente eines Bildes entweder auf einem der Schnittpunkte oder entlang einer Linie zu platzieren sind. Dies ist vor allem dann hilfreich, wenn man eine Szene mit einem Blickpunkt im Vordergrund und einem zweitem am Horizont gestalten will, weil sich so eine Balance erzielen lässt.

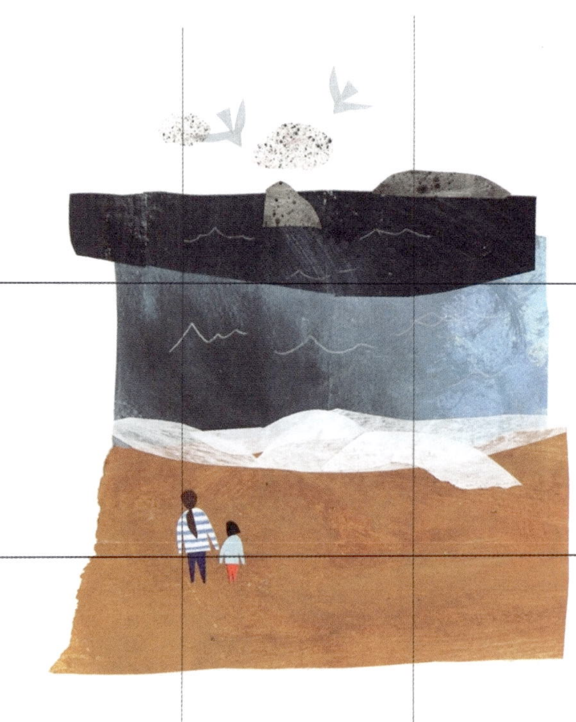

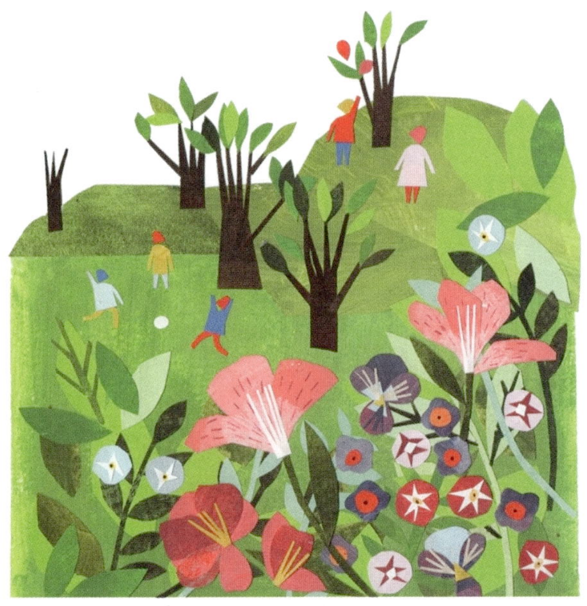

Perspektive und räumliche Wirkung: Eine Perspektive, die den Betrachter förmlich ins Bild zieht, lässt sich erzeugen, indem man die Elemente für den Vordergrund größer gestaltet als die für den Hintergrund. Scheuen Sie sich also nicht, mit den Dimensionen und der Anordnung Ihrer Motive zu experimentieren – so können Sie Ihrer Landschaft mehr Dramatik und Tiefenwirkung verleihen.

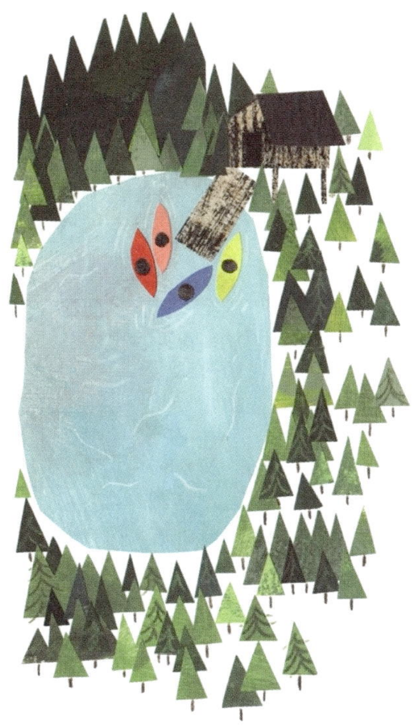

Einrahmung: Nutzen Sie gezielt Bildelemente, um Ihrem zentralen Motiv, auf das die Aufmerksamkeit des Betrachters gelenkt werden soll, eine Art Rahmen zu geben. Bei Landschaftsszenen bieten sich dazu z. B. Hintergrundelemente wie Bäume oder Hügel an, die um das zentrale Motiv herum platziert werden.

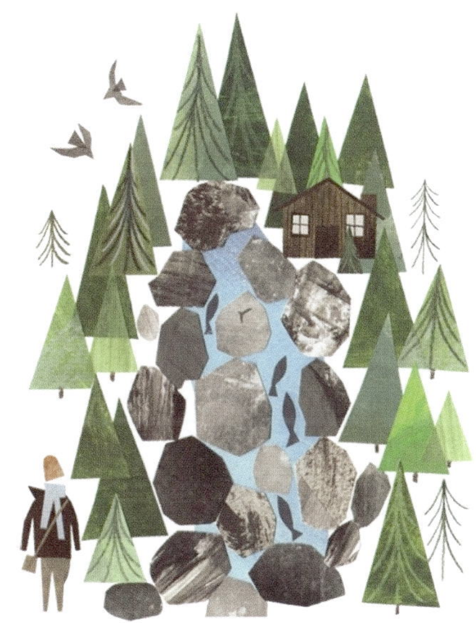

Blicklenkung: Diese Regel basiert auf dem Prinzip, dass das Auge automatisch den Linien und Achsen folgt, die sich durch ein Bild ziehen. Das lässt sich z. B. umsetzen, indem man einen Pfad oder einen Fluss durch die Collage mäandern lässt.

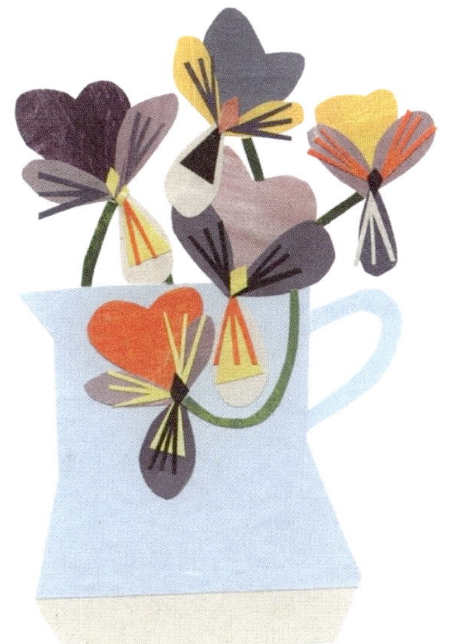

Dezentrale Anordnung: Unser Blick wird automatisch von Elementen angezogen, die sich etwas außerhalb der Mitte befinden, besonders wenn eine Komposition dadurch asymmetrisch wird. Oft genügt es schon, zentrale Motive leicht nach oben rechts zu verschieben, um das gesamte Bild ansprechender wirken zu lassen. Diese Regel gilt nicht nur für Landschaften; viele Motive wirken auf diese Weise lebendiger.

LANDSCHAFTSELEMENTE

Nun geht es um den passenden Hintergrund für all die Käfer, Pflanzen und Figuren, mit denen wir uns beschäftigt haben. Für dynamisch wirkende Szenen nehme ich Papier mit unterschiedlichen Texturen. Wolken z. B. lassen sich gut mit weiß und grau bemaltem Seidenpapier darstellen. Das leicht durchscheinende Papier wirkt besonders schön vor blauem Himmel oder als Wolkenkrone auf einer Bergspitze.

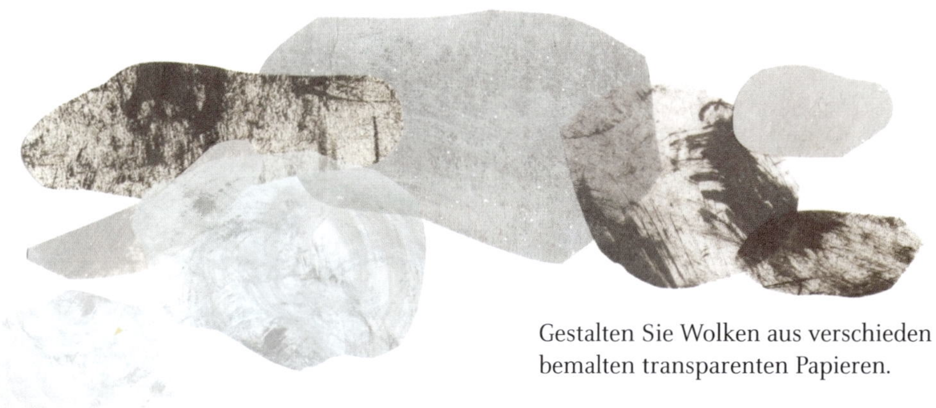

Gestalten Sie Wolken aus verschieden bemalten transparenten Papieren.

Wasserlandschaften werden durch lange Streifen in Blau- und Türkistönen lebendig. Weiß bemaltes Seidenpapier eignet sich für die Schaumkronen. Für Klippen und Berge verwende ich Papiere, die ich mit wenig Tinte und einem fast trockenen Pinsel in groben Strichen bemalt habe. Wiesen und Hügel lassen sich gut mit großen Segmenten aus grün bemaltem Papier wiedergeben, auf die einzelne Graselemente geklebt werden. Damit so große Oberflächen gut wirken, ist es wichtig, schon beim Bemalen auf interessante Texturen zu achten – ansonsten kann eine Landschaftscollage schnell flach und uninspiriert wirken.

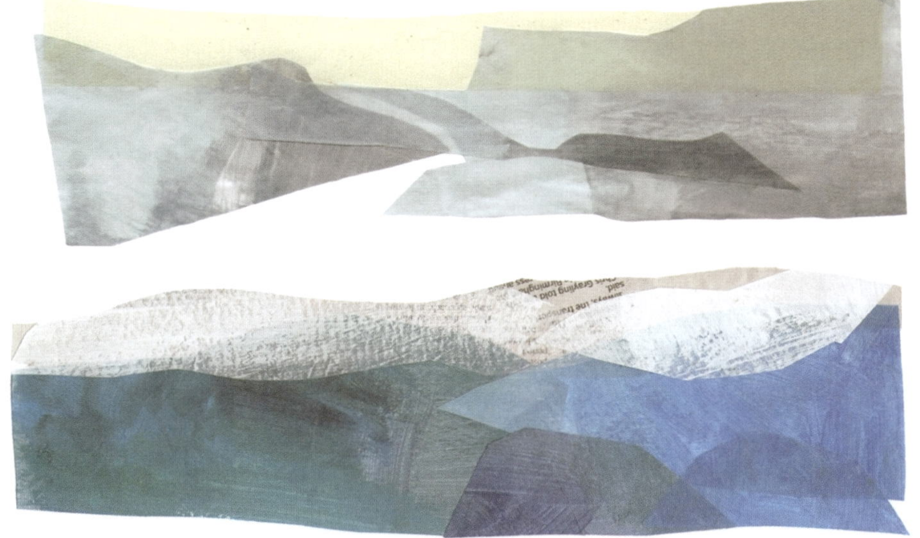

Für das wilde, aufgewühlte Meer in dieser Küstenlandschaft habe ich Papier in Blau-, Grau- und Grüntönen verwendet.

Nutzen Sie graues Papier mit viel Textur für Berge und Klippen.

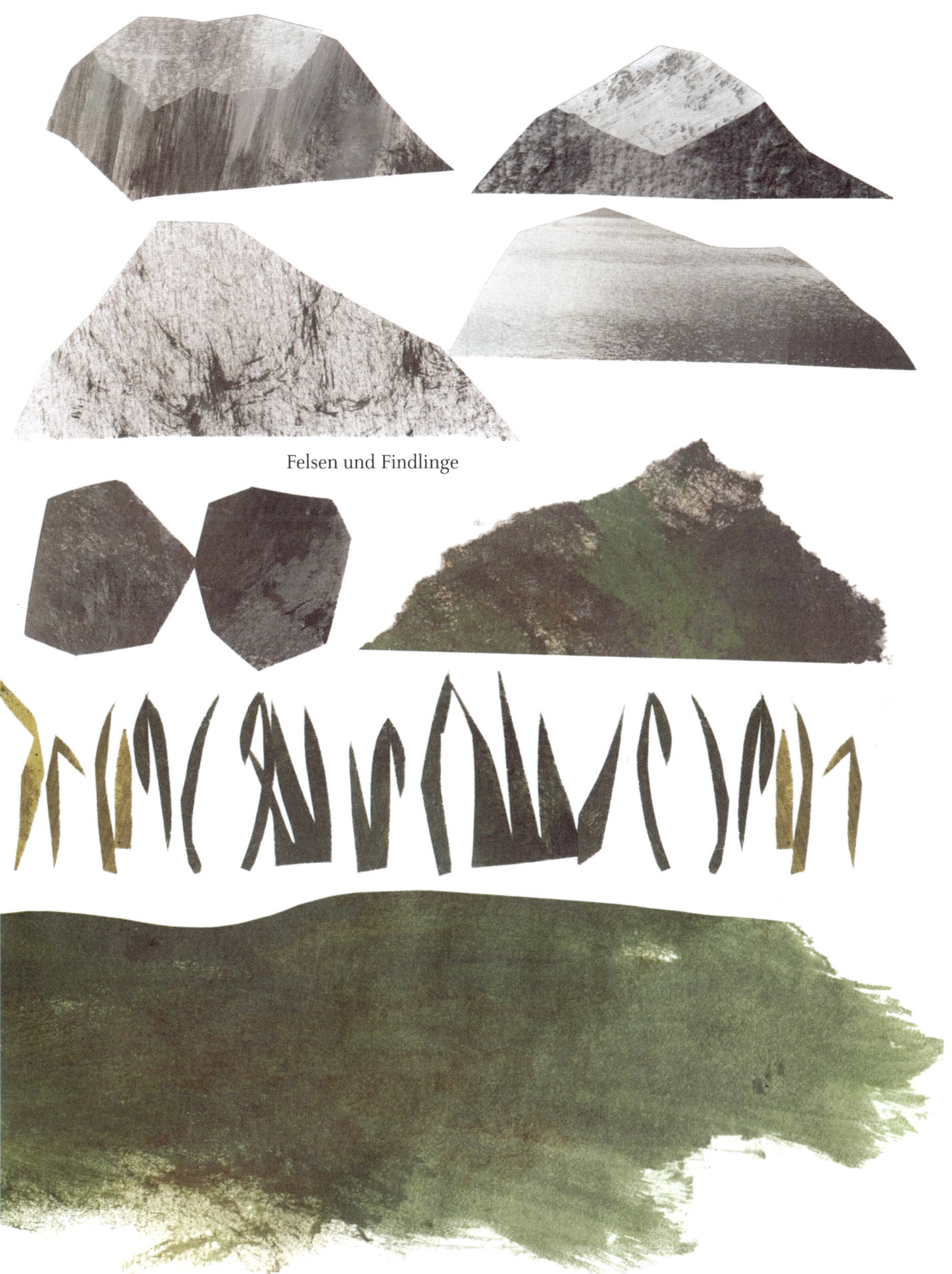

Felsen und Findlinge

Einzelne lange Grashalme lockern flächige grüne Wiesensegmente auf.

NATURSZENEN

Vor Kurzem hat mich ein malerisches Naturschutzgebiet in der Nähe meines Heimatorts zu einer Collage inspiriert. Da ich weit weg in der Stadt lebe, habe ich Fotos als Vorlage benutzt. Dabei ging es mir nicht darum, ein Foto möglichst exakt umzusetzen, sondern darum, die besondere Atmosphäre dieses Ortes einzufangen.

Da das Schutzgebiet von einem Fluss durchzogen wird, wählte ich einen mäandernden Flusslauf als zentrales Motiv. Felsen und Pflanzen entlang der Ufer bringen Bewegung ins Bild. Obwohl die Fotos im Spätsommer entstanden, begannen die Blätter der Eichen sich bereits herbstlich zu färben. Ihre Orange-, Rot- und Pinktöne sorgen hier für ansprechende Kontraste.

Nachdem ich das Blattwerk weitgehend fertiggestellt hatte, überlegte ich mir einen Rahmen, der den Blick auf mein zentrales Motiv lenken würde. Ich beschloss, die Blätter im oberen Bereich zu gruppieren und die leuchtenden Wildblumen als Vordergrund an den unteren Rand zu setzen. Zum Schluss fügte ich noch einige Details wie die Schmetterlinge hinzu, um die Szene räumlicher wirken zu lassen.

Da Grün in dieser Collage dominiert, achtete ich darauf, die wenigen Orange- und Rottöne gut zu verteilen. In Wirklichkeit schimmert auch der Fluss grün, weil er die Umgebungsfarben reflektiert. Ich habe mich hier jedoch für ein sanftes Graublau entschieden, das einen schönen Kontrast bildet. Erlauben Sie sich solche künstlerischen Freiheiten, wenn Sie feststellen, dass etwas nicht funktioniert. Verschieben Sie die Elemente immer wieder, während Sie Ihr Bild Schicht um Schicht aufbauen. Ebenso wichtig ist, zu wissen, wann man aufhören muss. Wenn Sie das Gefühl haben, dass Ihre Collage sich zu einem wilden Durcheinander entwickelt, sollten Sie eine Pause einlegen, bevor Sie sich Ihrem Werk mit frischem Blick wieder zuwenden.

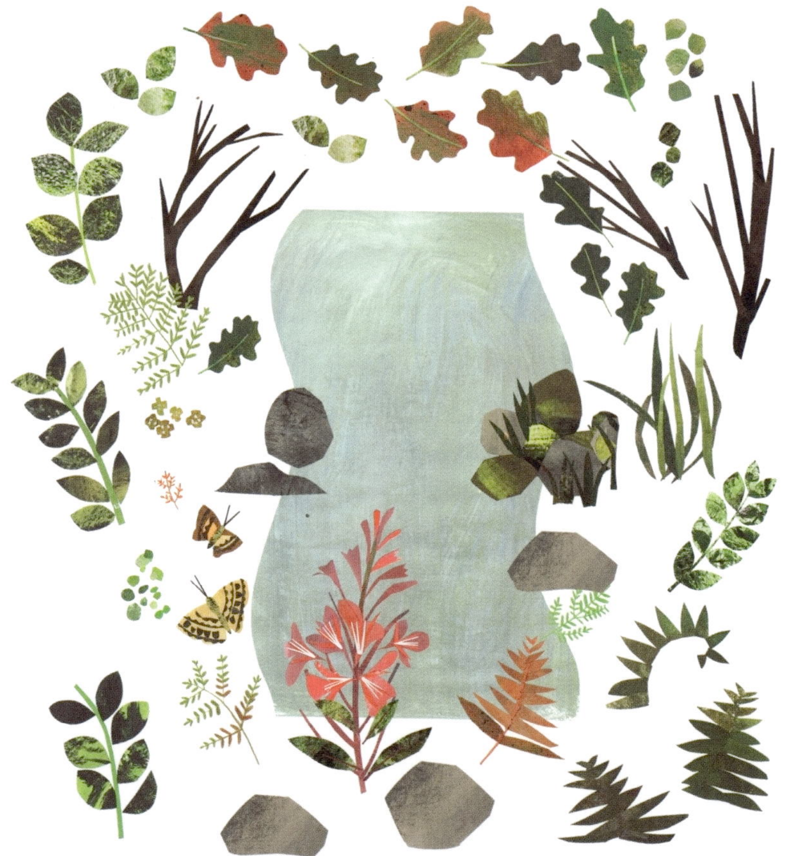

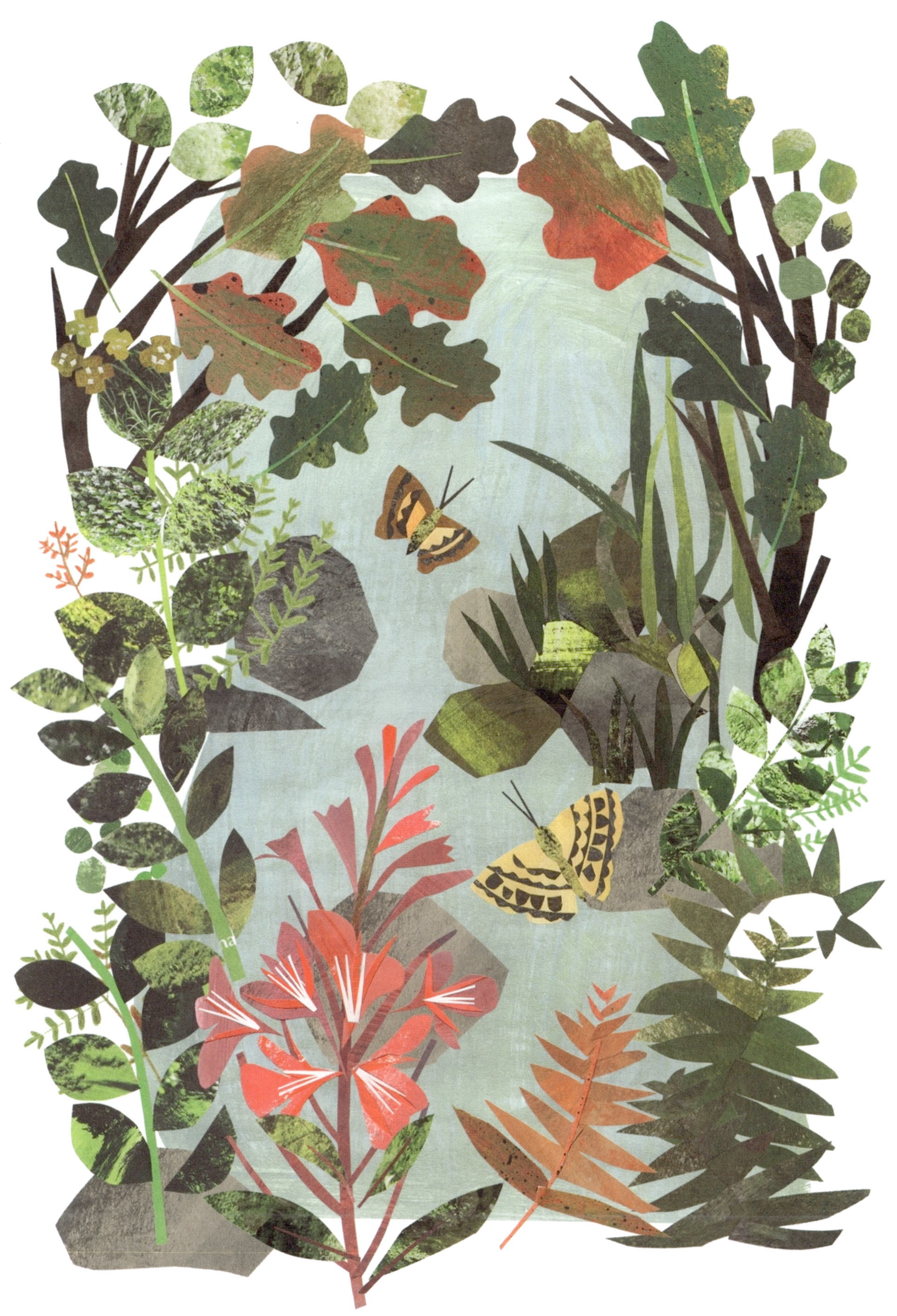

SCHRITT FÜR SCHRITT: COTTAGE IN DEN HIGHLANDS

Da meine Eltern aus Schottland stammen, war ich schon oft in diesem schönen Land. Besonders beeindruckend: die Highlands in ihrer majestätischen Wildheit, die ich hier wiederzugeben versucht habe.

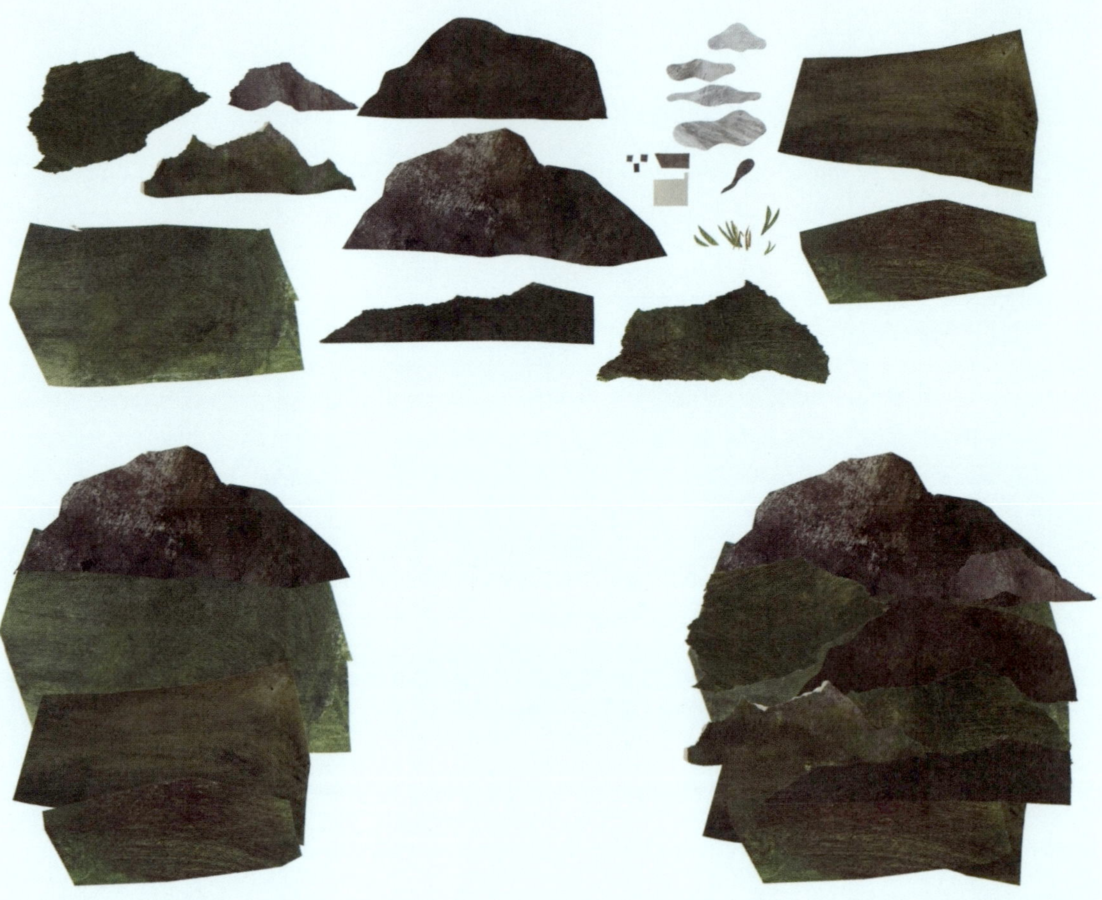

1. Wer die Highlands abbilden will, braucht vor allem Grün- und Grautöne. Schneiden Sie größere Segmente aus Papier in möglichst dunklen, grasigen Tönen aus. Für das Bergmassiv benötigen Sie graues Papier, das Sie mit Buntstiften in verschiedenen Grüntönen bemalen, um den Übergang zu den grasbewachsenen Hügeln fließender zu gestalten. Schichten Sie die einzelnen Teile übereinander, um den Bildhintergrund aufzubauen.

2. Hohes Gras und zerklüftete Strukturen kann man andeuten, indem man einige der grünen Segmente reißt, statt sie auszuschneiden. Kleben Sie sie in unterschiedlichen Winkeln und Überschneidungen auf, um blockförmigere Segmente optisch aufzubrechen. Torfboden und Heidekraut lassen sich gut durch Buntstiftstriche in dunkleren Braun- und Lilatönen darstellen.

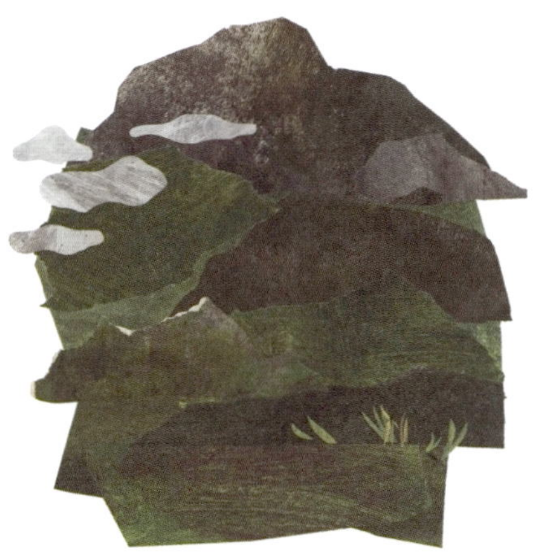

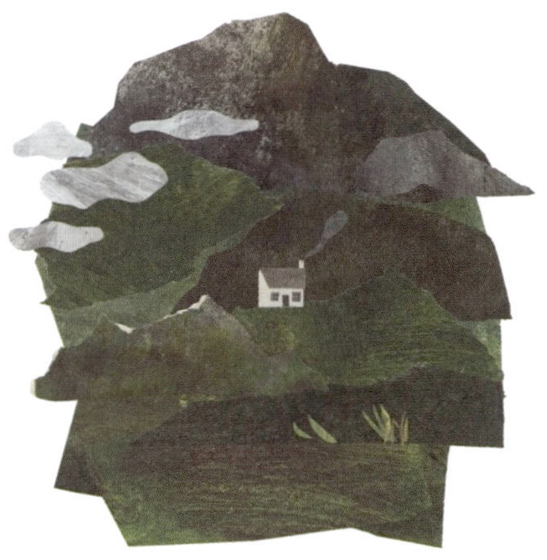

3. Lockern Sie das eintönige Grün auf, indem Sie ein paar tief hängende Wolken aus grau-weiß marmoriertem Papier und einige Halme im Vordergrund hinzufügen. Solche Details frischen ein Bild auf und verstärken die räumliche Wirkung – schließlich soll es so aussehen, als throne der Berg über den grasbewachsenen Hügeln.

4. Um das Bergland noch gewaltiger erscheinen zu lassen, fügen Sie zum Schluss ein kleines Cottage in Ihre Collage ein, bestehend aus einem kleinen weißen Rechteck, einem noch kleineren grauen Dach, winzigen Fenstern und Rauchwölkchen aus grauen Schnipseln. Wer würde hier nicht gerne einkehren und sich vor dem prasselnden Kaminfeuer die Füße wärmen?

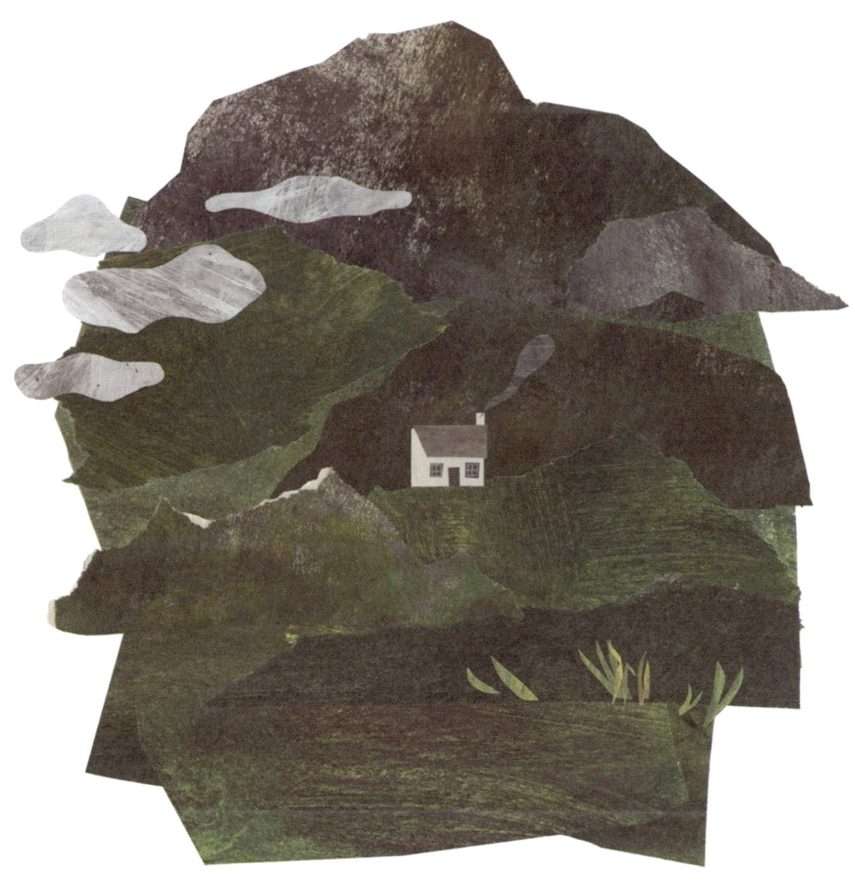

BERGSZENEN

Natürlich kann man auch jede andere Gebirgslandschaft als Collage umsetzen. Egal für welche Landschaft Sie sich entscheiden: Als Erstes sollten Sie immer überlegen, welche Merkmale Sie herausstellen wollen. Für mich kommen Berge und Wälder gleich nach dem Meer, gibt es doch kaum etwas Belebenderes, als durch den kühlen Schatten eines Waldes zu wandern, umgeben von Harzduft, zwitschernden Vögeln und summenden Insekten. Und ich liebe den Moment, wenn ich langem Aufstieg endlich den Berggipfel erreiche und den Blick ins Weite schweifen lassen kann.

In der Collage unten habe ich Figuren als Blickfang auf den Berggipfel gesetzt, um die räumlichen Dimensionen der Landschaft deutlich werden zu lassen. Die Felsen bestehen aus bemaltem Seidenpapier mit unterschiedlichen Texturen, das ich übereinandergeschichtet habe. Bäume aus grünen Papieren komplettieren die Szene. In der Collage rechts habe ich das Prinzip der Rahmung eingesetzt und zur Blicklenkung einen kleinen Fluss als blaues Band durch die Bildmitte laufen lassen. Die Anordnung der Felsen und Bäume orientiert sich an seinem Verlauf und bringt Bewegung ins Bild.

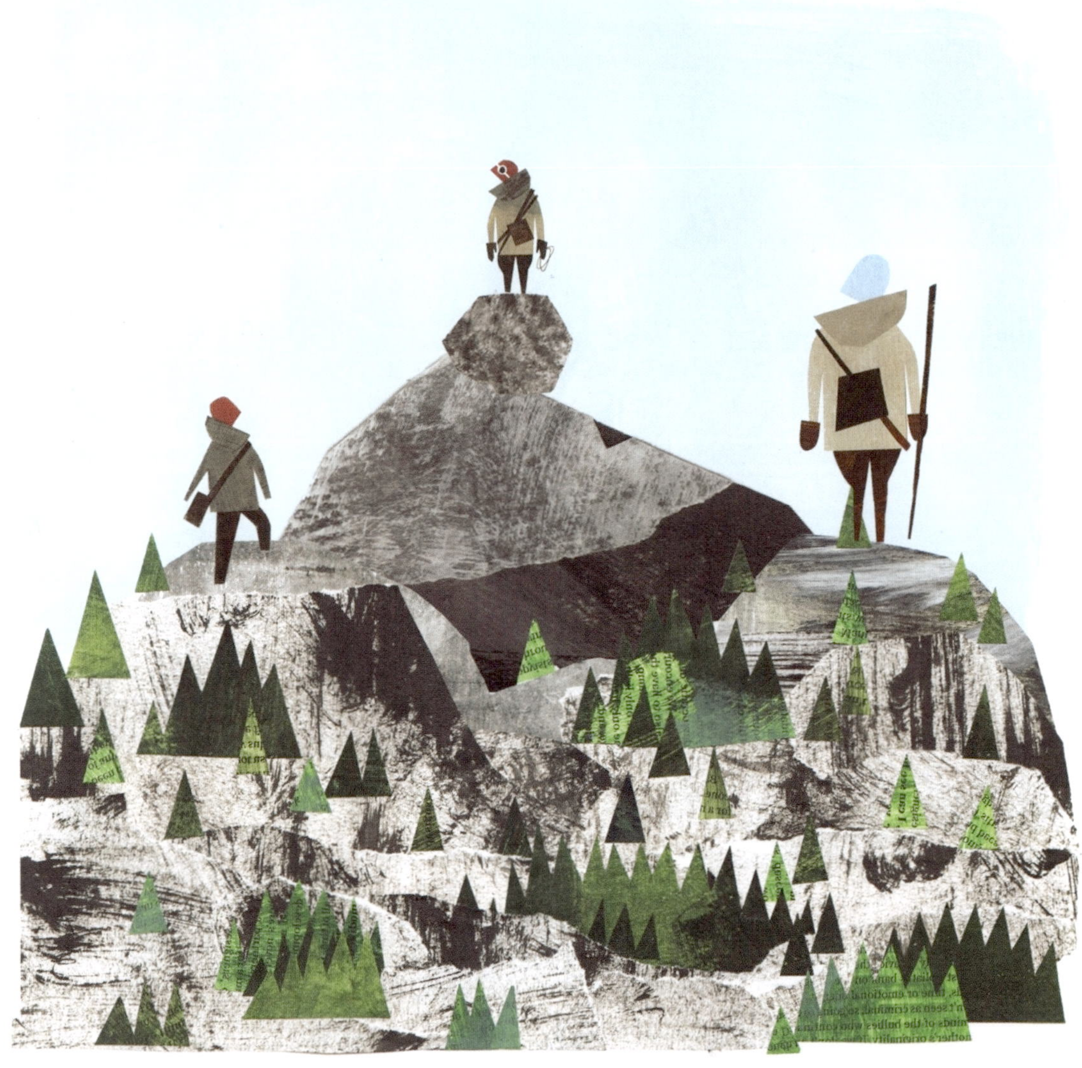

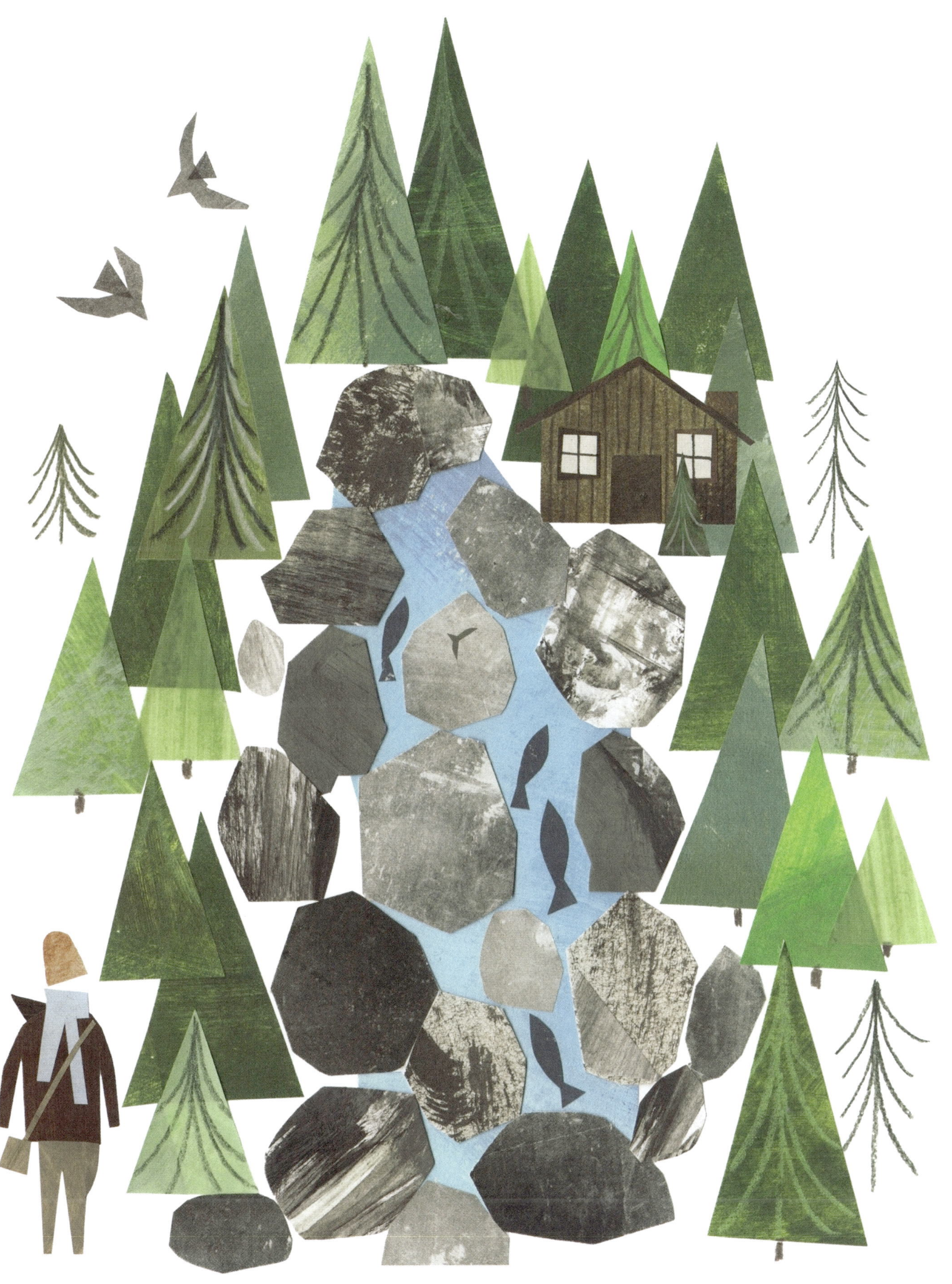

PARKSZENEN

Als Naturliebhaber hat man es in der Stadt nicht leicht. Oft ist ein Park die einzige Zuflucht. Weil die Londoner Parks für mich und meine Arbeit so wichtig geworden sind, habe ich für dieses Buch zwei Parkszenen collagiert. In der unten abgebildeten Parklandschaft beherrschen bunte Sommerblumen den Vordergrund, während im Hintergrund Spaziergänger und spielende Kinder zu sehen sind. Durch die unterschiedlich nahen Motivelemente entsteht Dynamik und räumliche Tiefe.

In der zweiten Collage habe ich einen See ins Zentrum gerückt und mit leuchtend grünen Bäumen und einigen Häusern umrahmt. Mein Ziel war, den Park als Oase inmitten der Großstadt darzustellen, als einen Ort, in dem sich man abseits des städtischen Trubels beim Segeln entspannen kann – vorausgesetzt, man kennt jemanden mit einem Segelboot!

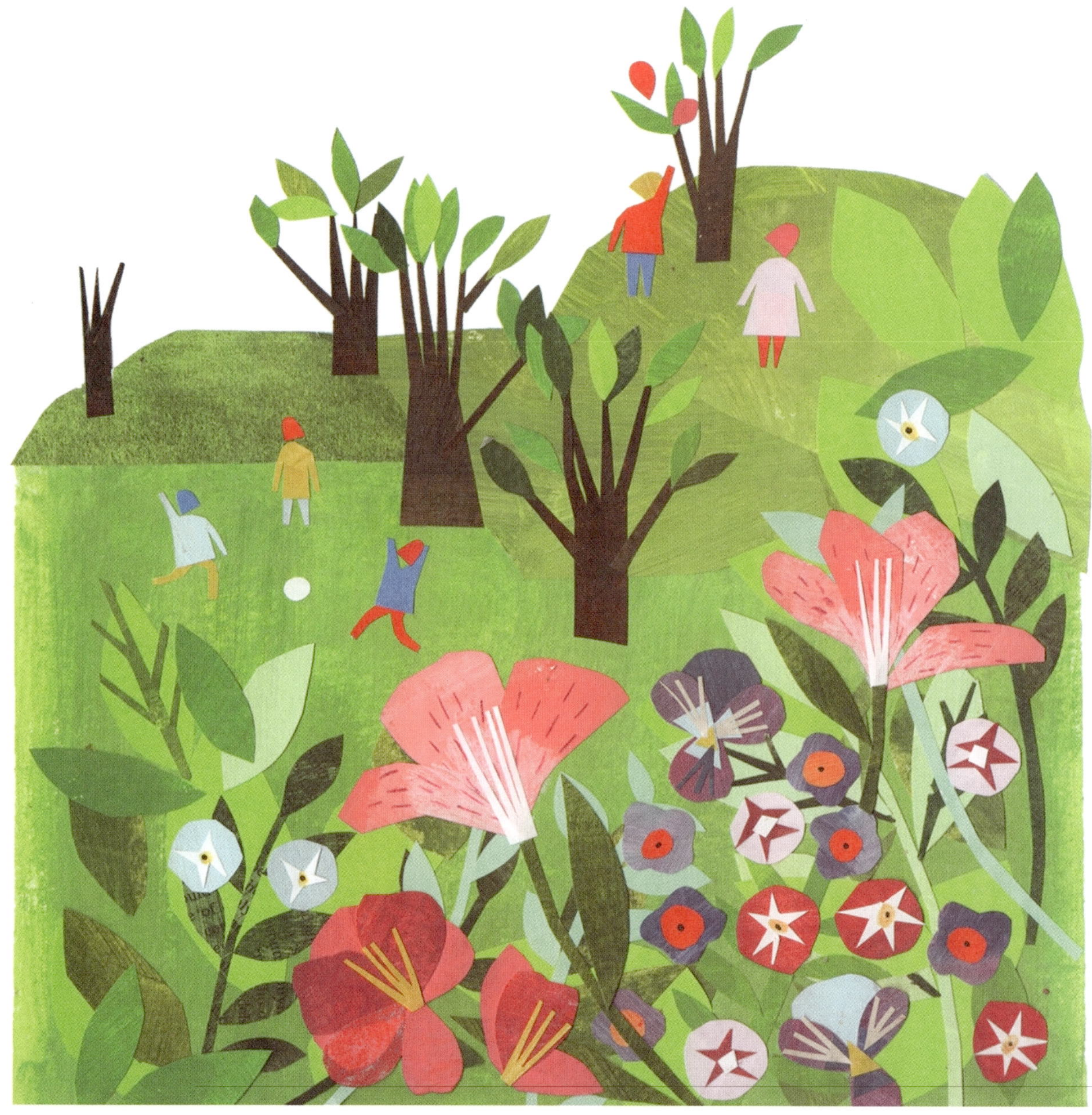

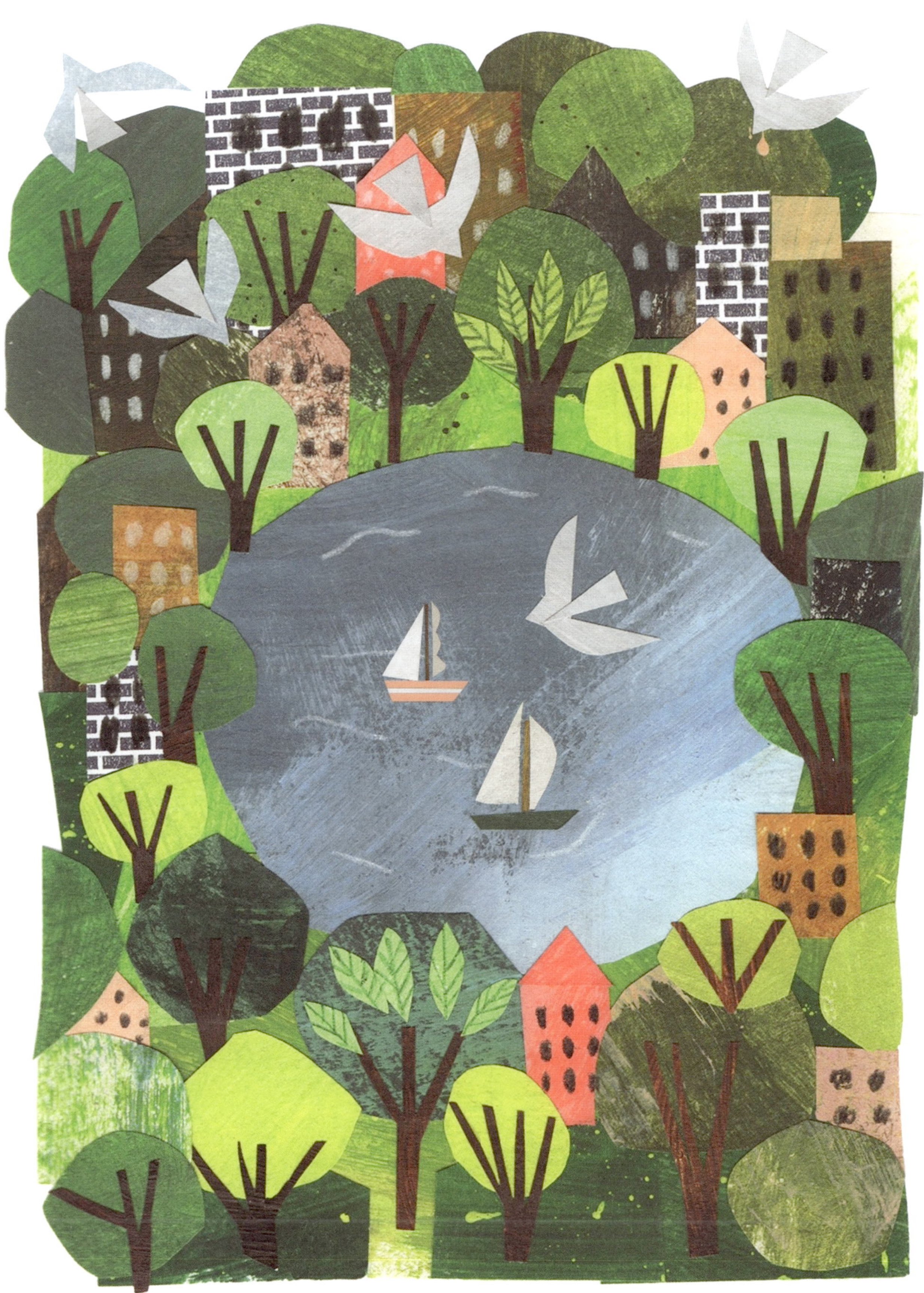

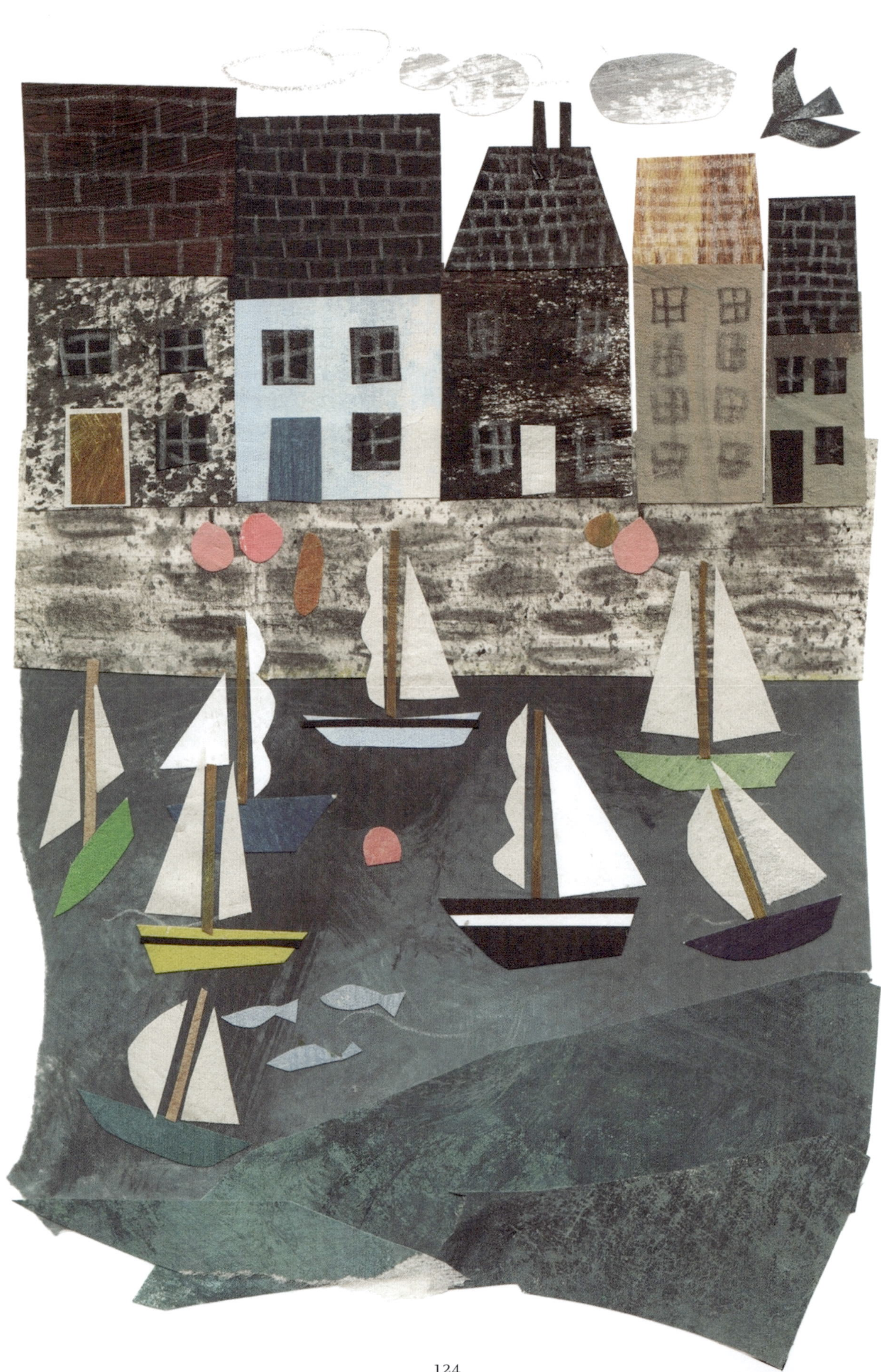

KÜSTENSZENEN

Zum Schluss ein paar Impressionen von meiner Lieblingslandschaft: der Küste. Obwohl ich das Meer mit seinen Häfen, Stränden und Fischerdörfern schon seit frühester Kindheit liebe, gestalte ich nicht sehr oft Collagen zu diesem Thema, denn es fällt mir schwer, hier meinen eigenen Ansprüchen gerecht zu werden. Doch wenn ich mich an eine Küstenszene wage, versuche ich, ihr möglichst viel Charakter und interessante Texturen mitzugeben. Meist verwende ich eine Vielzahl handkolorierter Papiere und Fundstücke und kombiniere verschiedene Techniken, um die besondere Atmosphäre dieser Landschaft hervorzuheben. Schon die Häuser könnten ganze Romane erzählen, denn am Meer findet man alles – von der windschiefen Fischerhütte bis zum schmucken Künstleratelier.

Beim Arrangieren der Elemente habe ich mich an der Drittel-Regel orientiert, mein vorrangiges Ziel war aber, all die Dinge aufs Papier zu bringen, die ich am meisten liebe. Obwohl das Sujet, ein Hafenstädtchen, für beide Collagen dasselbe war, vermitteln sie eine ganz unterschiedliche Atmosphäre.

Wichtig ist, zunächst die Eigenheiten des Ortes herauszuarbeiten und dann Details wie Häuser, Menschen oder Vögel hinzuzufügen. Vergessen Sie nicht: Gestaltungsregeln mögen sinnvoll sein, ersetzen jedoch nie den Eindruck, den wir von einem Ort haben.

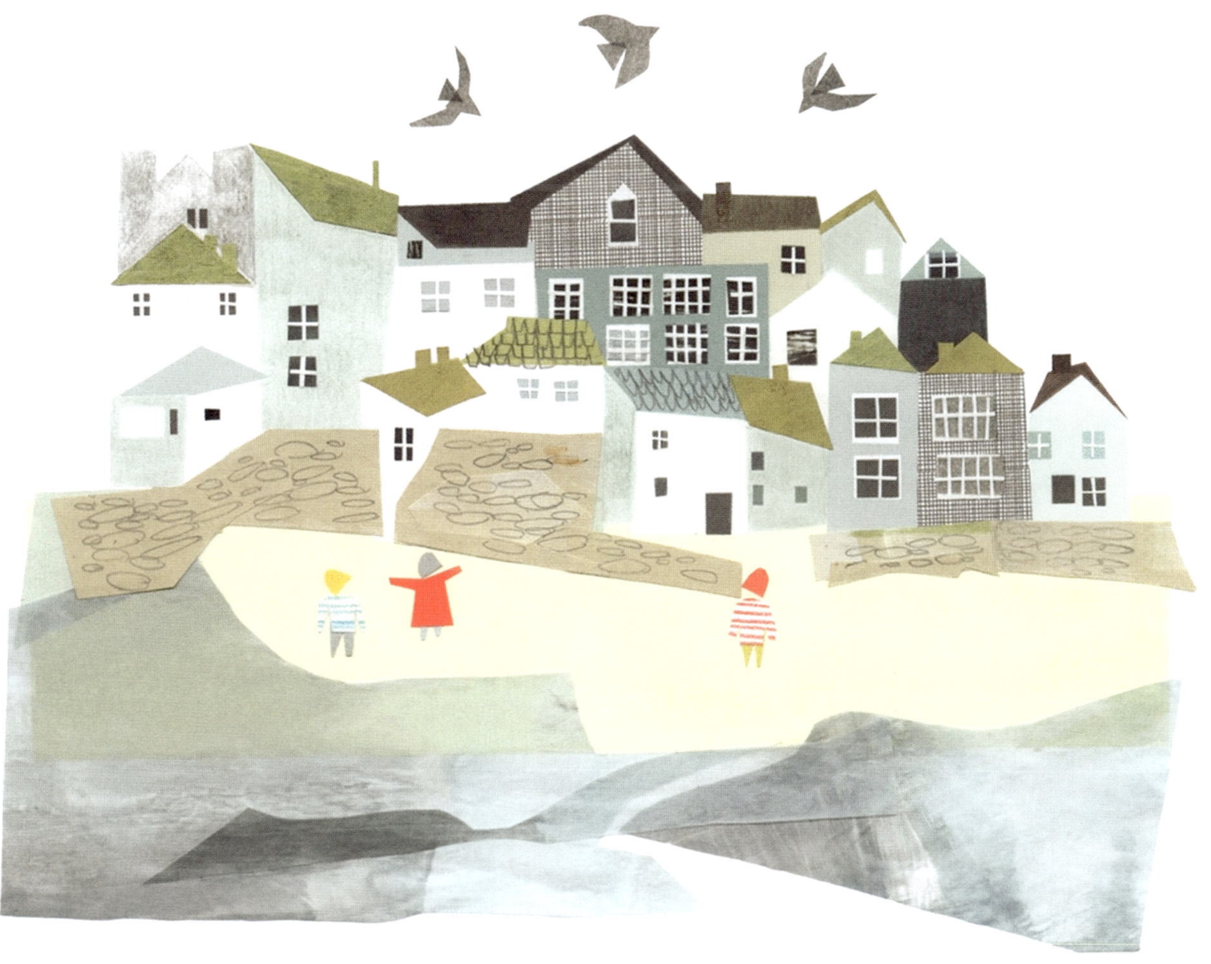

SCHRITT FÜR SCHRITT: FISCHERDORF

Bis heute verbinde ich die Küstenstädtchen meiner Heimat mit Fish and Chips, frechen Möwen und Entdeckungstouren am Hafen. Das reale Vorbild für das hier abgebildete Fischerdorf befindet sich in Cornwall, aber natürlich kann auch jeder andere Fischerort als Inspiration dienen.

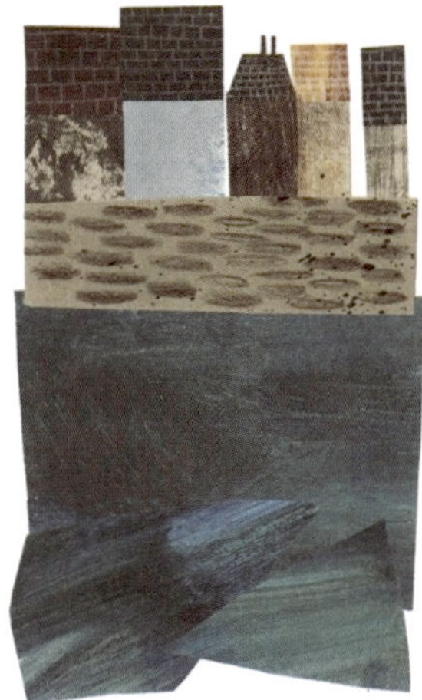

1. Wählen Sie zunächst Papier in neutraler Farbe. Schneiden Sie ein langes Rechteck zur Hafenmauer zu, und zeichnen Sie mit Bunt- oder Bleistift die Steine auf.

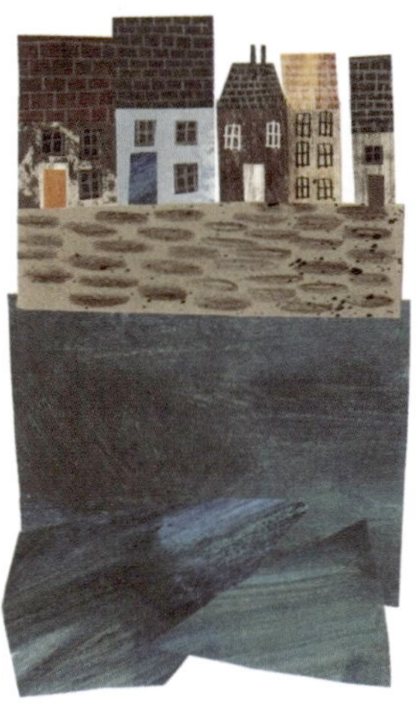

2. Für das Meer einige größere Segmente aus gemustertem blauem Papier unterhalb der Hafenmauer in unterschiedlichen Winkeln und Strichrichtungen aufkleben, um die Bewegung des Wassers darzustellen.

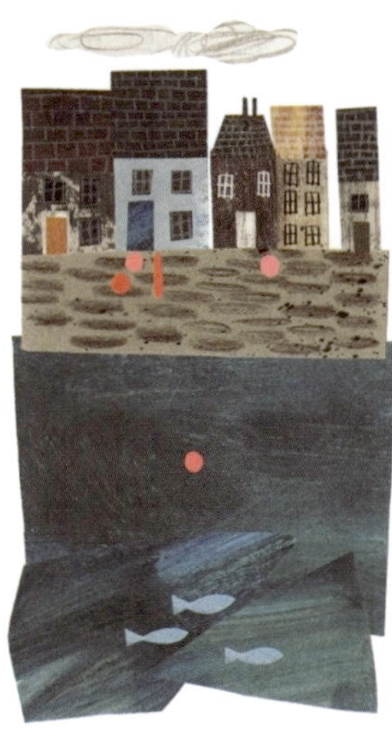

3. Fünf Rechtecke in unterschiedlichen Farben und Texturen ergeben die Hausfassaden. Schneiden Sie weitere Rechtecke für die Dächer aus, und malen Sie mit Buntstift Ziegel auf.

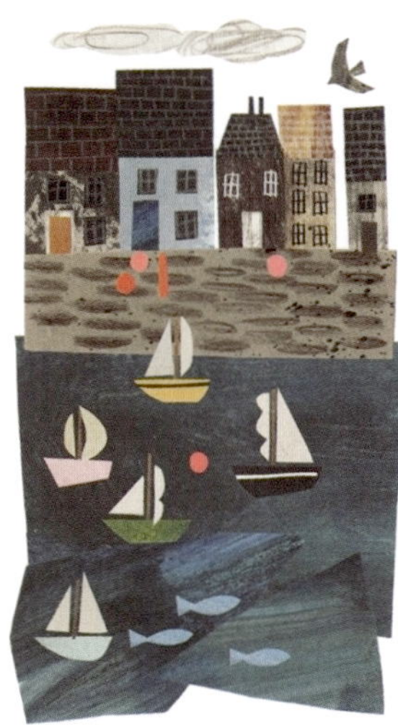

4. Geben Sie Ihren Häusern Charakter, indem Sie farbige Rahmen um die Fenster zeichnen und bunte Türen einfügen. Ich habe die Türen hier schlicht gehalten – vielleicht haben Sie interessantere Ideen?

5. Nun die Details! Ich liebe die roten, orange- und pinkfarbenen Farbtupfer der Bojen vor den gedeckten Farben der kornischen Küste. Dafür genügen ein paar simple Kreis- und Stabelemente. Im Wasser umherschießende Fische verleihen der Szene zusätzlichen Charme: Verwenden Sie helle Blautöne, dann wirken die Fische wie silbrig schimmernde Makrelen oder Sardinen. Zeichnen Sie mit Bleistift dunkle Wirbel auf graues oder weißes Papier, um die über den Hausdächern hängenden Wolken abzubilden.

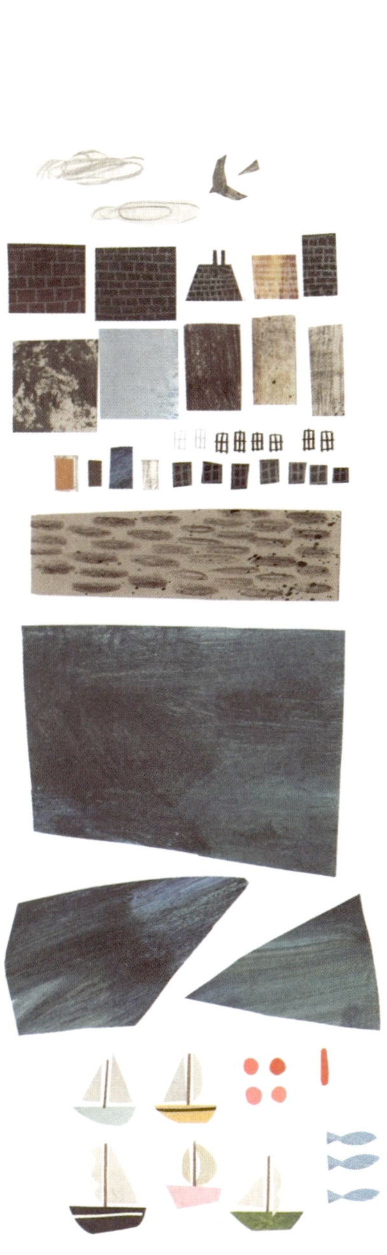

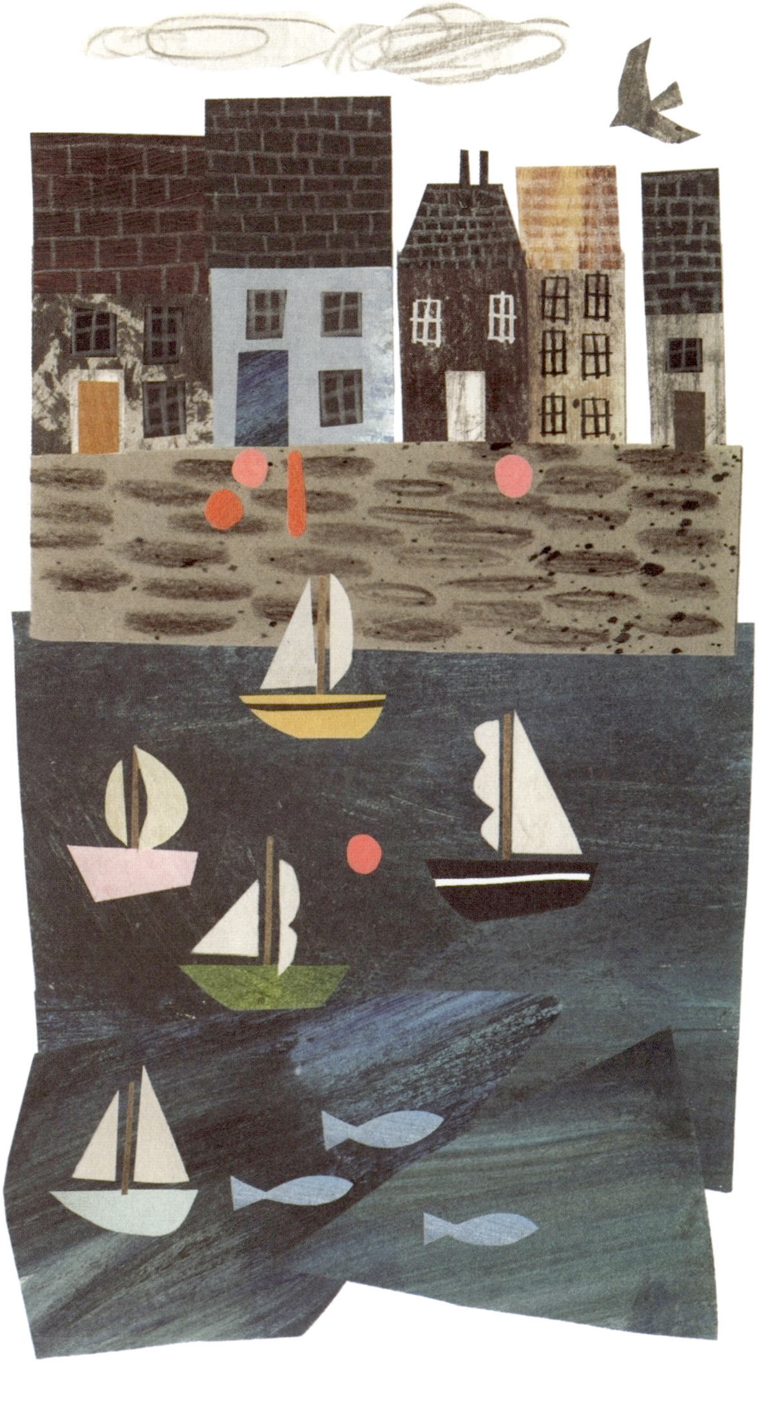

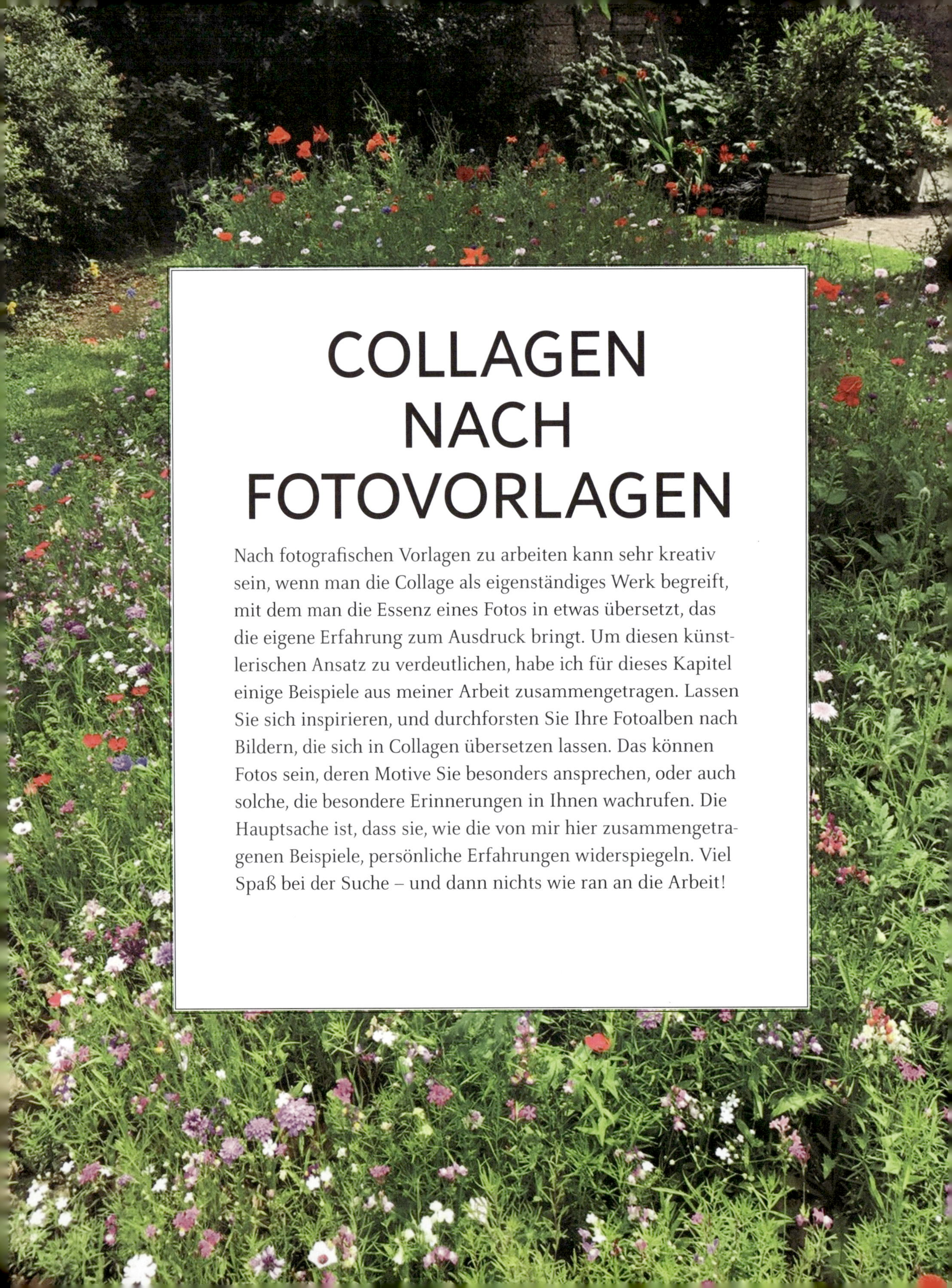

COLLAGEN NACH FOTOVORLAGEN

Nach fotografischen Vorlagen zu arbeiten kann sehr kreativ sein, wenn man die Collage als eigenständiges Werk begreift, mit dem man die Essenz eines Fotos in etwas übersetzt, das die eigene Erfahrung zum Ausdruck bringt. Um diesen künstlerischen Ansatz zu verdeutlichen, habe ich für dieses Kapitel einige Beispiele aus meiner Arbeit zusammengetragen. Lassen Sie sich inspirieren, und durchforsten Sie Ihre Fotoalben nach Bildern, die sich in Collagen übersetzen lassen. Das können Fotos sein, deren Motive Sie besonders ansprechen, oder auch solche, die besondere Erinnerungen in Ihnen wachrufen. Die Hauptsache ist, dass sie, wie die von mir hier zusammengetragenen Beispiele, persönliche Erfahrungen widerspiegeln. Viel Spaß bei der Suche – und dann nichts wie ran an die Arbeit!

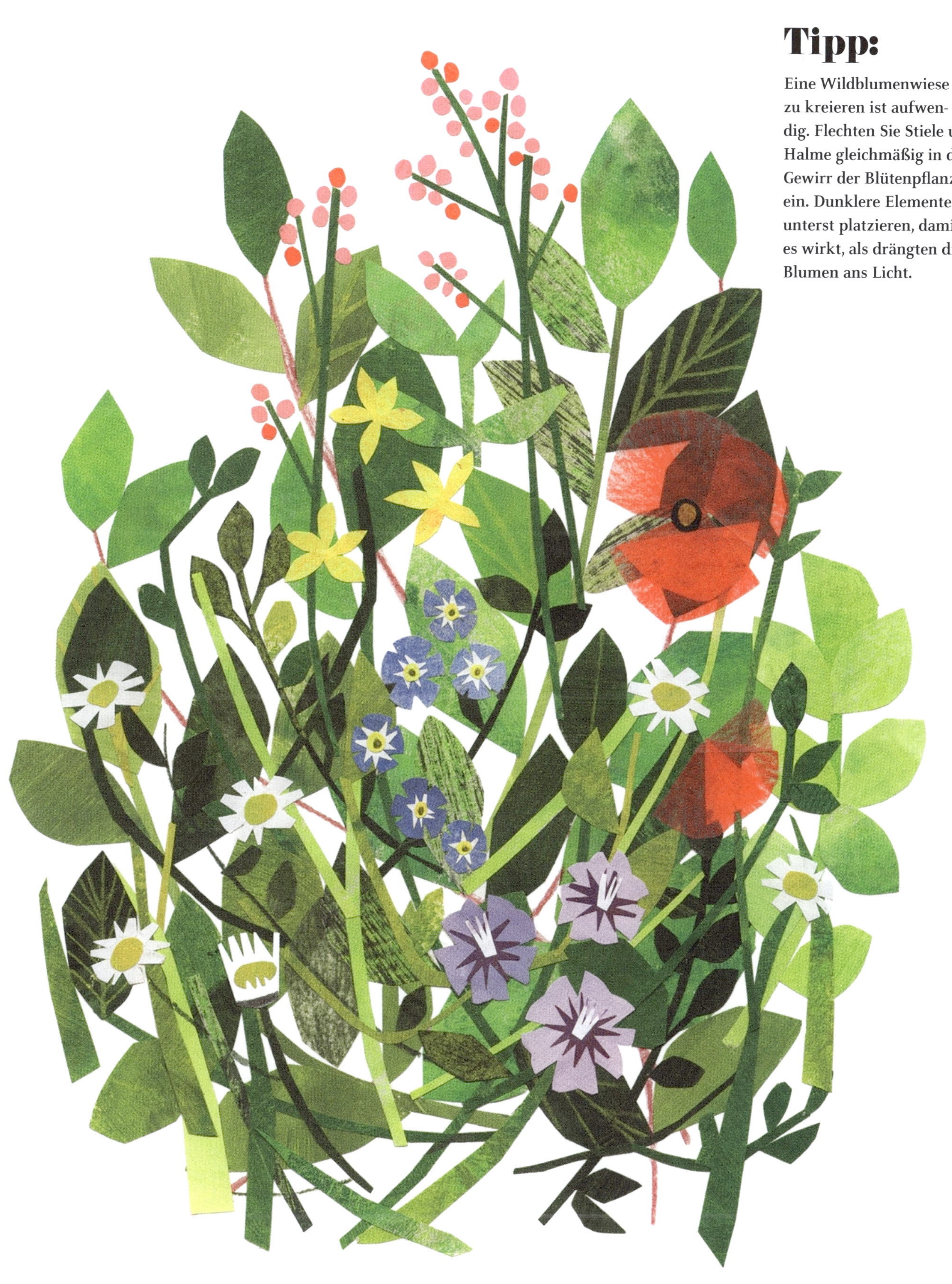

Tipp:

Eine Wildblumenwiese zu kreieren ist aufwendig. Flechten Sie Stiele und Halme gleichmäßig in das Gewirr der Blütenpflanzen ein. Dunklere Elemente zuunterst platzieren, damit es wirkt, als drängten die Blumen ans Licht.

PORTRÄT EINES HAUSES

Häuser zu porträtieren macht mir großen Spaß. Mittlerweile habe ich einige solcher Porträts für Kunden erstellt, die ihr Heim als Collage verewigt sehen wollten. Das Foto zeigt das Haus meiner Freundin Laura in Portland, Oregon. Es ist in einem hellen Grau gestrichen, das einen hübschen Kontrast zu dem Baum im Vorgarten bildet. Ich habe noch ein üppiges Blumenbeet im Vordergrund hinzugefügt. Solche künstlerischen Freiheiten nehme ich mir gern, wenn ich Ergänzungen als passend empfinde – natürlich nur, sofern der Kunde nichts dagegen hat. Gerade beim Arbeiten nach Fotovorlagen ist es wichtig, sich nicht auf die exakte Wiedergabe zu konzentrieren, sondern die Essenz eines Ortes einzufangen.

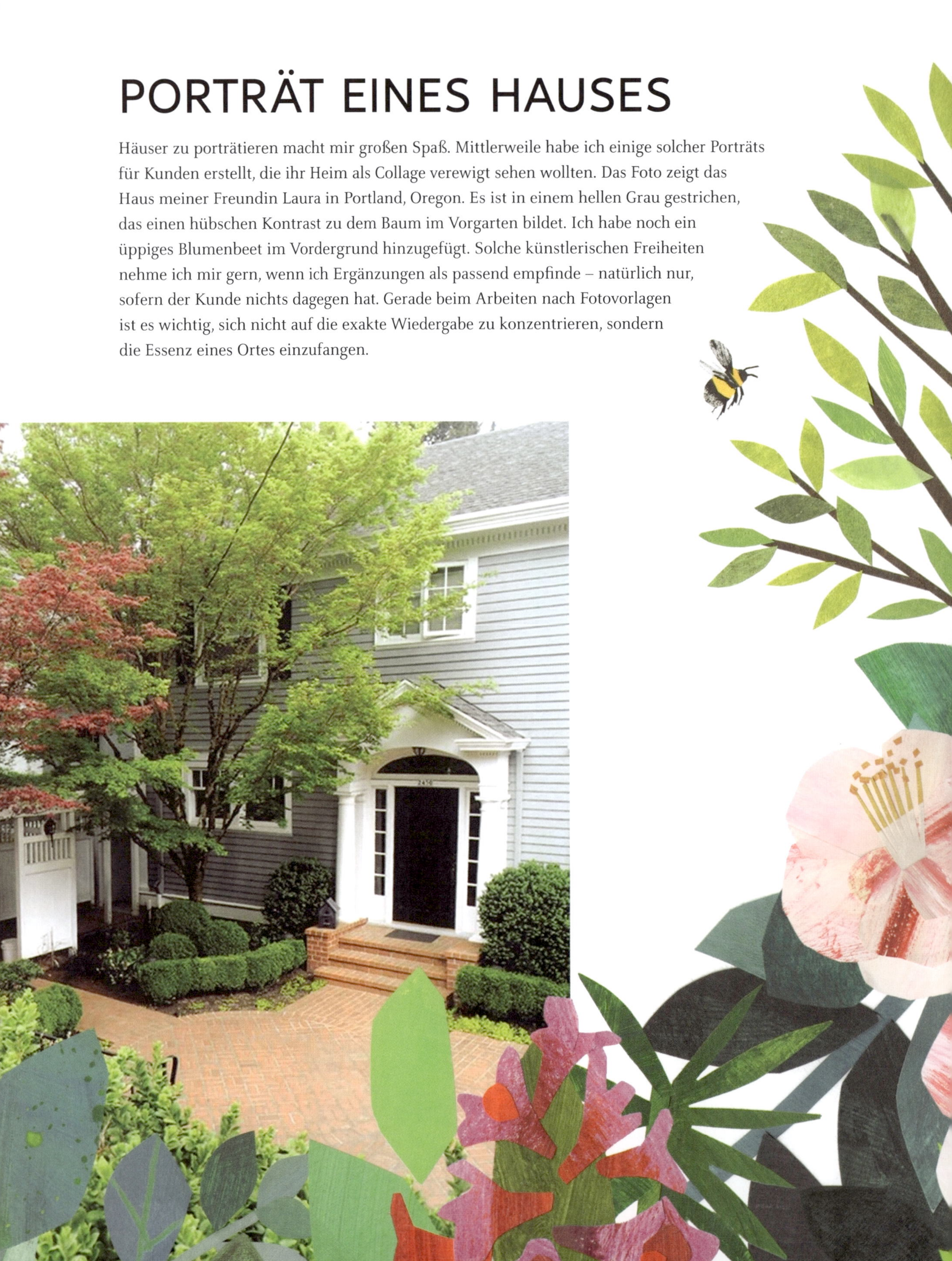

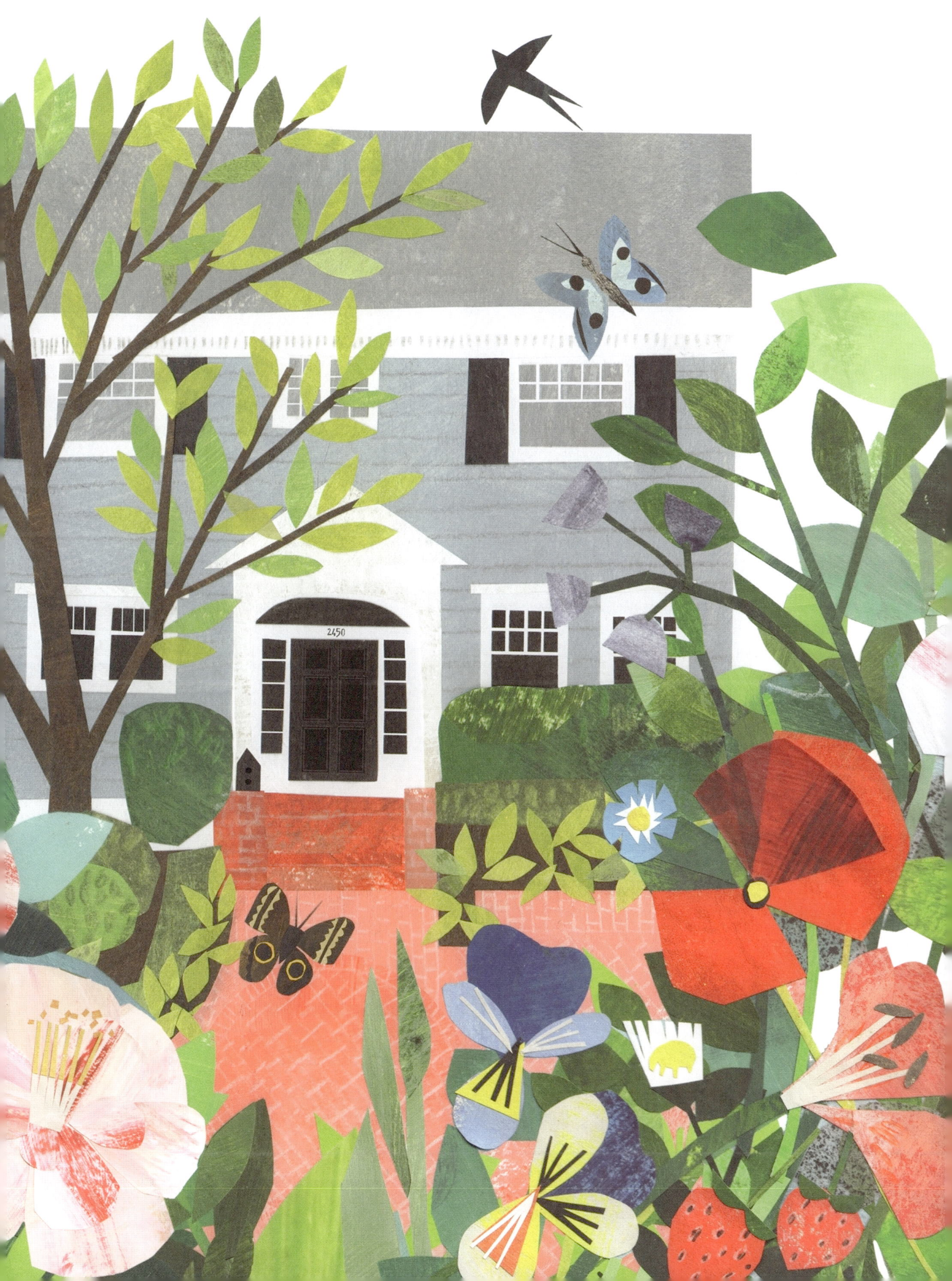
2450

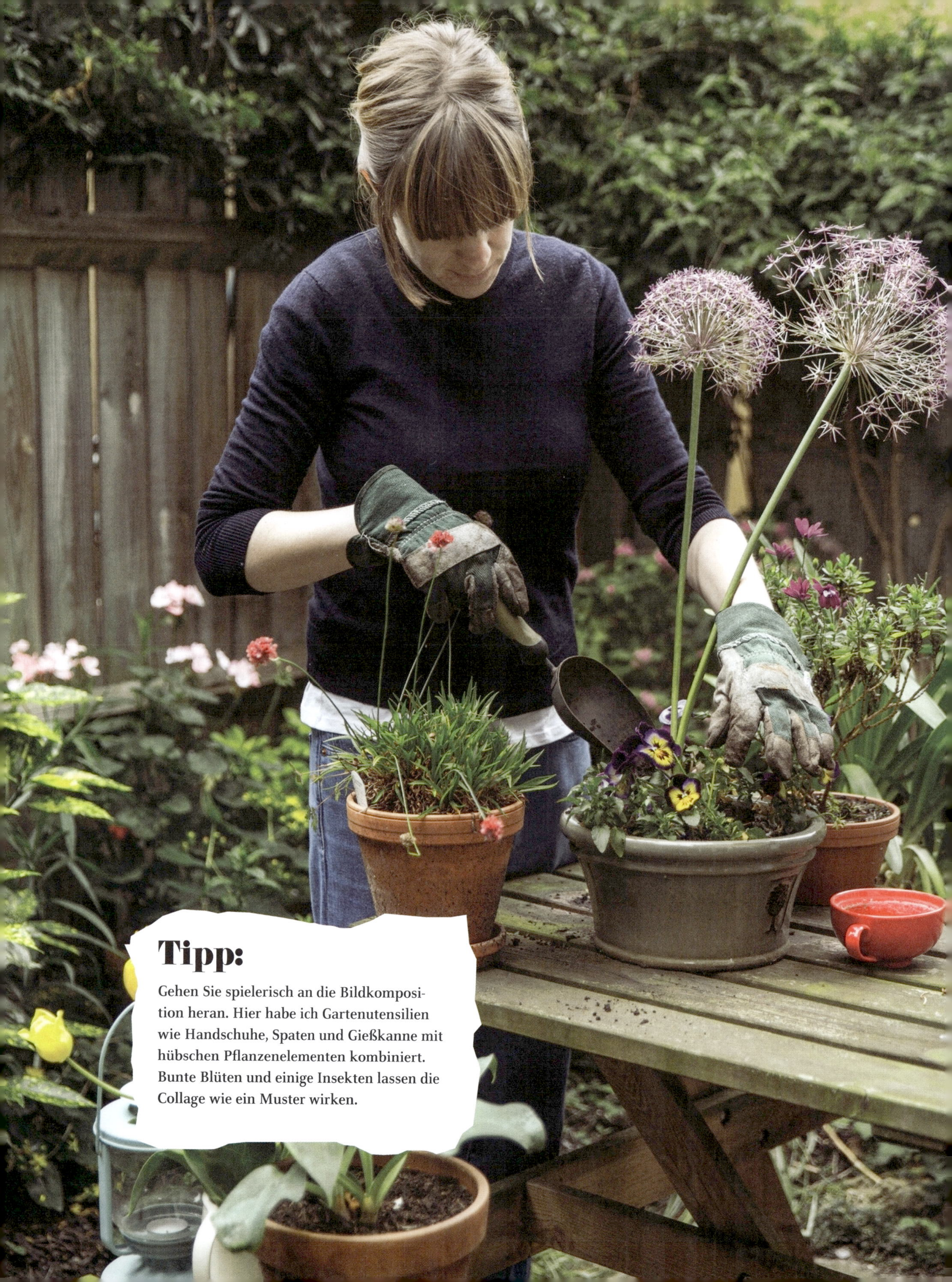

Tipp:

Gehen Sie spielerisch an die Bildkomposition heran. Hier habe ich Gartenutensilien wie Handschuhe, Spaten und Gießkanne mit hübschen Pflanzenelementen kombiniert. Bunte Blüten und einige Insekten lassen die Collage wie ein Muster wirken.

IM GARTEN

Ich bin zwar keine gute, dafür aber eine begeisterte Hobbygärtnerin. Keine meiner früheren Wohnungen in London hatte einen Garten, sodass ich meinen grünen Daumen nur an Zimmerpflanzen beweisen konnte. Umso glücklicher bin ich über den kleinen Garten, den ich mittlerweile mein eigen nenne. Diese Gartenimpression habe ich für mich und meinen Partner Kev gestaltet – gemeinsam mit ihm im Garten zu werkeln gehört zu meinen Lieblingsbeschäftigungen.

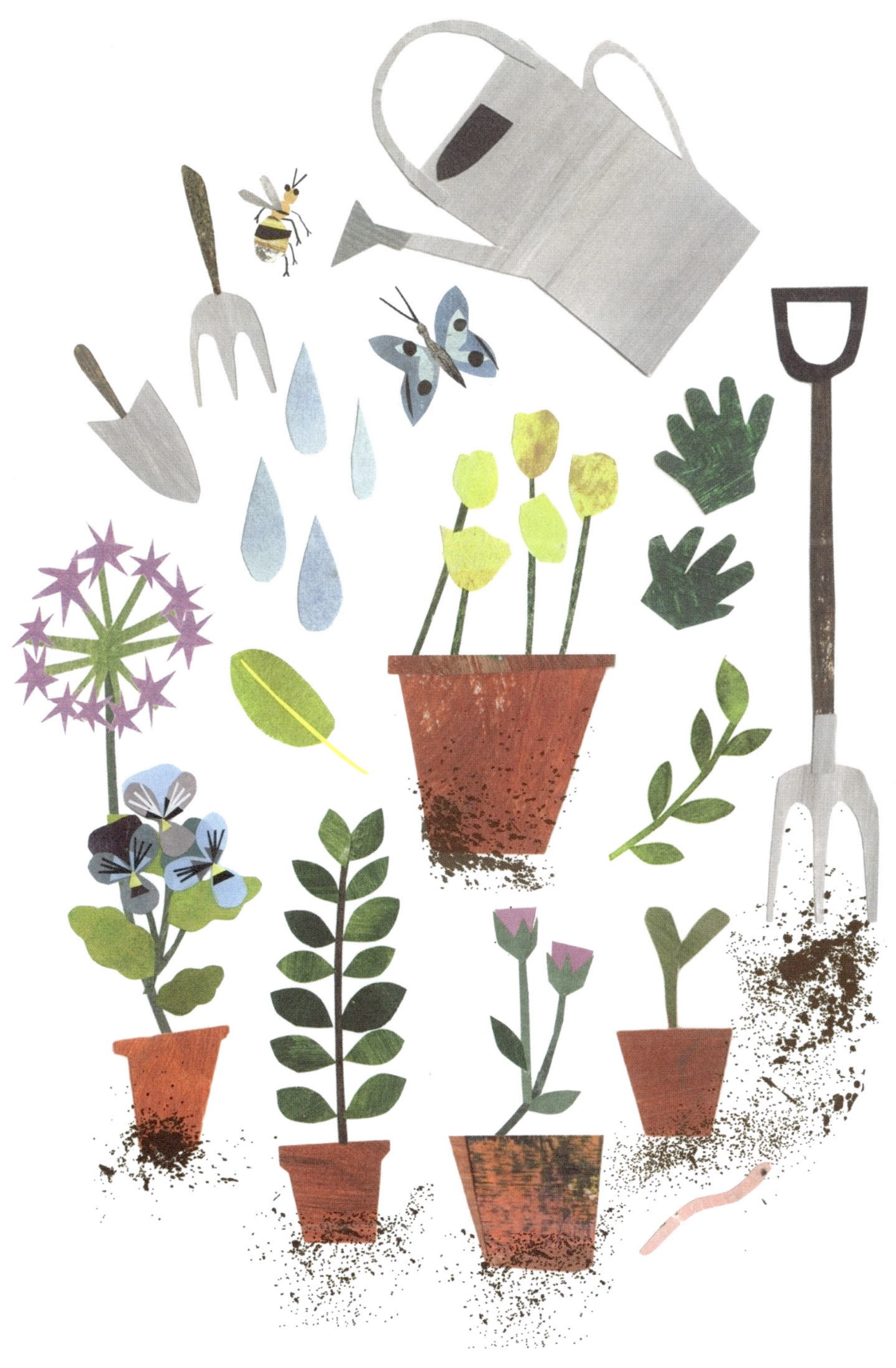

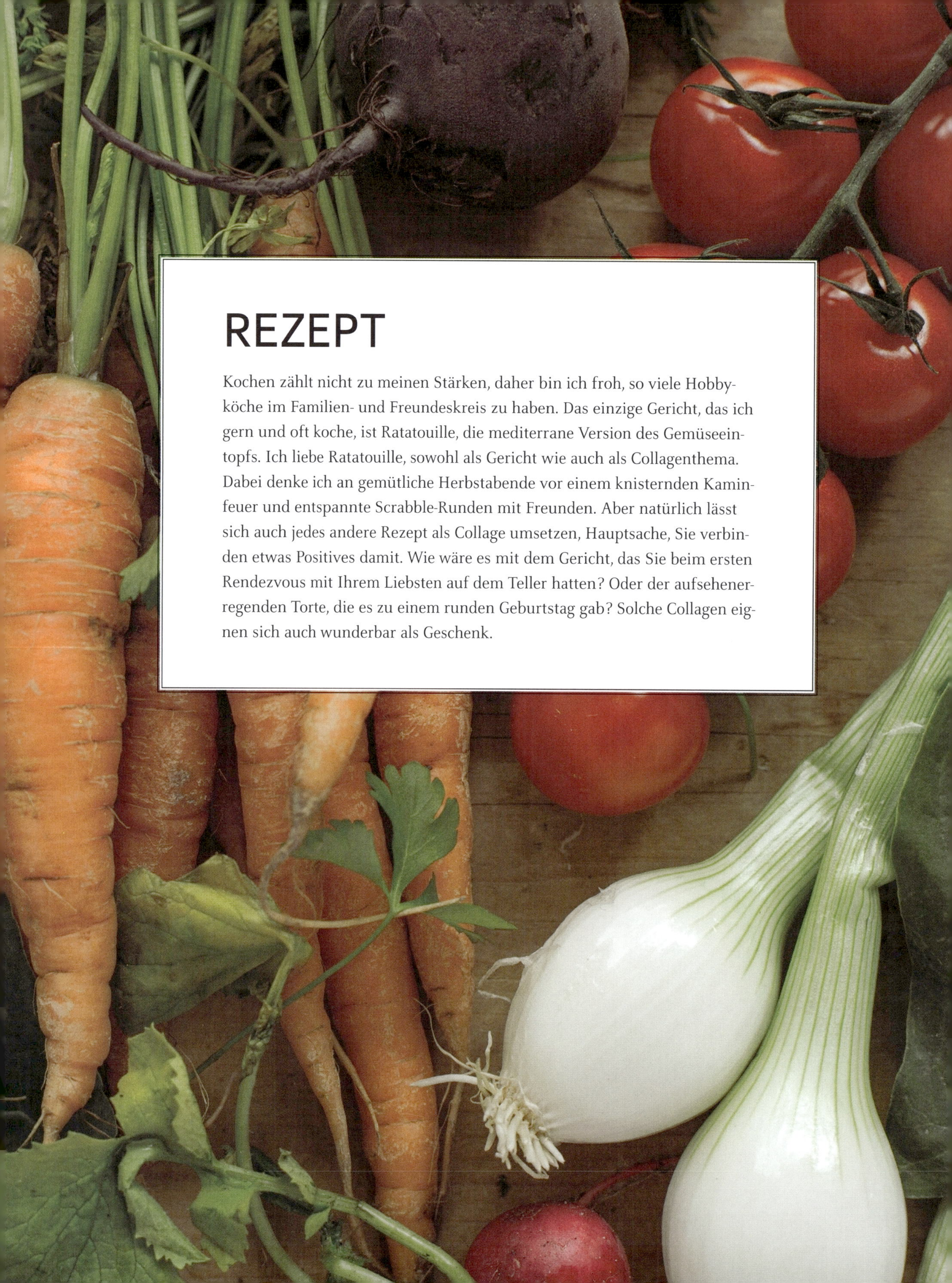

REZEPT

Kochen zählt nicht zu meinen Stärken, daher bin ich froh, so viele Hobbyköche im Familien- und Freundeskreis zu haben. Das einzige Gericht, das ich gern und oft koche, ist Ratatouille, die mediterrane Version des Gemüseeintopfs. Ich liebe Ratatouille, sowohl als Gericht wie auch als Collagenthema. Dabei denke ich an gemütliche Herbstabende vor einem knisternden Kaminfeuer und entspannte Scrabble-Runden mit Freunden. Aber natürlich lässt sich auch jedes andere Rezept als Collage umsetzen, Hauptsache, Sie verbinden etwas Positives damit. Wie wäre es mit dem Gericht, das Sie beim ersten Rendezvous mit Ihrem Liebsten auf dem Teller hatten? Oder der aufsehenerregenden Torte, die es zu einem runden Geburtstag gab? Solche Collagen eignen sich auch wunderbar als Geschenk.

Ratatouille

Plum tomatoes
Salt and Pepper
Olive oil.
Mixed herbs
cherry tomatoes
1X Red onion
1X Aubergine
2X Courgette
1X RedPepper
Balsamic Vinegar

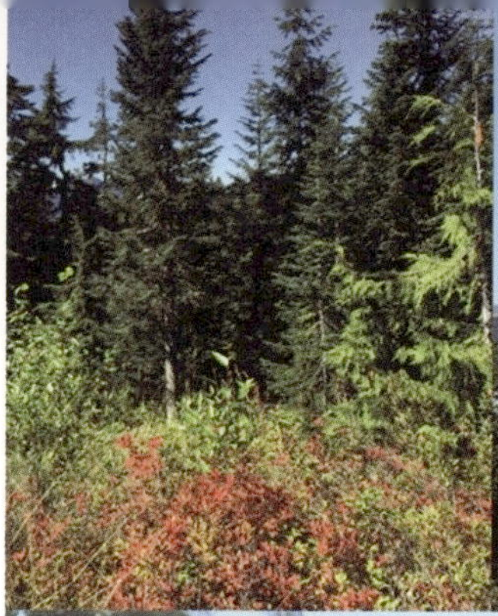

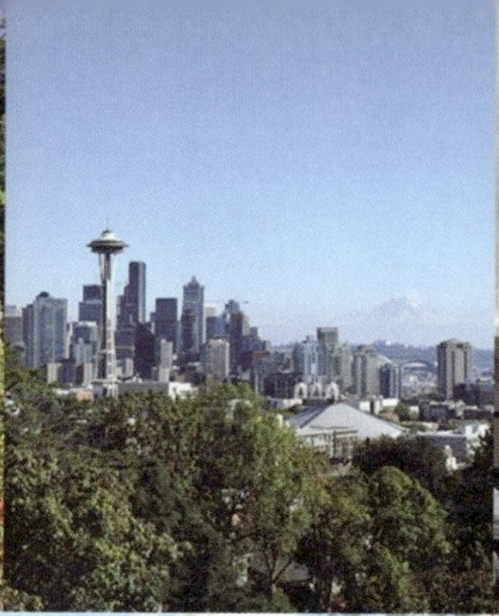

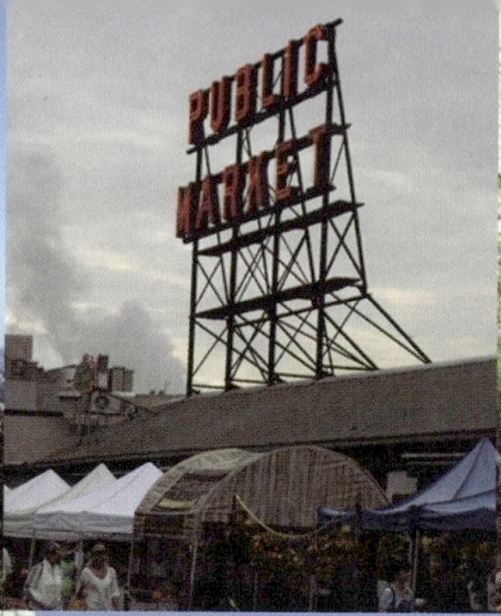

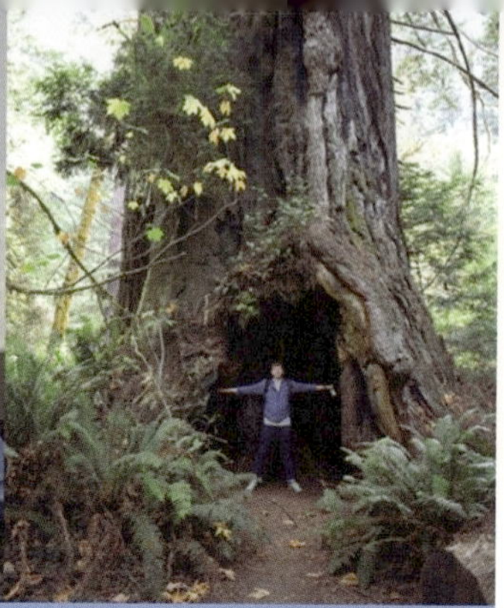

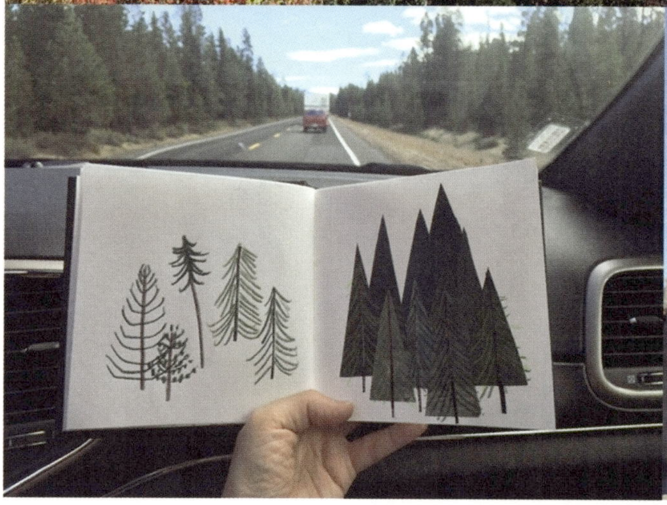

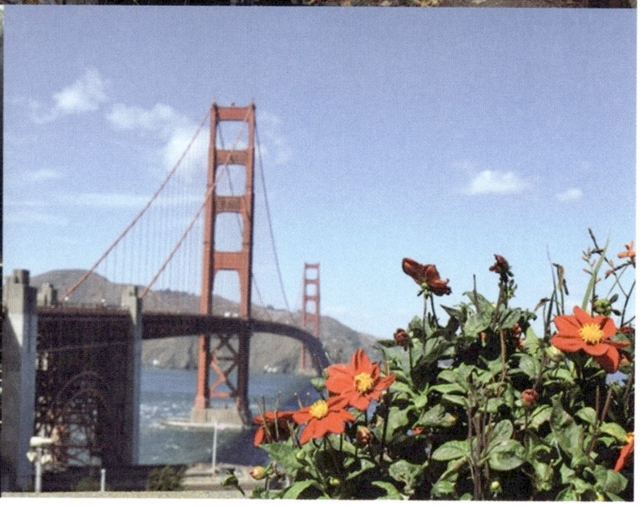

PERSÖNLICHE LANDKARTEN

Ich reise gern und habe immer ein Skizzenbuch dabei, in dem ich meine Eindrücke in kleinen Zeichnungen oder Collagen festhalte. Letztes Jahr unternahmen wir eine fantastische Reise entlang der amerikanischen Westküste und sahen die unglaublichsten Landschaften und Baudenkmäler. Neben der gefühlten Million Fotos, die ich gemacht, und all den Tickets und Landkarten, die ich unterwegs gesammelt habe, wollte ich zur Erinnerung eine Collage unserer Reiseroute gestalten. Entstanden ist die rechts abgebildete Arbeit, die alle Orte zeigt, an denen wir Halt gemacht haben – ein schönes und sehr persönliches Reisesouvenir!

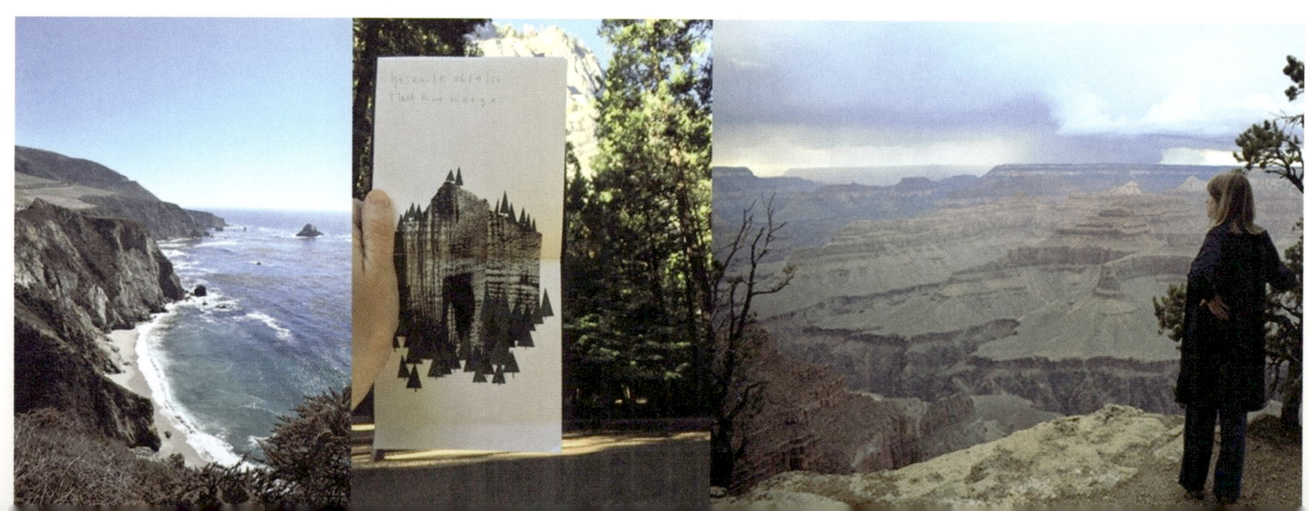

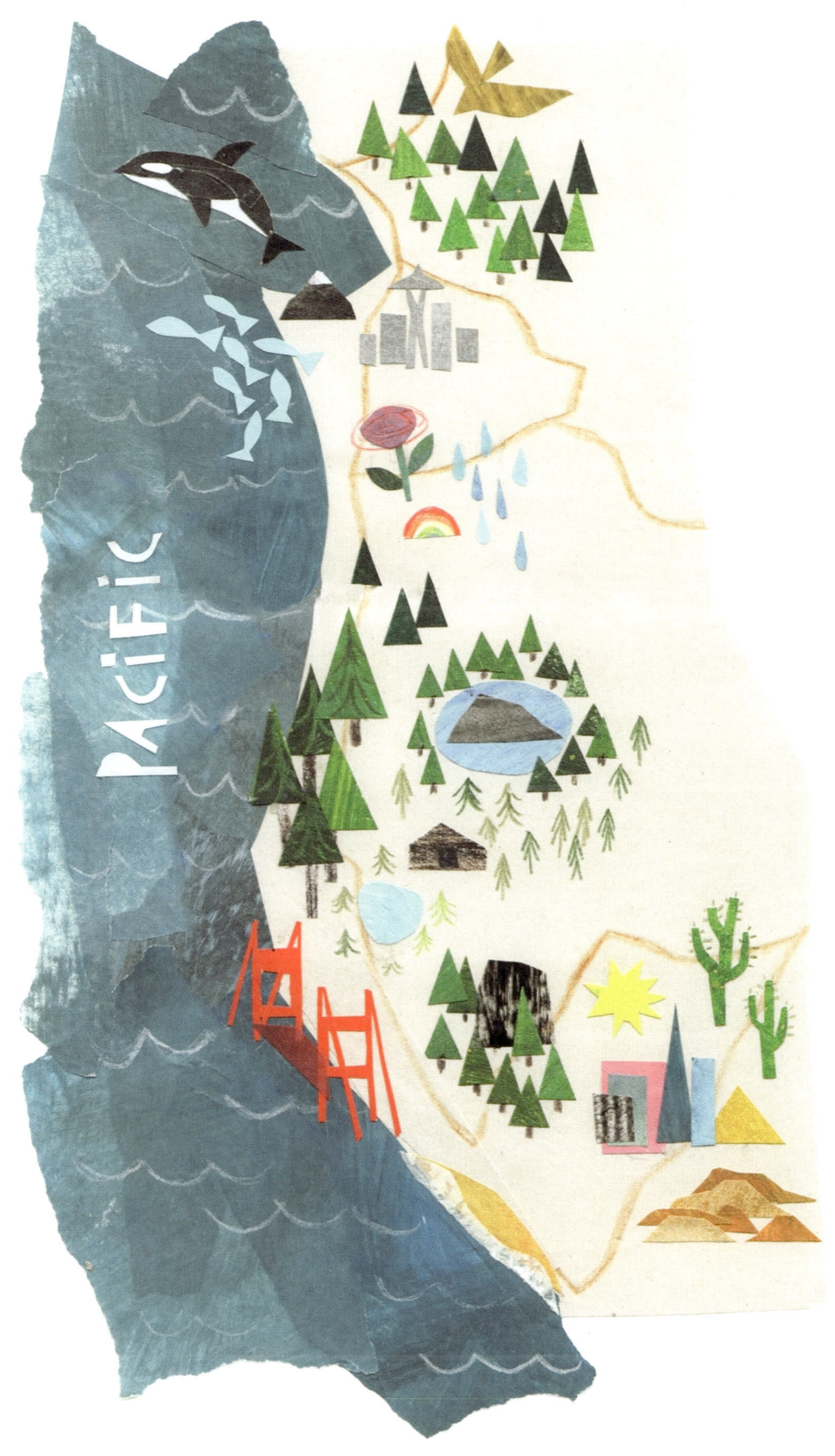
PACIFIC

NOCH MEHR SOUVENIRS …

Die Abbildung zeigt eine weitere Reiseerinnerung, die ich anhand von Fotos gestaltet habe. Auch bei dieser Collage habe ich nicht versucht, ein bestimmtes Foto möglichst genau wiederzugeben, sondern meiner Fantasie freien Lauf gelassen.

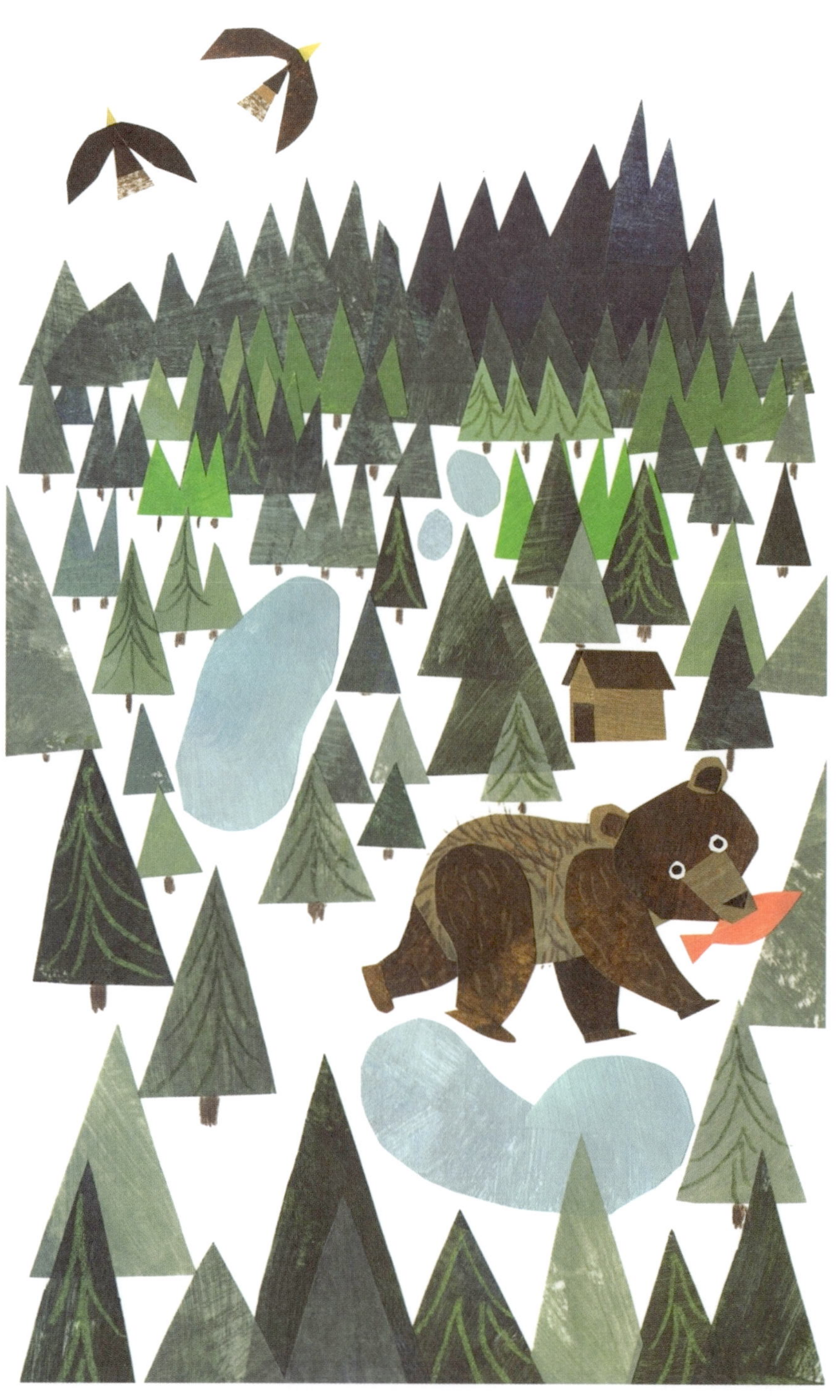

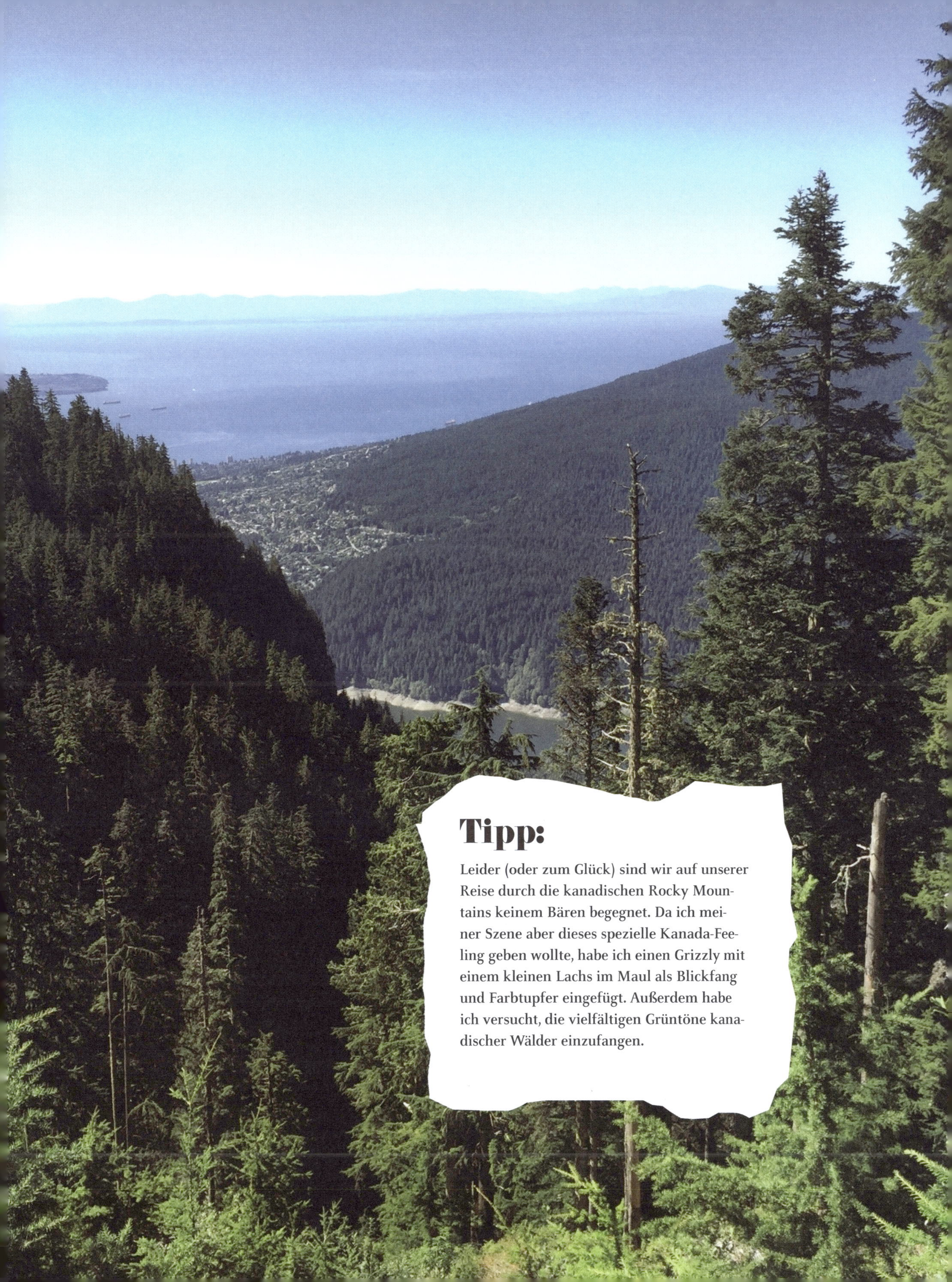

Tipp:

Leider (oder zum Glück) sind wir auf unserer Reise durch die kanadischen Rocky Mountains keinem Bären begegnet. Da ich meiner Szene aber dieses spezielle Kanada-Feeling geben wollte, habe ich einen Grizzly mit einem kleinen Lachs im Maul als Blickfang und Farbtupfer eingefügt. Außerdem habe ich versucht, die vielfältigen Grüntöne kanadischer Wälder einzufangen.

SCHOTTISCHE HIGHLANDS

Dieses Foto habe ich aus dem fahrenden Auto heraus gemacht. Um die Größenverhältnisse und die spektakuläre Atmosphäre dieser wildromantischen Landschaft deutlich werden zu lassen, habe ich für die Berghänge stark texturierte Papiere verwendet und das Haus so klein wie möglich gehalten. Außerdem habe ich einige tief hängende Wolken eingefügt, die den massigen Munro noch mächtiger wirken lassen.

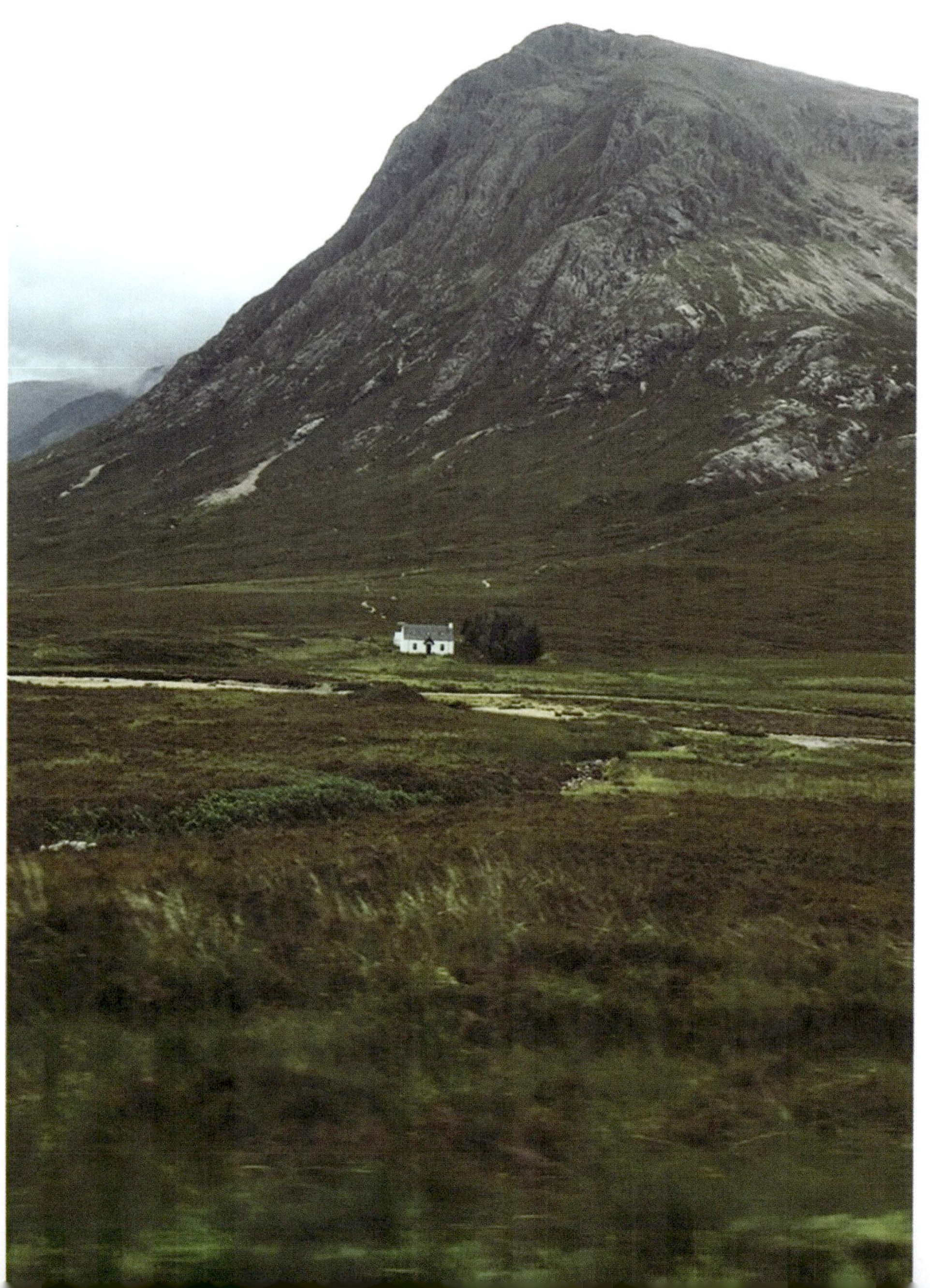

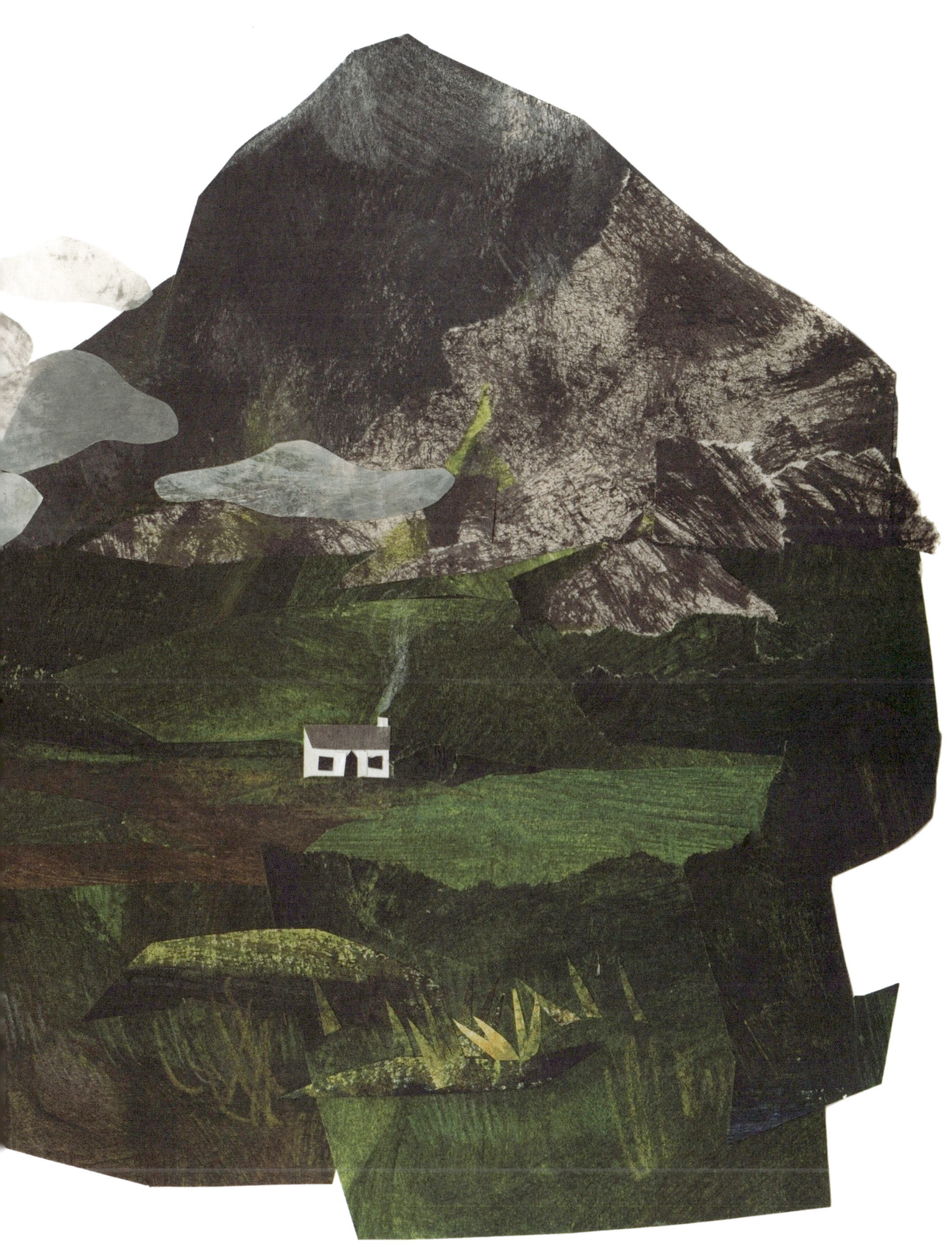

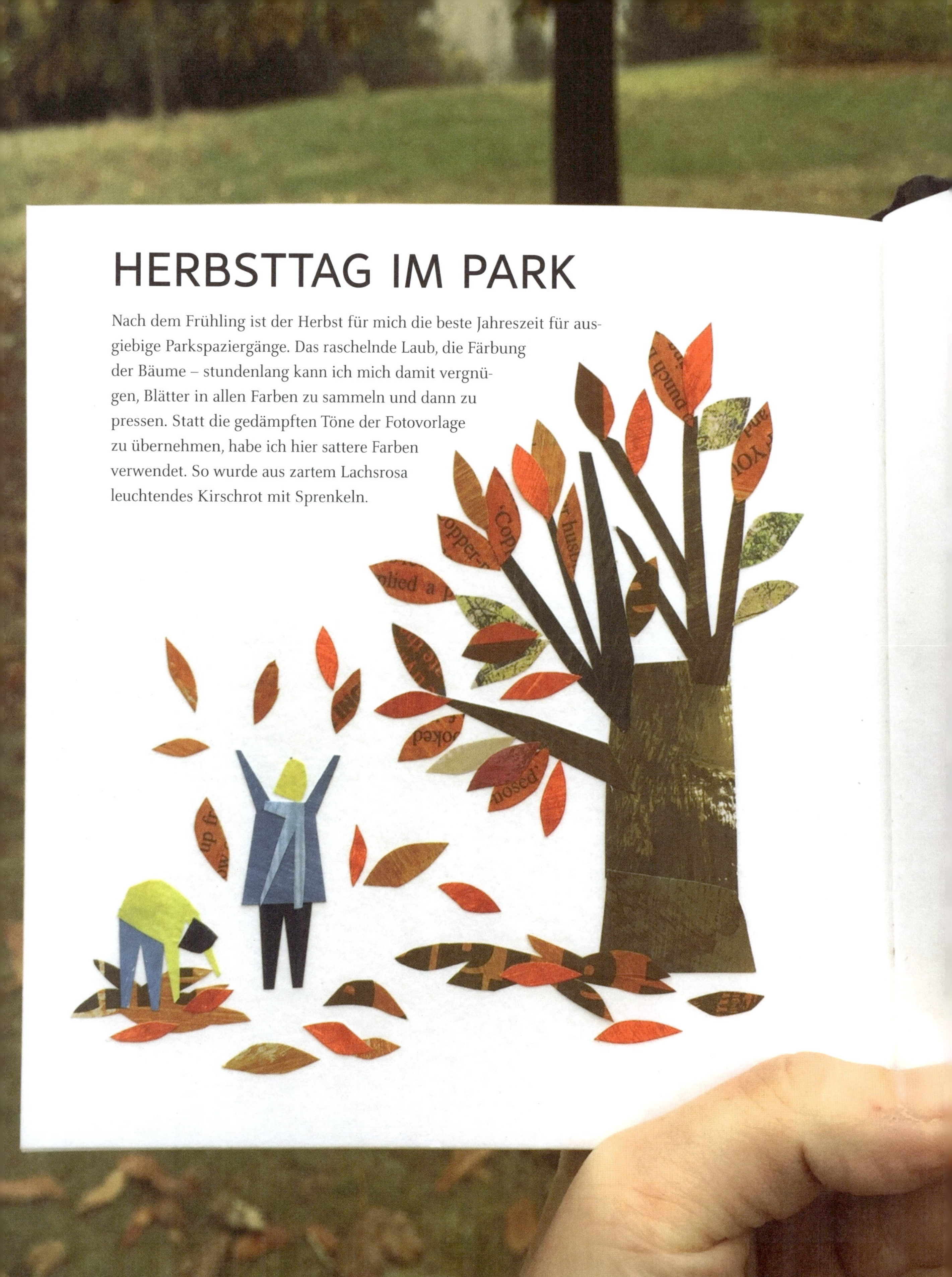

HERBSTTAG IM PARK

Nach dem Frühling ist der Herbst für mich die beste Jahreszeit für ausgiebige Parkspaziergänge. Das raschelnde Laub, die Färbung der Bäume – stundenlang kann ich mich damit vergnügen, Blätter in allen Farben zu sammeln und dann zu pressen. Statt die gedämpften Töne der Fotovorlage zu übernehmen, habe ich hier sattere Farben verwendet. So wurde aus zartem Lachsrosa leuchtendes Kirschrot mit Sprenkeln.

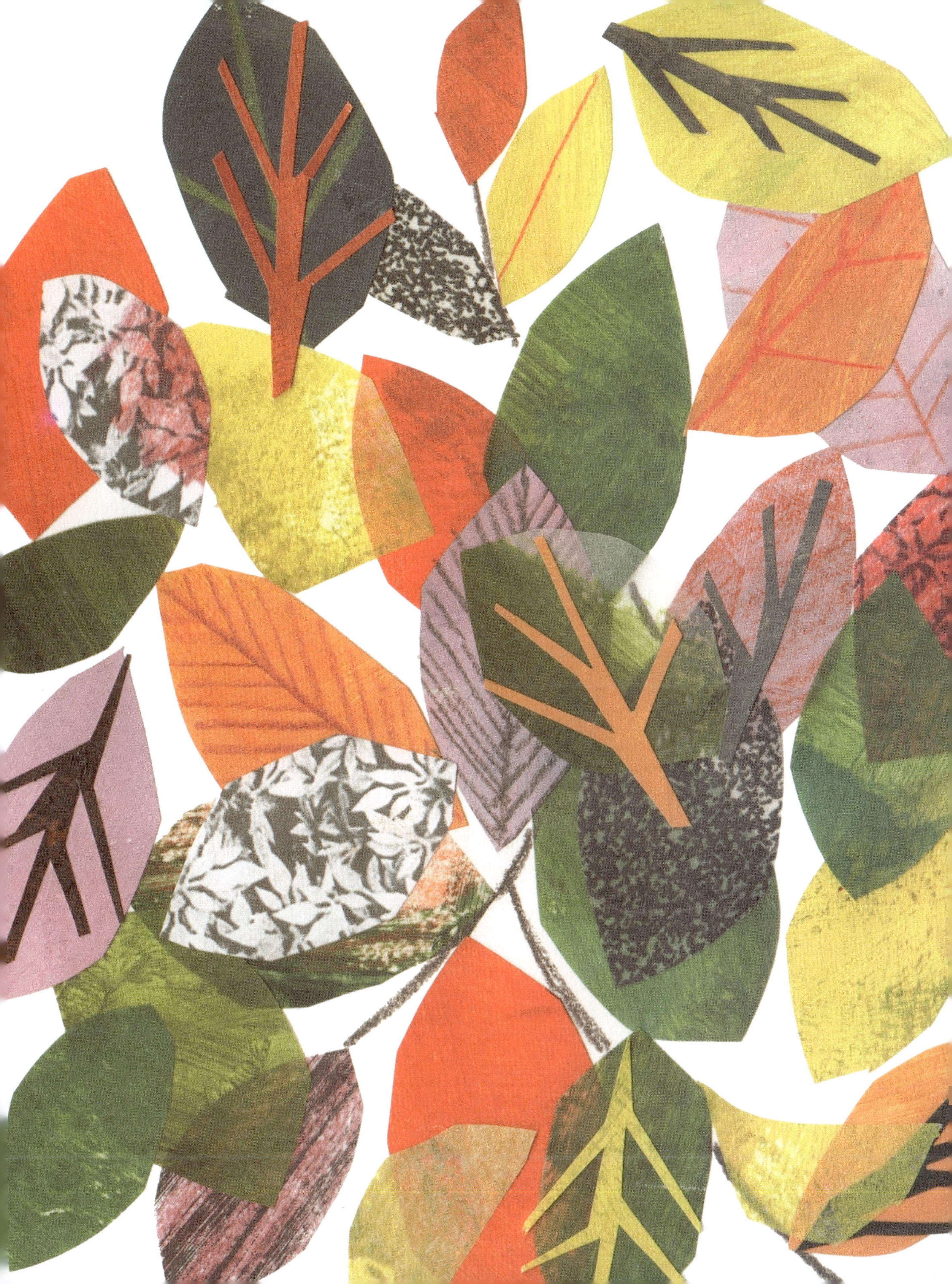

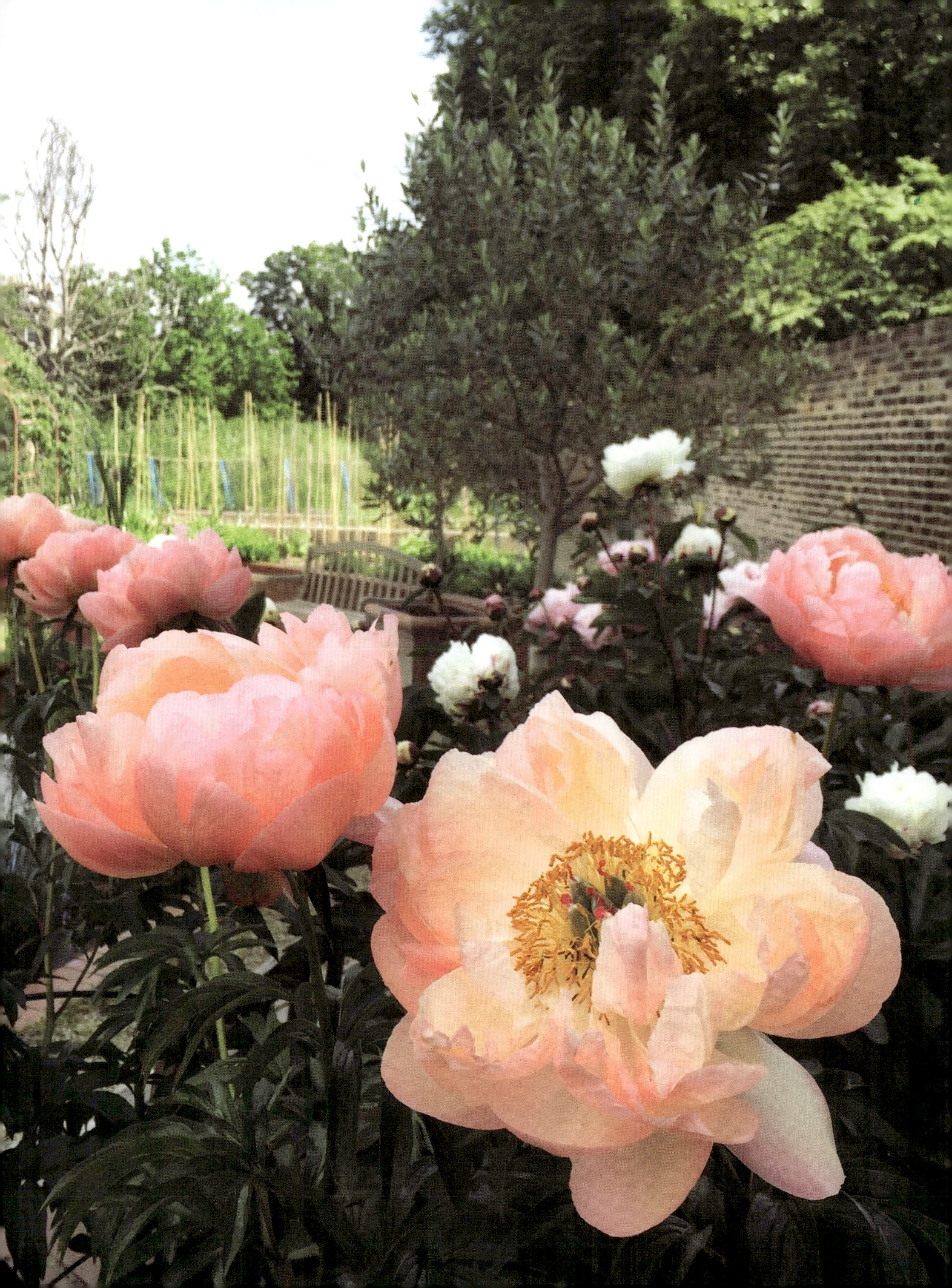

FRÜHLINGSBLUMEN

Ende Mai beginnen im Queen's Orchard im Londoner Greenwich Park die Pfingstrosen zu blühen. Immer wieder bin ich überwältigt von der schieren Größe dieser weißen, pfirsich- und pinkfarbenen Blüten mit ihren bezaubernden runden Blütenblättern. Kein Frühling vergeht, ohne dass ich diese charaktervollen Blumen mit den auffälligen Staubblättern in zahlreichen Skizzen festhalte.

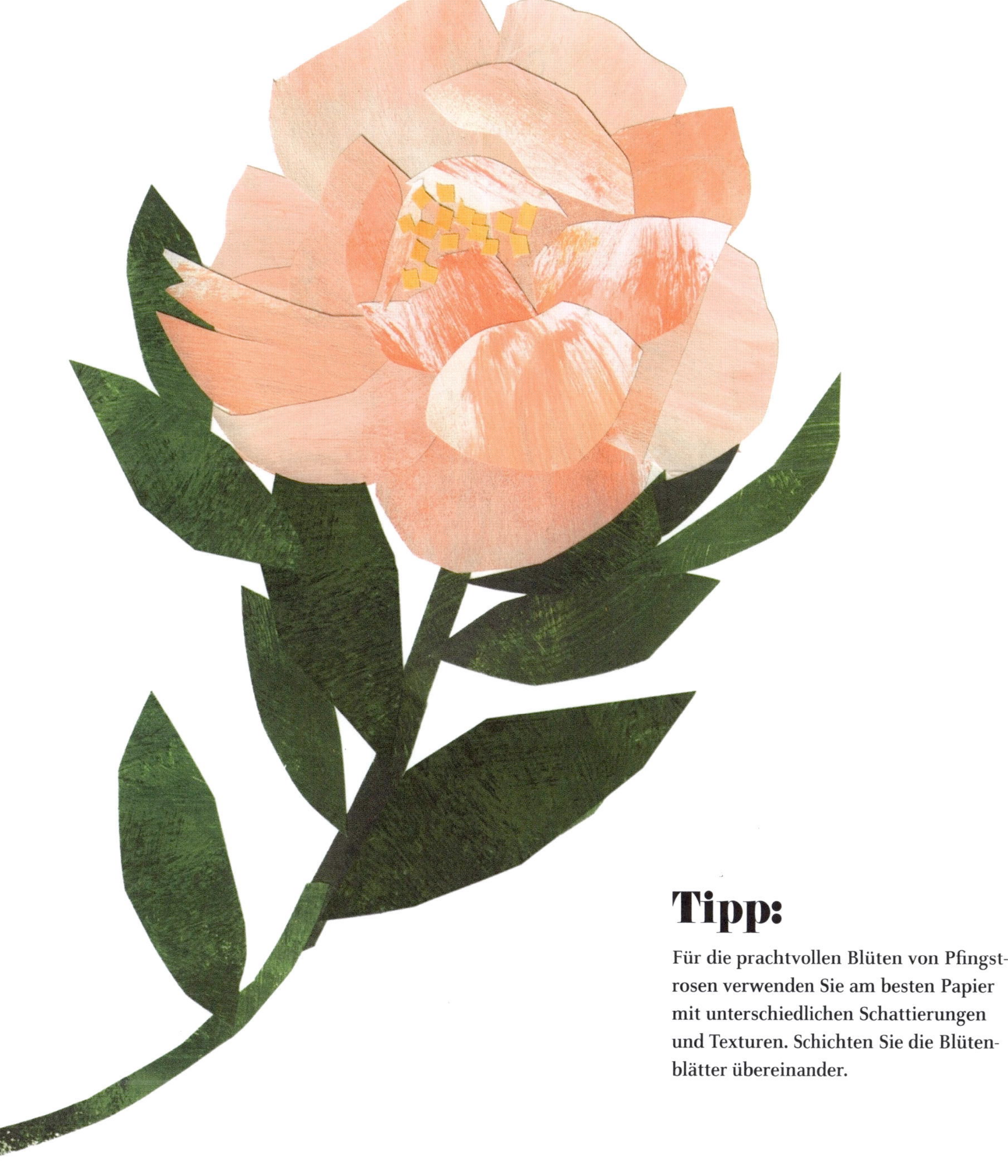

Tipp:

Für die prachtvollen Blüten von Pfingstrosen verwenden Sie am besten Papier mit unterschiedlichen Schattierungen und Texturen. Schichten Sie die Blütenblätter übereinander.

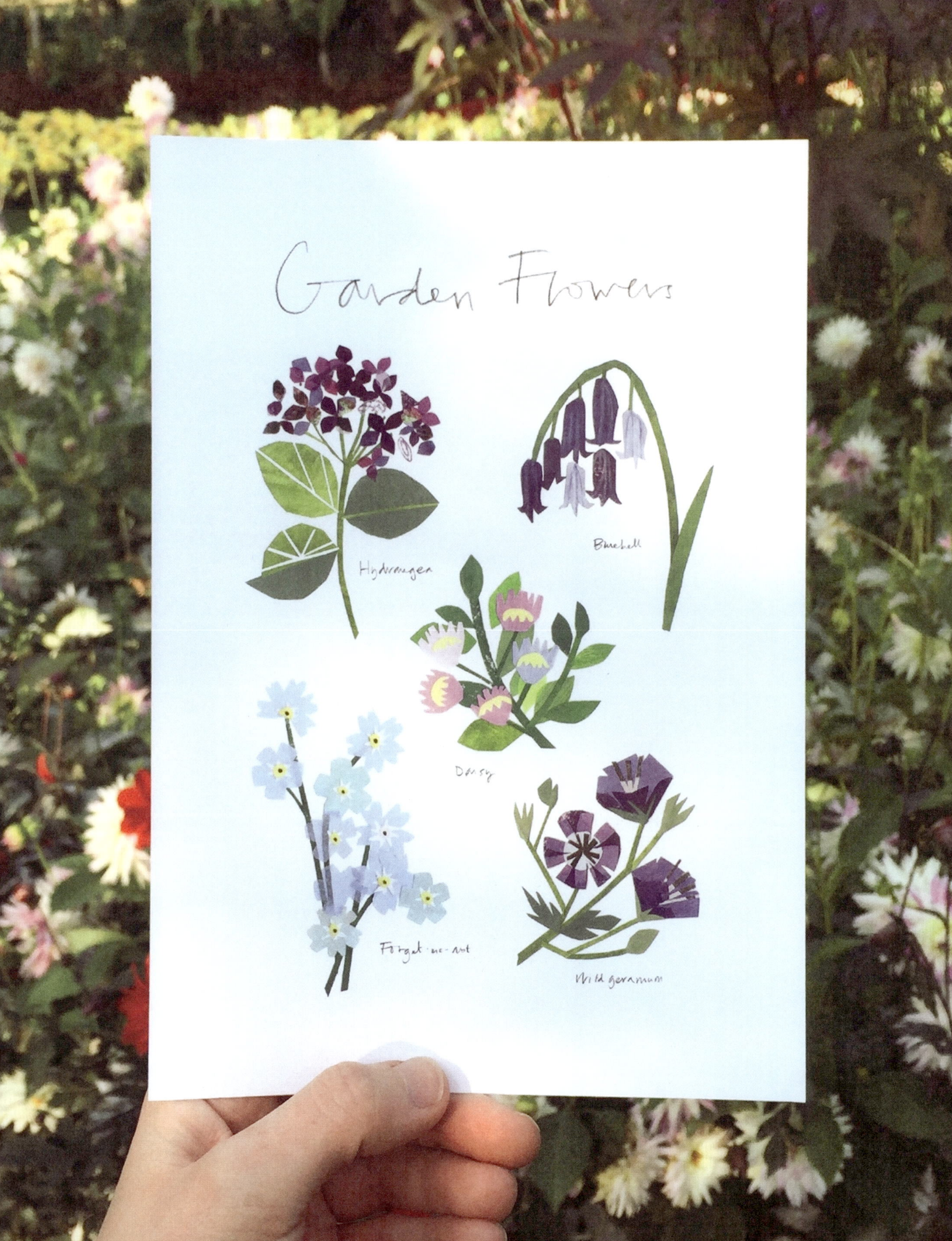
Garden Flowers
Hydrangea
Bluebell
Daisy
Forget-me-not
Wild geranium

GARTENBLUMEN

In der Regel spielen die Namen der Pflanzen, die ich in meine Collagen einbaue, für mich keine große Rolle, aber hin und wieder macht es mir Freude, Arten, die ich aus dem Garten meiner Mutter kenne, mitsamt ihren Namen auf Papier zu bannen. Die hier abgebildete Collage ist einer klassischen botanischen Studie nachempfunden. Für meine Version habe ich bekannte Gartenblumen in Blau- und Lilatönen ausgewählt.

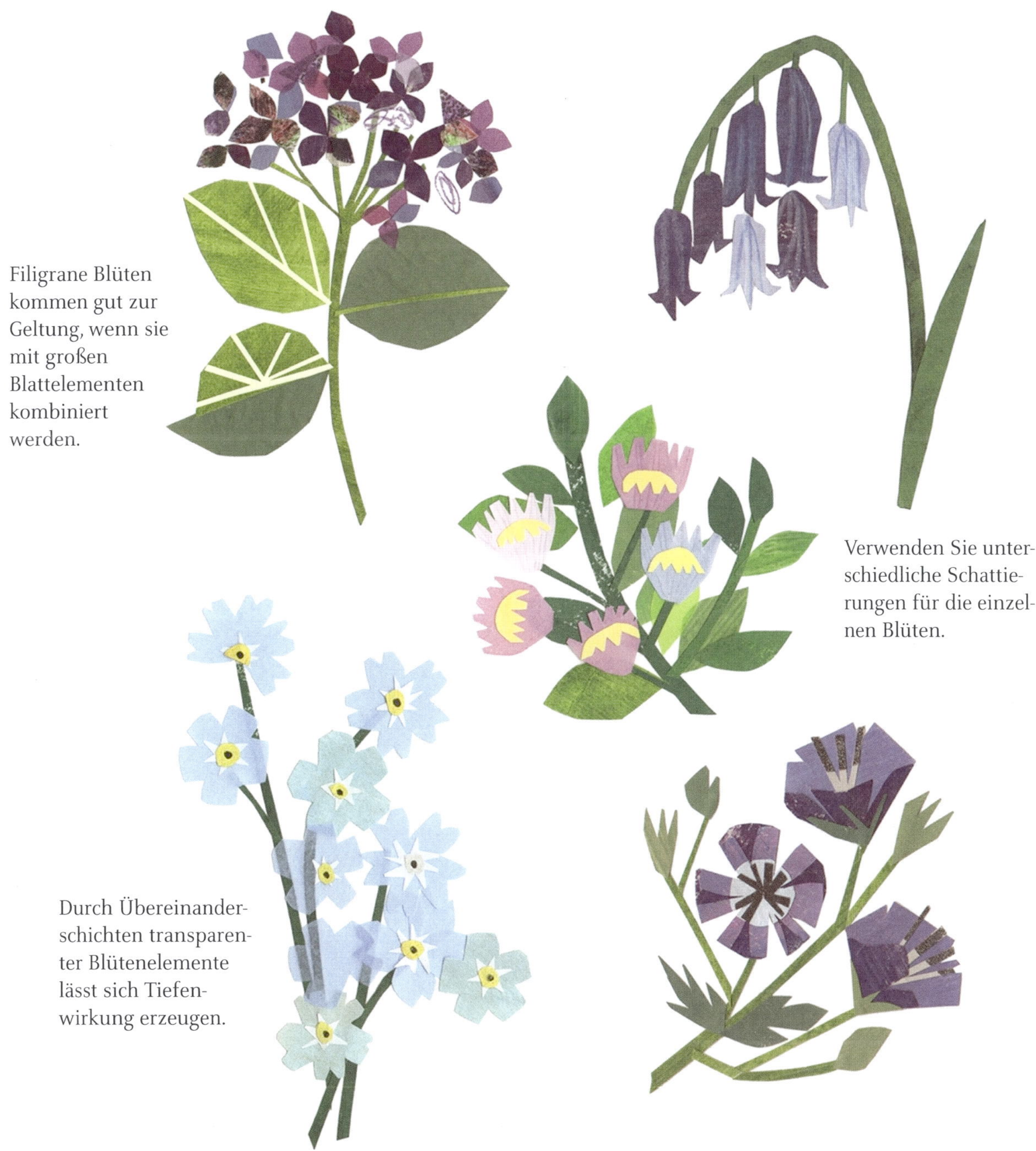

Filigrane Blüten kommen gut zur Geltung, wenn sie mit großen Blattelementen kombiniert werden.

Verwenden Sie unterschiedliche Schattierungen für die einzelnen Blüten.

Durch Übereinanderschichten transparenter Blütenelemente lässt sich Tiefenwirkung erzeugen.

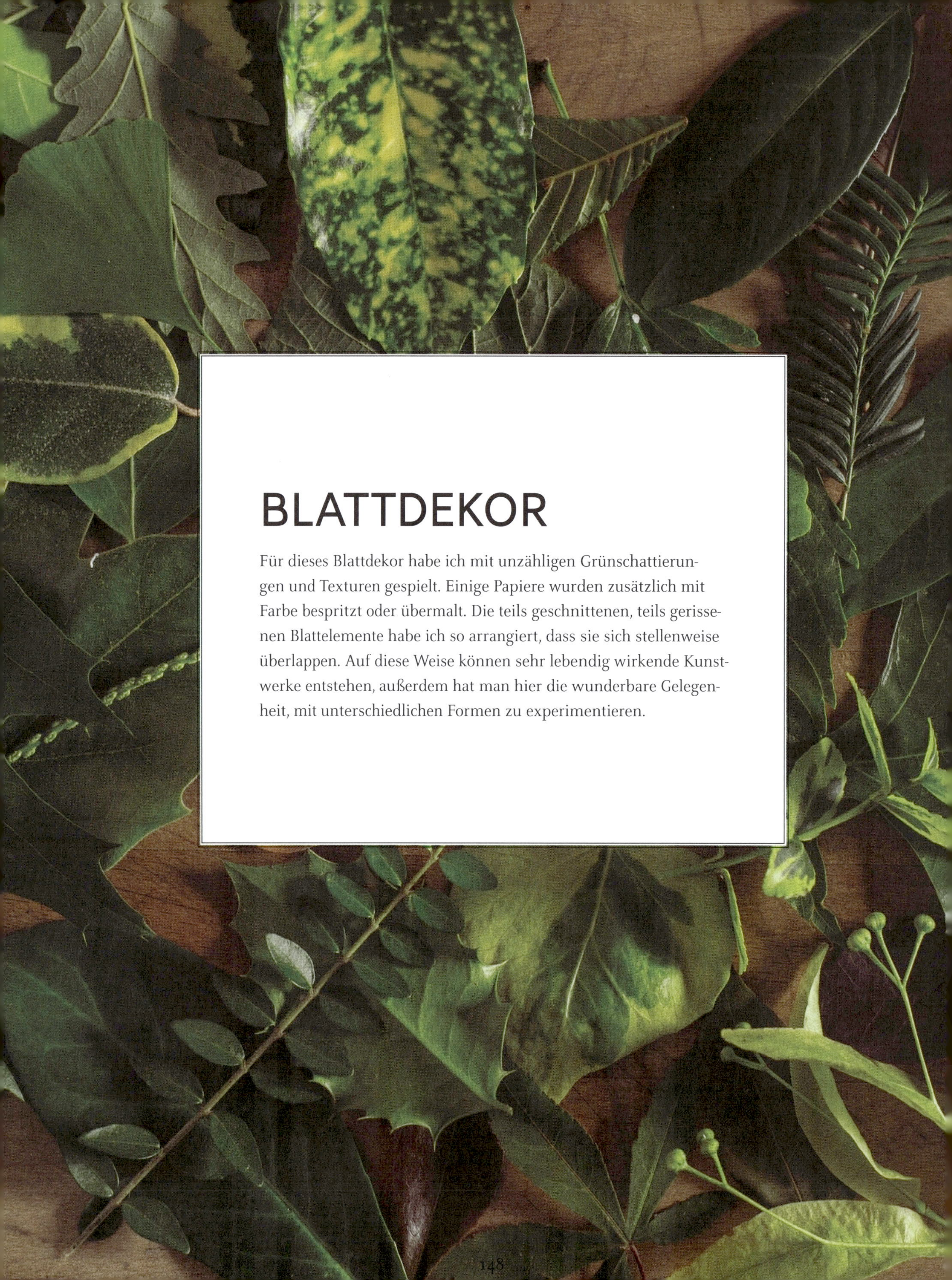

BLATTDEKOR

Für dieses Blattdekor habe ich mit unzähligen Grünschattierungen und Texturen gespielt. Einige Papiere wurden zusätzlich mit Farbe bespritzt oder übermalt. Die teils geschnittenen, teils gerissenen Blattelemente habe ich so arrangiert, dass sie sich stellenweise überlappen. Auf diese Weise können sehr lebendig wirkende Kunstwerke entstehen, außerdem hat man hier die wunderbare Gelegenheit, mit unterschiedlichen Formen zu experimentieren.

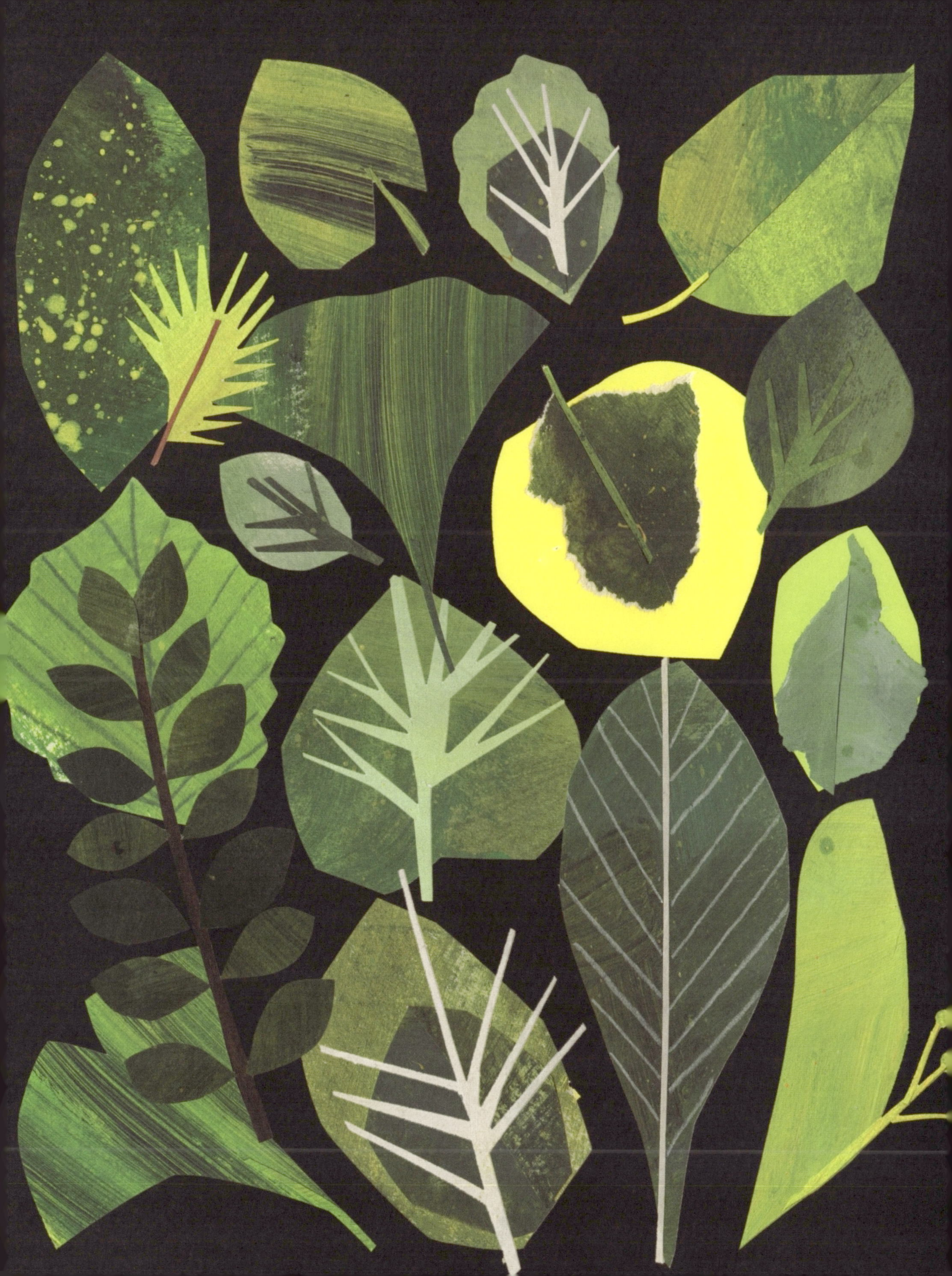

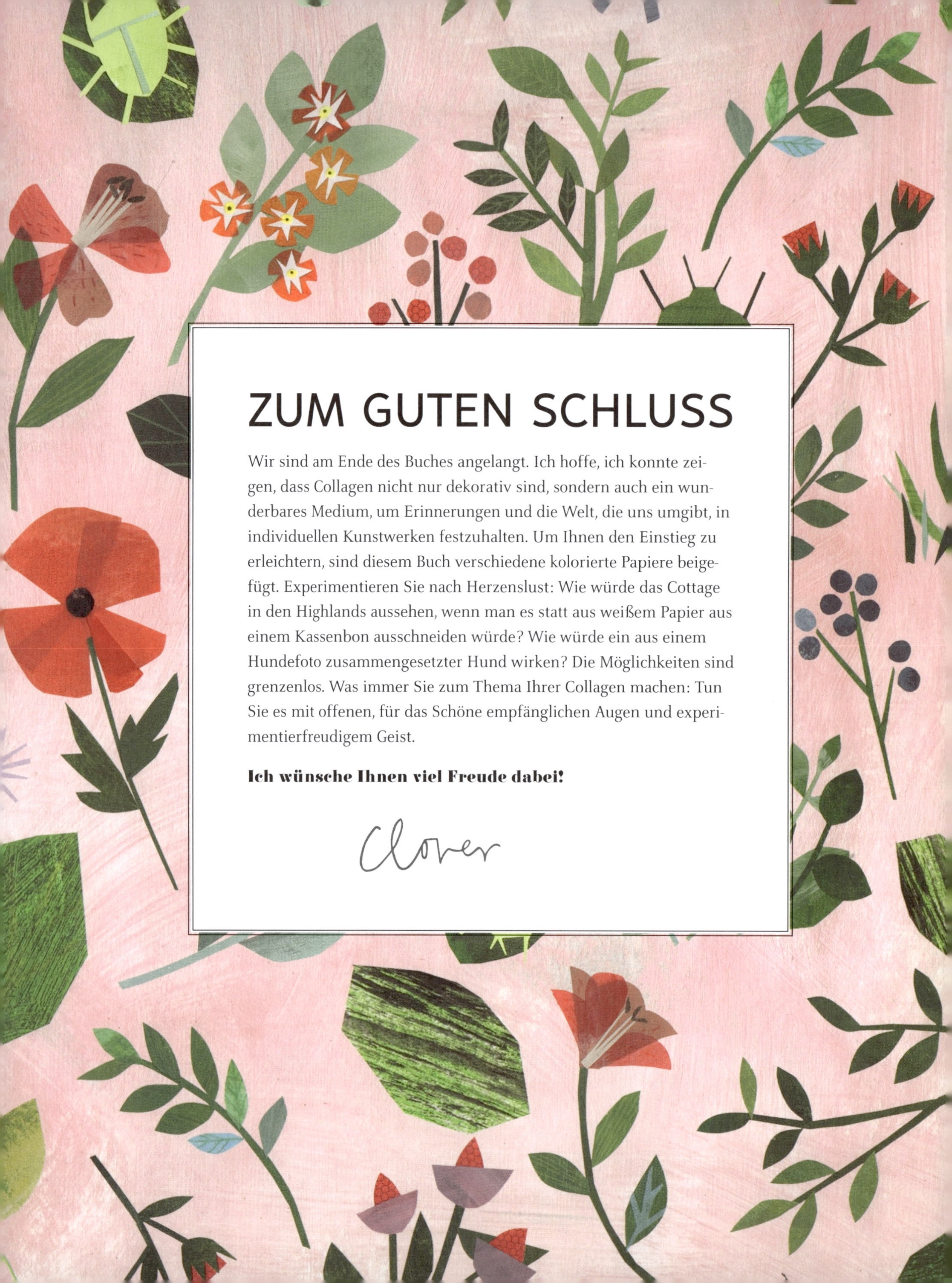

ZUM GUTEN SCHLUSS

Wir sind am Ende des Buches angelangt. Ich hoffe, ich konnte zeigen, dass Collagen nicht nur dekorativ sind, sondern auch ein wunderbares Medium, um Erinnerungen und die Welt, die uns umgibt, in individuellen Kunstwerken festzuhalten. Um Ihnen den Einstieg zu erleichtern, sind diesem Buch verschiedene kolorierte Papiere beigefügt. Experimentieren Sie nach Herzenslust: Wie würde das Cottage in den Highlands aussehen, wenn man es statt aus weißem Papier aus einem Kassenbon ausschneiden würde? Wie würde ein aus einem Hundefoto zusammengesetzter Hund wirken? Die Möglichkeiten sind grenzenlos. Was immer Sie zum Thema Ihrer Collagen machen: Tun Sie es mit offenen, für das Schöne empfänglichen Augen und experimentierfreudigem Geist.

Ich wünsche Ihnen viel Freude dabei!

Clover

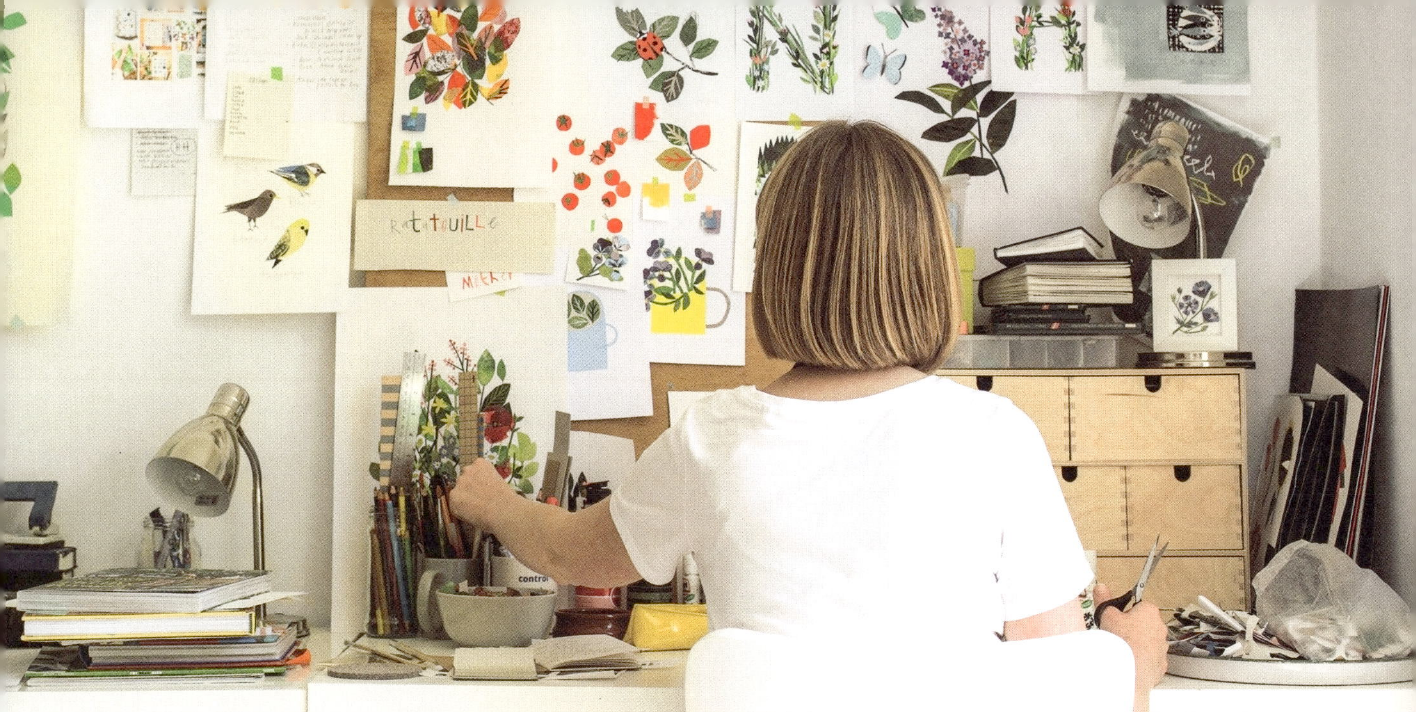

ÜBER DIE AUTORIN

Clover Robin ist Collagekünstlerin, Designerin und Illustratorin. Ihre künstlerische Laufbahn begann am *College of Art and Design* in Leeds, wo sie 2007 ihren Bachelorabschluss machte. Es folgte ein Masterstudium am Londoner *Central Saint Martins College of Art and Design,* das sie 2009 abschloss.

Ihre Liebe zur Natur wurzelt in ihrer Kindheit, die sie in der südenglischen Grafschaft Devon verbrachte. Auf ihren Streifzügen und bei Ausflügen ans Meer sammelte sie einen Schatz an Eindrücken und Erfahrungen, der ihr Werk bis heute prägt. Zurzeit lebt sie in Greenwich, London. Neben ihrer Tätigkeit als freiberufliche Illustratorin arbeitet sie in einem Museumsladen, wo sie auf Menschen aus aller Herren Länder trifft. In den Bildern und Klängen anderer Kulturen und Länder zu baden ist für sie ebenso spannend wie inspirierend.

DANK

Großen Dank schulde ich der Fotografin Agata Kocon, die meine Arbeiten so großartig in Szene gesetzt und das Fotoshooting zum reinsten Vergnügen gemacht hat. Bedanken möchte ich mich auch bei Grace Bonney von Design*Sponge, die so unermüdlich dafür sorgt, dass meine Arbeiten ihr Publikum finden. Ein besonderer Dank geht an meine großartigen Kunstlehrer, insbesondere an Garry Plastow, Tony Martin, Julie Bland und Paul Sunter, die mir auf freundliche und bescheidene Weise vermittelt haben, dass künstlerisches Tun etwas ist, das jedem offensteht. Danken möchte ich auch Rage Kindelsberger, die mir die Möglichkeit gab, meine Collageleidenschaft mit anderen zu teilen. Und natürlich danke ich all den Menschen, die mich unterstützt und mir geholfen haben, meine Passion zu meinem Beruf zu machen.

BEZUGSQUELLEN

Boesner
Deutschland: www.boesner.com
Schweiz: www.boesner.ch
Österreich: www.boesner.at
Fachhändler für Künstler-, Buchbinder- und Kunsthandwerksbedarf mit großer Auswahl sowie einem umfangreichen Papier-Sortiment

Gerstäcker
Deutschland: www.gerstaecker.de
Schweiz: www.gerstaecker.ch
Österreich: www.gerstaecker.at
Fachhändler für Künstler- und Kunsthandwerksbedarf

Buch-Kunst-Papier
www.buch-kunst-papier.de
Online-Shop für Buchbinderbedarf, reichhaltiges Sortiment an unterschiedlichen Papieren

Idee. Der Kreativmarkt
www.idee-shop.com
Kreativ-Shop für Bastel-, Hobby- und Künstlerbedarf; Foto Patch Transfer Medium

Kreativ-Depot
www.kreativ-depot.de

Modulor
www.modulor.de
Online-Shop für Design, Architektur, Modellbau, DIY, Kunst und Papeterie

WEITERE BÜCHER AUS DEM HAUPT VERLAG

Clare Youngs
Collagen
30 Projekte für Wandkunst, Briefpapier, Wohnaccessoires und mehr
ISBN 978-3-258-60186-1
Vom Papierschnipsel zum Kunstwerk – so lassen sich farbenfrohe, persönliche Collagen gestalten. Mit Anleitungen zum Kreieren von persönlichem Geschenkpapier, individuellen Grußkarten, bunten Lampenschirmen und vielem mehr.

Hollie Chastain
schneiden, kleben, collagieren
So entstehen kunstvolle Collagen aus Papier
ISBN 978-3-258-60192-2
Kunstvolle Collagen sind eine wunderbare Möglichkeit, der eigenen Kreativität freien Lauf zu lassen. Experimentieren Sie mit verschiedenen Farben, Texturen, Bildthemen und den unterschiedlichsten Kompositionsprinzipien – und lassen Sie sich von deren Wirkung überraschen!

Andrea D'Aquino
Es war einmal ein Stück Papier
Das Praxisbuch Collagen – mit 50 Buntpapieren
ISBN 978-3-258-60171-7
Die New Yorker Collage-Künstlerin Andrea D'Aquino nimmt die Leser mit auf eine Reise durch verschiedene Techniken und Kompositionsmöglichkeiten. Das Buch selbst ist voller inspirierender Collagen und ein Augenschmaus und Ratgeber für alle, die die Welt der Collage erforschen und selbst kreativ werden möchten. Für den Einstieg helfen die 50 ungewöhnlichen, doppelseitig bedruckten Collage-Papiere.

Clare Youngs
Alte Bücher neu in Form
Kreative Papierobjekte
ISBN 978-3-258-60175-5
Entdecken Sie anhand 35 kreativer Projekte neue Welten, die sich aus alten Buchseiten gestalten lassen. Sie alle taugen als kostbare kleine Geschenke oder als echte Hingucker in Ihrem Regal. Wie das alles gemacht wird, wird Schritt für Schritt anhand von Zeichnungen erklärt. Nur wenige alte Bücher genügen und schon kann es losgehen!

Courtney Cerruti
Bildtransfer
ISBN 978-3-258-60109-0
Materialien, Techniken und Projekte
So kommt das Bild auf den Untergrund: Einführung in fünf Transfertechniken. Instagram-Fotos, Buchillustrationen oder Zeichnungen – beliebige Bilder können mit Bildtransfertechniken reproduziert und auf unterschiedlichste Untergründe gebracht werden. Eine Galerie mit hochklassigen künstlerischen Arbeiten rundet das Buch ab und inspiriert zu eigenen Projekten.

Helen Cann
Maps!
Pläne, Karten, Skizzen gestalten und von Hand zeichnen
ISBN 978-3-258-60174-8
Vom Stadtplan bis zur Mind-Map: geniale Ideen für handgezeichnete Karten von Orten, Räumen, Objekten und Konzepten. Denn Landkarten selber zu zeichnen macht Spaß und weckt Erinnerungen an vergangene Reisen, von Hand gezeichnete Schatzkarten sind tolle Geschenke und Mind-Maps sorgen für neue Anregungen.

Sarah Hamilton
Kartenwerkstatt
Geschenk- und Grußkarten selbst gestalten
ISBN 978-3-258-60187-8
Selbst gemachte Karten sind perfekte Geschenke: ein anregendes Buch voller kreativer Tipps und Tricks, Projekten zum Nachmachen und faszinierenden Einblicken in die Geschichte der Grußkarte

Helene Bendix, Simone Bendix
Papier-Poesie
Fein geschnittene Papier-Objekte
ISBN 978-3-258-60194-6
Scherenschnitt einmal anders: verspielt, poetisch und mit einem persönlichen Touch. Simone und Helene Bendix entführen in eine Welt von poetischem und elegantem Papier-Design, das die Wohnung schmückt und Geschenken eine ganz persönliche Note verleiht.